全面布局
抢占新商业红利

许凤 编著

中国·广州

图书在版编目（CIP）数据

全面布局，抢占新商业红利/许凤编著.— 广州：广东旅游出版社，2019.12

ISBN 978-7-5570-1929-7

Ⅰ.①全… Ⅱ.①许… Ⅲ.①商业模式-研究 Ⅳ.① F71

中国版本图书馆 CIP 数据核字 (2019) 第 135598 号

策划编辑：彭　超　李楚冰
责任编辑：彭　超　白　洋
特约编辑：邱伯刚　李文君
责任技编：冼志良
设计制作：远河映画
　　　　　张自立　赖水珍

全面布局，抢占新商业红利
QUAN MIAN BU JU, QIANG ZHAN XIN SHANG YE HONG LI

出版发行：广东旅游出版社
社　　址：广州市越秀区环市东路 338 号银政大厦西楼 12 楼
邮　　编：510180
印　　刷：鹤山雅图仕印刷有限公司
地　　址：广东省鹤山市古劳镇玄坛庙工业区
开　　本：889×1194mm　1/16
印　　张：29.5
字　　数：274 千字
版　　次：2019 年 12 月第 1 版
印　　次：2019 年 12 月第 1 次印刷
定　　价：128.00 元

［版权所有　侵权必究］

（本书如有错页倒装等质量问题，请直接与印刷厂联系更换）

序

亲爱的朋友：

此刻的相遇，源于一场对成功的探索与渴求。循着胜者的足迹，遇见同路人。企业兴于人心，产品精在出众，营销胜在定位，这一切的圆满皆源于不断与时俱进的思想和智慧。

作为企业家，我们面临的挑战与残酷现实，想必各位都不陌生，都曾有过四处奔波、四处碰壁、挣扎生存之际遇，甚至陷入绝望的境地。自我拯救的法宝之一就是不断、永远、坚持不懈地学习与充电！

有人选择了去各大培训机构学习，用更先进的经营理念来武装自己，但随之而来的困惑是，企业家本身的境界高了，却把自己变成了孤家寡人！一个人不可能成为一支队伍，团队不优秀，企业能强大吗？

有人说那带着团队一起去学习吧，可是除了要放下原本的工作，昂贵的学费、交通费、住宿费，成本极高，有多少企业能承受这样高昂的代价？

而企业的生存发展所要不断补充的智慧，却并非一家培训机构所专注的领域就能解决的，从顶层的商业模式设计、产品定位、品牌定位到团队建设、营销模式等，缺一不可。想要学全、学会这些知识，单靠每次长途跋涉、山长水远的培训，虽不是天方夜谭，但也绝非易事。

更重要的是，一个企业家最昂贵的成本就是时间成本。当你拿出宝贵的时间去学习，到了现场却发现，一半时间都在焦急地"享受"被营销和被成交。想一走了之吧，又不甘心，害怕错过后面精彩的课程内容，只能在"任人宰割"的成交现场期待着。而学成后的实践与内化更重要。因为一般的成年人听完一场演讲，半小时后会忘掉50%的内容，24小时后忘掉90%，无法"倒带"重听，无法"拉动"思维和行动。

那么，到底有没有一个快速通道，能圆满解决当前所有难题，既能系统地提供企业存在的所有问题的解决方案，又能不影响正常的工作，还能做到老板和团队成员低成本地共同学习，提高竞争力和凝聚力呢？

答案是：有！

我也是一位正在创业的企业负责人，深知经营企业的不易，深知学习的重要性，深知资源的价值。这几年我一直奔波于各大培训机构，花了不菲的学费，听了100多位培训大师的课程，每一个课程都蕴藏着一颗"宝石"，散发着智慧的光芒。这让我欣喜，我意识到，独木不成林，若把这些"宝石"串成"项链"，让它们互相联动、彼此融合，定会大放异彩！

于是，哪怕在最疲惫的夜晚，我依然利用自己强大的记忆力，把学到的课程重新整理，取其精华，重新打磨提炼。内容囊括了最前沿的新商业模式设计，破译免费还能赚钱的颠覆式营销，揭秘如何利用人心人欲打造同价值观的高执行力团队，披露了产品价值定位和品牌定位……就这样，打造了一套完整的让企业永续经营、自动化运营的系统，能激发员工自动自发的工作热忱，实现团队业绩暴涨，让老板身

Preface 序

心解放！

  这一系统在我们创立的"先成人后达己"的资源广交汇获得热烈反响。这些精心打磨的课程被持续分享给不断加入资源广交汇的企业家朋友，让他们不再受昂贵学费、舟车劳顿之苦，可以轻松拥有最先进、最专业的商业知识学习的快捷通道。资源广交汇也因此吸引了各路企业精英，成了对接丰富资源的大平台。迄今为止，我们已成功举办了40届资源广交汇，与几千位企业家成了好朋友，他们在这里学习，同时也可以自由分享自己的产品与服务，用最快最可靠的途径受益，这一共享智慧的平台，获得了受益者的一致称赞！

  更值得欣喜的是，这套系统完整的企业运营精华宝典，将以书籍和视频课程的方式全面而生动地分享给您！您只需要利用碎片化的时间，就可以带领团队一起学到更加简练、具有实战性的干货；同时也可以随时复习、总结和提炼。

  同时，资源广交汇突破地缘、突破疆域、突破界限，向拥有共同理想和价值观的同学和朋友提供支持，帮助您系统地解决企业经营困惑，获得丰富资源！

  相信在此刻，您已经迫不及待地想知道本书的课程内容，并期待如此之丰盈的资源池。来吧，只要您迈入这个线上线下的精彩互动圈，就一定会获得有价值的回馈和持续的惊喜！

许凤

目录

序

前言

 一、这是一个什么时代 ················· ·1·

 二、大众创业，万众创新 ··············· ·4·

 三、时代抛弃你时，从来不说再见 ······· ·9·

 四、未来的产业趋势 ··················· ·12·

第一章　三个时代 ····························· 1

 一、暴利时代 ························· 2

 二、微利时代 ························· 2

 三、无利时代 ························· 3

第二章　三大公司 ····························· 4

 一、传统公司 ························· 4

 二、新型公司 ························· 5

 三、未来型公司 ······················· 6

第三章　行业的演变 ··························· 9

第四章　六种商业模式 …… 13

一、互联网模式 …… 13
二、连锁模式 …… 14
三、直销模式 …… 15
四、微商模式 …… 16
五、金融模式 …… 16
六、整合模式 …… 18

第五章　七种赢利方式 …… 20

一、产品赢利 …… 20
二、品牌赢利 …… 22
三、模式赢利 …… 24
四、整合赢利 …… 24
五、资源赢利 …… 26
六、收租赢利 …… 27
七、金融赢利 …… 28

第六章　新商业模式设计 …… 29

一、一个中心 …… 29
二、三个基本点 …… 31
三、四种思维 …… 34
四、六个步骤 …… 41

第七章　产品价值定位 …… 47

一、产品的核心价值 …… 50

Contents 目录

  二、产品的附加价值 ················· 50
  三、增加产品的价值 ················· 53
  四、产品寄生策略 ··················· 55

第八章 企业必须思考的四环图 ········ 59
  一、破点（建立绝对优势）········· 59
  二、产品系统（找到利润的空间）··· 89
  三、利用产业链系统扩大利润 ······· 95
  四、生态，扩大品牌影响力 ········· 97

第九章 如何让品牌深入人心 ············ 101
  一、核心是找到差异化 ············· 101
  二、抓住时间窗口 ··················· 108
  三、采取饱和攻击 ··················· 110

第十章 企业自动运转的五大条件 ······ 112
  一、不依赖于人 ····················· 112
  二、容易内部复制 ··················· 113
  三、小投入、大产出 ················· 114
  四、程序自动化 ····················· 115
  五、最大限度的资源整合 ··········· 115

第十一章 无中生有的六大步骤 ·········· 119
  一、掌握竞争优势 ··················· 119
  二、找到利基点 ····················· 126
  三、发挥杠杆力量 ··················· 130

四、建立团队 …………………………………………… 141
　　五、发挥综合效应 ………………………………………… 194
　　六、资源整合 …………………………………………… 202

第十二章　以小博大的七大杠杆 ………………………… 205
　　一、战略选择 …………………………………………… 206
　　二、市场调研 …………………………………………… 220
　　三、客户定位与管理 …………………………………… 229
　　四、产品价值创新 ……………………………………… 236
　　五、定价策略 …………………………………………… 252
　　六、赢利模式 …………………………………………… 256
　　七、品牌战略 …………………………………………… 262

第十三章　业绩暴涨的八大策略 ………………………… 274
　　一、前端打平，后端赚钱 ……………………………… 274
　　二、风险逆转（零风险承诺） ………………………… 275
　　三、聚焦明星产品 ……………………………………… 275
　　四、增加营业额的三种方法 …………………………… 276
　　五、体验式策略 ………………………………………… 276
　　六、证据策略 …………………………………………… 277
　　七、赠品策略 …………………………………………… 277
　　八、异业联盟策略 ……………………………………… 278

第十四章　永续经营的九大要素 ………………………… 279
　　一、客户 ………………………………………………… 279

Contents 目 录

  二、价值 ……………………………… 279
  三、营销 ……………………………… 279
  四、渠道 ……………………………… 279
  五、主要任务 ………………………… 279
  六、资源 ……………………………… 279
  七、合作伙伴 ………………………… 279
  八、产品线 …………………………… 279
  九、成本结构 ………………………… 279

第十五章　立于不败之地的十大趋势 …… 280
  一、消费层次高端化 ………………… 280
  二、消费主体年轻化 ………………… 280
  三、消费体验人性化 ………………… 280
  四、消费场景碎片化 ………………… 280
  五、消费动机感性化 ………………… 280
  六、互动沟通精准化 ………………… 281
  七、一专多能分子化 ………………… 281
  八、产品人格化 ……………………… 281
  九、产品高端化 ……………………… 281
  十、公司平台化 ……………………… 281

第十六章　老板系统 ……………………… 283
  一、老板系统一：破层 ……………… 284
  二、老板系统二：建立共同的价值观 …… 286
  三、老板系统三：全局观 …………… 287

四、一个优秀的指挥官最重要的能力 ················ 292

第十七章　十五个颠覆式营销模式 ················ 304
　　一、体验模型 ·· 305
　　二、第三方付费模型 ······································ 312
　　三、主产品免费 ·· 317
　　四、副产品免费模型 ······································ 322
　　五、赠品模型 ·· 325
　　六、时间模型 ·· 328
　　七、空间模型 ·· 332
　　八、客户模型 ·· 338
　　九、功能模型 ·· 341
　　十、频率模型 ·· 344
　　十一、增值模型 ·· 348
　　十二、利润模型 ·· 350
　　十三、耗材模型 ·· 353
　　十四、跨行业模型 ··· 357
　　十五、产品分级模型 ····································· 360

第十八章　招商 ·· 365
　　一、招商的四个思维 ····································· 366
　　二、招商的播传 ·· 372
　　三、招商的故事：招商的题材 ······················ 378
　　四、招商的战略 ·· 381
　　五、招商的推广 ·· 388

六、招商的流程 …………………………………… 391

第十九章　融资 ……………………………………… 394
　　一、融资的顺序 …………………………………… 396
　　二、融资的四大思维 ……………………………… 398
　　三、融资规划 ……………………………………… 406
　　四、公司估值 ……………………………………… 407
　　五、融资总结 ……………………………………… 409
　　六、商业计划书 …………………………………… 414
　　七、每一个阶段融资情况的介绍 ………………… 414

第二十章　显性成本与隐性成本 …………………… 419
　　一、显性成本 ……………………………………… 419
　　二、隐性成本 ……………………………………… 420

后记 …………………………………………………… 423

读后感精选 …………………………………………… 425

148 位企业家联袂推荐 ……………………………… 438

前言

一、这是一个什么时代

> 这是一个"核聚变"的时代。
> ——曾鸣

> 这是一个巨变的时代。
> ——陈春花

现在到底是一个什么样的时代？商学院的教授们纷纷采用了"好像很具象，但细想又非常不具象"的形容词来描述这个时代，证明现在这个时代的确是很难描述。

满足一个"吓尿指数"

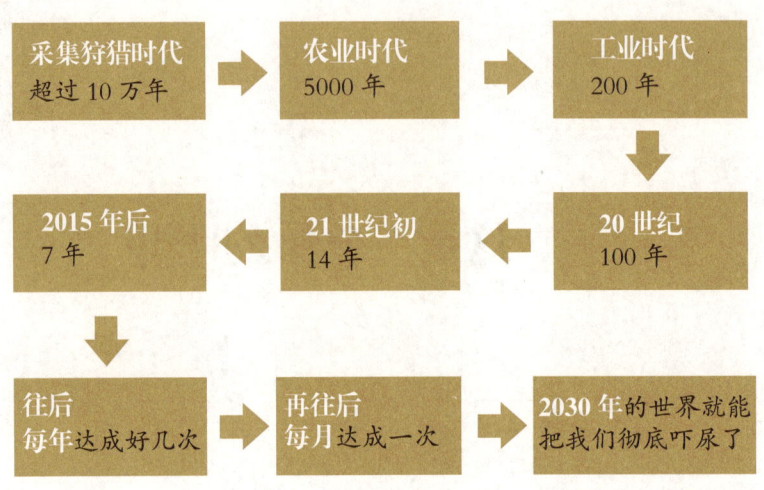

——美国未来学家雷·库兹韦尔

快速迭代是这个时代最显著的特征。

狩猎时代的一次迭代需要超过10万年的时间，农业时代的一次迭代需要5000年，工业时代的迭代需要200年，20世纪的迭代缩短到100年的时间，21世纪初的迭代就只需要14年的时间了，2015年后的迭代只需要7年，往后一年即有数次迭代，再往后每月一次迭代，如若我们能穿越到2030年，迭代的速度一定会彻底把我们吓尿。

曾鸣教授在湖畔大学的一次演讲上说："当今社会，如果我们不不断地更新知识，我们随时都有可能，分分秒秒被颠覆被淘汰。过去的经验一定会成为一种负累，如果我们的思维跟不上时代的脚步，就是负累前行，随时都有可能被这个快速发展的时代抛弃。"

Preface 前言

世界上最可怕的一件事情就是：你已经被这个时代抛弃了，可是你自己并不知道。

在我们的生活中，的确有很多人的观念还停留在20世纪，年轻人把这些人叫作"清朝人"。

悟：

_____

_____

_____

知识的半衰期

- 医学知识的半衰期是 45 年
- 物理学知识的半衰期是 10 年
- 工程学知识（包括计算机）的半衰期只有 2 年
- 互联网领域的半衰期可能不到 1 年

互联网的出现让知识的半衰期越来越短，呈指数发展

- 1950 年以前，知识的半衰期为 50 年
- 21 世纪，知识的半衰期平均为 3.2 年；IT 业高级工程师的知识半衰期为 1.8 年
- 未来 10-15 年，全球 50% 的大学以及相当多的职业都将消失

认识迭代

> 每个人一生中都应该"彻底"地对自己的认知进行一次大扫除。我们把许多错误认知当作真理接受下来,这些知识都是非常可疑的。
> ——法国哲学家、科学家、数学家 笛卡儿

当今社会,人与人的差异在本质上就是认知的差异和较量,是思维模式的差异和较量,而不是知识结构的差异和较量。看看今天有多少别人认为的差生在那些号称拥有高学历的天之骄子面前成功逆袭、扶摇直上,这是为什么?就是因为他们拥有了属于这个时代的、可以与这个时代同频共振的思维。

悟:_____

_____

_____

二、大众创业,万众创新

> 李克强总理提出:
> 大众创业,
> 万众创新。

Preface 前言

这几年，国家在改革，市场在改革。其实，洗牌的背后就是观念的不断更新。

李克强总理提出：大众创业，万众创新。但总理提出的万众创新并不是指人工智能、虚拟现实、物联网等新的知识和科技层面的创新，这里的万众创新指的是人的思维和意识的自我革命，就是改变一些旧的观念，摒弃一些旧的思想。

总理的话有以下两层意思：

1. 鼓励年轻人创业

给大家讲一个自行车的故事，据说中国最早引进自行车的是一个富家子弟的留学生，他看到国外自行车盛行，就不惜高价买回一辆，家里人一致反对这洋玩意儿：几千年来我们一直靠双脚走过来，不是很好吗？想快就快，想慢就慢，而且无须什么平衡不平衡！

留学生一再解释都没有用，而且就连他本人在内，家里的每个人都试了一下，个个骑得东倒西歪，一不小心还会摔跤，确实还没有走路快，随后，那辆自行车就被束之高阁了。

半年后，留学生家里来了一个亲戚，是个十三四岁的半大孩子，他看到这辆布满灰尘的自行车很是好奇，就将它从角落里拽出来。他兴致勃勃地在庭院里折腾了一上午，饭都顾不上吃，家里人也没往心里去。到了下午，突然发现一群小孩子在那个骑自行车的孩子屁股后面追都追不上，众人大吃一惊，原来自行车真的是比走路要快得多啊！后来自行车就慢慢普及了。

大家想一想这个故事，如果把自行车放到敬老院会怎么样呢？所以，推动高速变革的一定是"新生力量"。

悟：_____

_____

_____

2. 砍掉落后的传统行业

就中国目前经济形势来讲，传统企业如果大批倒闭了，短期来看，对中国经济肯定有影响，但从长远来看，落后的传统企业的死亡就是中国经济实现快速增长和长足发展的养料和催化剂。

革命总要有人牺牲，一场战争的胜利一定会牺牲一批人。这是取得胜利不得不付出的代价。只有舍得砍掉落后的传统行业，才能给具有创新思维的新生代企业让路。就算他们不让路，也注定被挤死在竞争和创新这条路上。

在明天，落后的传统行业、传统方法、传统的老板落寞离场的概率会越来越高。

> 现在大领导出国的时候带谁去？
>
> 都是带新生代企业家去。
>
> 领导人绝对不愿意领着原来一帮
>
> **盖草房的泥瓦匠（传统思维）**
>
> **来盖高楼大厦（互联网思维）。**

Preface 前言

上面这张图,很清晰地阐释了国家经济发展的风向标。有一句话非常有道理:这个世界正在残酷惩罚不改变、不学习的人,却在悄悄犒赏用心学习的人。

那么,上图中的互联网思维到底是什么样的思维?就是一些具有互联网思维的年轻人在传统思维者想也想不到、看也看不懂的领域做出一个崭新的东西或系统,在传统思维者的眼里是互联网思维、是创新,可是在具有互联网思维的人眼里却是习以为常。而且最可怕的是这个崭新的东西或系统居然大受欢迎、大获成功。

传统思维的人迷惑了,看不懂了,不理解了,甚至他们是那么不屑:这是什么玩意儿?结果人家却大获成功。如淘宝、美团、饿了么等,多少人不看好,多少人等着看笑话,多少人错过了,可它们就是在众人的观望和非议中不断前行,获得了成功。同样成功的,还有今天的拼多多和抖音。

悟:

> 如果,当今企业家还看不清时代的趋势和政策的走向,就如在伸手不见五指的海面上行驶的小舟。

全面布局
抢占新商业红利

> 虽然，在改革中还存在许许多多的问题，但是，伟大的邓小平同志说过一句很经典的话："发展起来以后的问题不比发展时少。"我们理解为：
>
> 发展快，问题多；
>
> 发展慢，问题少；
>
> 不发展，全是问题。

中国的改革开放就是创新最好的旗帜。改革开放之初，有的人反应迟缓不以为意，有的人却欢欣鼓舞地看到了机会。这就是一个跟得上和跟不上的问题。跟不上的一批人大多数无视环境的变化，面对失败叹息哭泣，却不肯在改革的大势前勇敢求新求变，只能默默地成了被时代抛弃的人。而跟得上的那批人却先富了起来，甚至从此改变了整个家族的命运。

> 每年的双十一，淘宝70%–80%的销售额来自三五年前连名字都没听说过的产品与公司。
>
> ——马云

现在，很多传统行业在垂死挣扎。而在未来的三五年，一定还会诞生许许多多的百万富翁、千万富翁甚至亿万富翁。富翁都是趋势的产物，时代的产物，一个时代会有一批人富起来，会成就一批人。这些并非纯粹努力的结果，在趋势变革的时候，比的不是实力的大小，而是反应的快慢。

Preface 前言

这个时代最悲催的事情就是你很努力、很聪明,但你干的事情都没有迎合发展趋势,只能说是在错误的时期做了正确的事情。

有这么一句话:"其实你已经老了,可是连你自己都不知道。"

> 大众创业是要革传统生产方式的命,
> 万众创新就是每个人要自我革命。
> 你不自我革命,趋势就要革你的命。

悟:_____

_____

_____

三、时代抛弃你时,从来不说再见

> 阿里无人酒店
> 时代抛弃你时,从来不说再见。

2018年,第一家阿里无人酒店已经在杭州西溪园落地运营了。这个无人酒店到底有多先进呢?首先整个酒店没有一个服务员,甚至连打扫卫生的保洁员都没有,所有的工作统统交给了人工智能。当有

全面布局
抢占新商业红利

客人入住时，机器人通过人脸识别系统，将客人的外貌和声音录入程序。登记完毕后，电梯会自动启动等候系统，这时机器人带客人去房间，而房间内的空调、电视、灯光、窗帘等设备全部不用手工操作，客人只要对着天猫精灵下达指令，一切都可以躺着进行。点餐时，通过人脸识别，系统就可以识别出你的身份和房间号，将你点的餐品自动记录到你名下的消费清单。如果你不想自己去买，也可以把这一切交给机器人。退房时，只须在手机上轻轻一点，系统就会弹出你所有的消费金额。虽然整栋楼没有一个服务员，却比任何一家酒店都安全、卫生、舒适。有人开玩笑地说："马云吹的牛又实现了一个。"是的，以前我们惊讶于无人超市，现在无人酒店也到来了。

海底捞无人餐厅开业

时代抛弃你时，从来不说再见。

再来看看海底捞的无人餐厅。从等位点餐到厨房配菜、调制锅底和送菜，都融入了一系列"黑科技"，高度实现了无人化的服务。店里没有洗菜工、没有配菜员、没有传菜员，接替这些工作的是一根根机械手臂。就连表演拉面的小哥和美甲擦鞋的服务员都不见了，取而代之的是360°全屋环绕式立体投影。

悟：

Preface 前言

当服装店被淘宝、天猫取代，电器店被京东取代，余额宝、支付宝、微信颠覆了银行一枝独秀的环境，现在无人酒店、无人餐厅颠覆了传统餐饮服务，无人超市颠覆了商场消费模式……

传统媒体仿佛从高楼坠落，一夜之间失去了大量市场，路边的报刊亭一个接一个地倒闭……

机器人写稿颠覆了传统新闻写作模式，服务员被机器人取代……

中国在加速进入无现金时代后，又开始进入了无人就业时代。

这是一个无比疯狂的时代，当你还沉浸在按部就班的传统行业中时，这个时代早已发生了翻天覆地的变化。

当你还沉浸于自己的岁月静好，而社会却如江水般滔滔向前，待我们被一个现实的浪头拍醒，才发现已经落后了许多。

当你还一头雾水懵懵懂懂时，这个时代已把你狠狠地甩在了后面。

在如今这个时代，如果你隐居三年，彻底与世隔绝，当再次回归红尘之中，就会感到恍如隔了一个世纪。

一切都变化得太快，快到很多人的观念还停留在上一个时代，快到很多人还没来得及做出反应，就已经被打倒在地。

如同一只陶醉在舒适区的青蛙，只想着岁月静好，却没有想过，这水正慢慢地热到发烫，而自己早已无力跳出。

悟：

四、未来的产业趋势

1. 目前最火的十大产业

大健康	大餐饮
大教育	大金融
大旅游	大农业
大环保	大能源
大制造	大文化

2. 马云谈"五新"

> 马云说:"五新将会冲击许许多多的行业,新零售、新制造、新金融、新技术、新能源。这五新,方方面面地对各行各业发动巨大的冲击与影响。
>
> "把握者胜,逆流者亡。不要把它当作危言耸听的警示,而是把它当作改变自己的机遇。"

悟:
_____
_____

3. 未来企业很重要的三点

第一，企业战略跟国家战略同步
第二，左手拥抱金融
第三，右手拥抱90后

第一章　三个时代

中国企业的发展如时代的车轮，滚滚向前，又一去不复返，而每一段旅程都有各自的时代印记，我们先来看下图：

这就是中国企业发展经历的三个时代：

产品稀缺时期——暴利时代。

产品过剩时期——微利时代。

产品泛滥时期——无利时代。

一、暴利时代

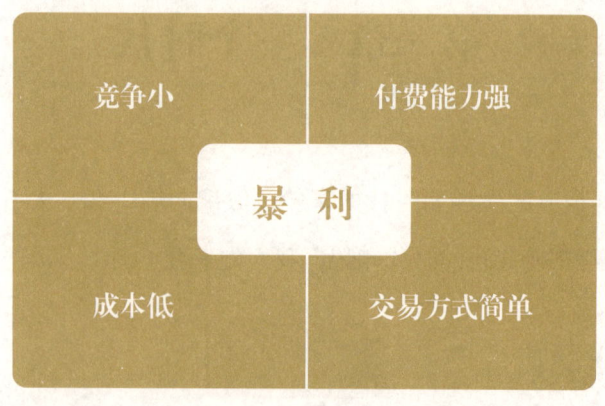

暴利时代的特点是竞争小、成本低、付费能力强、交易方式简单。在暴力时代,只要有货就能赚钱。

二、微利时代

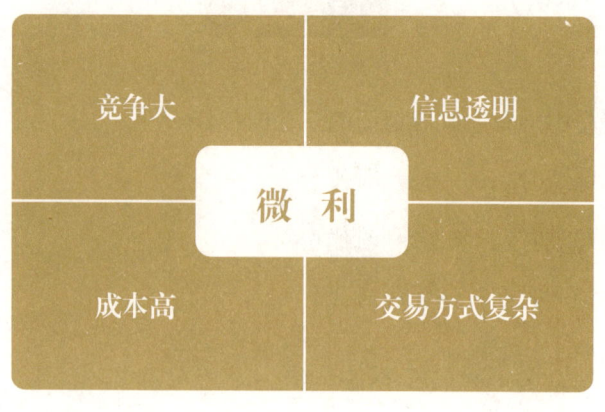

微利时代的特点是竞争大、成本高、信息透明、交易方式复杂。

三、无利时代

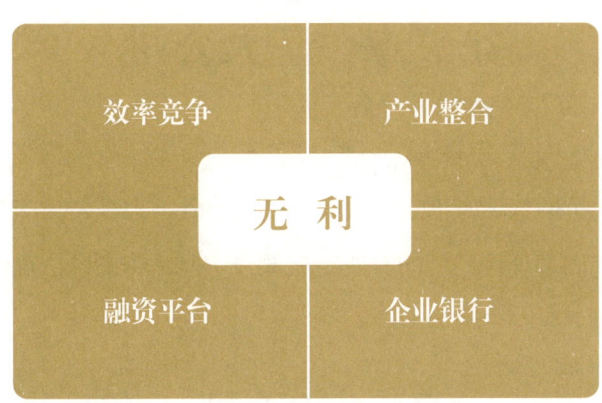

而无利时代则进入了效率竞争、必须进行产业整合、打造融资平台、变成企业银行的时代。

没有成功的企业,只有时代的企业

暴利时代已经一去不复返了,在微利时代甚至无利时代,单纯靠产品差价赚取利润已经很难支持企业的运转。企业必须突破传统产品赢利方式,通过商业模式设计和系统架构整合实现赢利。

悟:
_____
_____

第二章 三大公司

中国经济的快速发展,离不开各行各业各种类型公司的竞力和携手发展,它们是现代经济的有效组成部分。但总体来说,现代经济体系下的公司主要有三种类型。

一、传统公司

以产品为中心　营销/管理　追求利润最大化

传统公司是以产品为绝对中心,简而言之就是卖产品,一切的一切都是围绕着产品销售这一主体事件。这种公司透过持续的、花样百出的营销提高营业额和收入,透过管理降低成本,追求利润最大化。

20世纪,是产品稀缺的年代,所以各个公司主要是做买卖产品的生意。在八九十年代,我们国家的营销人员很吃香,收入相比其他行业来讲也比较高,所以一时间,各种营销的书籍和培训也都很火爆。

但时间走到今天,营销已经变成了各行各业甚至是每个人的生活"标配"。公司的业务人员营销产品,公司老板营销公司。

> 传统公司是先有产品,再创办公司,当产品不好卖了,公司不赚钱了,才会想到去找一套新的模式。
>
> 这样也没错,过去 30 多年大家都是这么过来的,只是跟当今这个时代不匹配了。

悟：

二、新型公司

我们来看看新型公司：

以模式为中心　跑量/赢利　追求现金流最大化

如图所示,新型公司已经不是以产品为中心,不是以营销为中心,不是以利润为中心。新型公司是以模式为中心,注重跑量和赢利,追求现金流最大化。新型公司是先设计好模式和品牌,然后才有产品和公司。

全面布局
抢占新商业红利

如小米手机,是先有了小米的商业模式,然后才有了产品——小米高性价比的手机,他们不靠手机产品主营业务赚钱,主营业务产品手机是用来跑量的,跑量可以提高产品流动速度,即加快现金流的滚动,但他们主要靠主营业务外赢利。

再比如在国民心中品牌知名度很高的国美、苏宁、麦当劳、肯德基等,它们都是以模式为中心,以渠道为中心,不是追求利润最大化,而是追求现金流最大化。

国美和苏宁表面上看来是一个电器销售公司和电器销售平台,但其实它们的核心却是一个金融公司。

我们都知道,麦当劳的主打产品是汉堡包,但汉堡包并不赚钱,他们靠房地产赚钱,靠可以快速消耗掉的各种物料赚钱,靠可以给人带来冰爽口感的可口可乐赚钱,因为可口可乐是由可口可乐公司免费提供的,用以支付可口可乐给麦当劳的广告费用。

悟:_____
_____
_____

三、未来型公司

以用户为中心　投资/融资　追求公司估值最大化

第二章　Part 2　三大公司

而未来型公司，根本不谈产品，不谈渠道，而是设计一个平台去获取用户，靠融资做大市值。简而言之，它们是以用户为中心，通过融资追求公司估值最大化。

未来型公司每天只研究一件事，就是如何聚集人流量，再把人流量转化为粉丝。现在的互联网公司几乎都是这种类型的公司，为了聚集大量的用户和粉丝，要投入大量的资金去建设平台，它们只有一个目的——聚流吸粉。

滴滴出行为了培养用户的出行习惯，先烧钱，再获取用户，再靠用户赚钱。短短五年时间，现在滴滴已估值500亿美元。

饿了么，已经估值60亿美元。

美团和大众点评合并后，估值已过千亿美元。

小米，估值534亿美元。

微信，最新估值1000亿美元。

上图这些项目，在前期，很多人看不懂，也看不起，但是，现在想投都投不起了。这些互联网公司在短短几年时间内产生的价值是传统公司10年、20年乃至30年都无法实现的。

这些公司前期主要靠融资，因为投资人都知道，有用户的企业，未来一定很值钱。

三大公司小结

- 传统公司追求利润最大化
- 新型公司追求现金流最大化
- 未来型公司追求估值最大化

利润不是钱,现金才是钱,有利润不一定有现金流,当今社会,利润思维是企业倒闭的源头,所有公司倒闭的原因是缺少现金流,现金流断裂。

很多传统公司为获得利润最大化,将现金流都花掉了,为了提高收入和降低成本,花到了营销管理上,花到了投资规模上,这是导致缺少现金流的原因。

- 没有成功的企业,只有时代的企业,互联网思维是互联网时代必备的思维方式。
- 传统公司靠产品赚利差,现在与未来互联网公司赚的是市值,靠资本的力量放大市值。
- 传统公司,靠产品赚钱是爬楼梯,互联网公司靠资本运营是乘电梯。

悟:_____

第三章 行业的演变

我们从货币流通、商品销售渠道、商业营销推广方式等几个方面来分析一下行业演变。

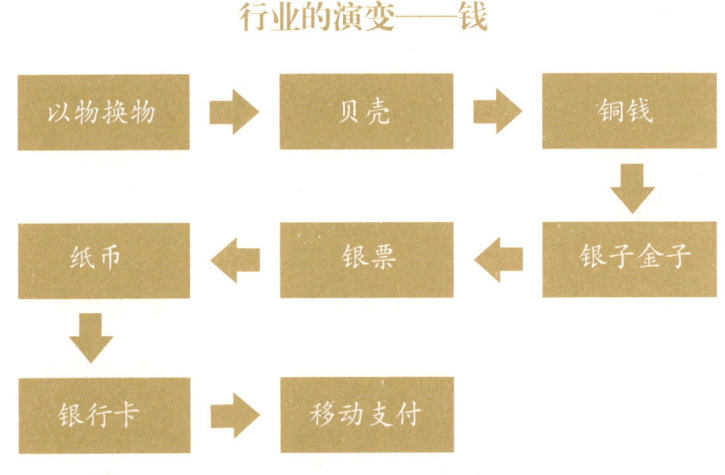

钱到最后只是一个数字

首先是货币流通,也就是钱。钱从远古时期的以物换物→贝壳作为货币→铜钱→银子金子→银票→纸币→银行卡→移动支付(钱只是一个数字),钱从"大"到"小",甚至从"有"至"无",支付越来越便捷,这是时代和科技带来的巨大变迁。

其次来看看家电销售渠道。从新中国成立初期的供销社→五交化→购物中心→百货大楼→国美、苏宁及专卖店→京东、淘宝、天猫(互联网购物),销售渠道日新月异,从线下到线上。

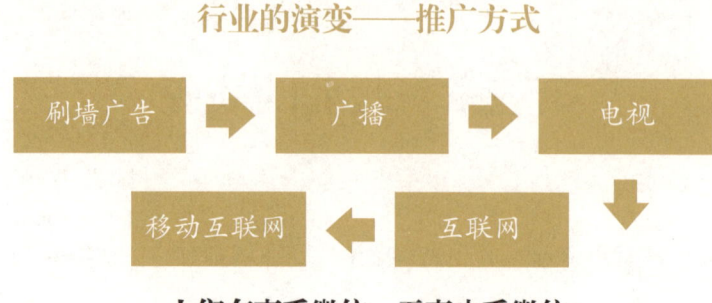

人们有事看微信，无事也看微信

再次来看看推广方式，从早期的刷墙广告→广播→电视→互联网→移动互联网（朋友圈等），今天，移动手机端已经成了广告的最佳途径，人们有事看微信，无事也看微信，所以微信朋友圈自然是推广的肥沃土壤。

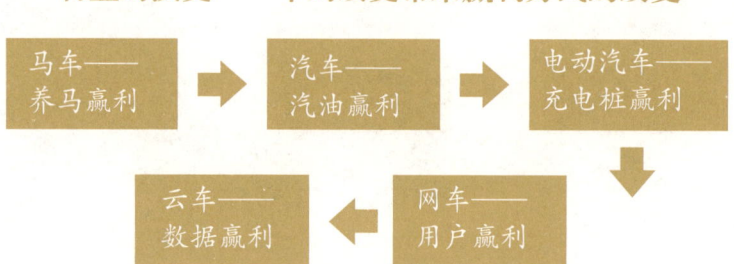

这是根据互联网趋势的发展总结出来的

最后我们来看看车的改变带来的赢利方式的改变。过去马车时代靠养马挣钱，马车慢慢进化成燃油汽车，燃油汽车时代什么最赚钱？加油站最赚钱。再往后汽车过渡到电动汽车，这时什么最赚钱？当然是充电桩。预计10年之后，所有的加油站都会消失，取而代之的将全部是充电桩。接着，再前瞻一些，新一代的电动汽车就会变成网车，车与互联网相连，那车就是一台互联网的连接器，网车时代靠什么赚钱？网车时代就靠用户挣钱。用户可以在车上浏览网页，然后透过这台车连接过去看广告，透过这台车连接过去玩游戏，透过这台车连接过去上电子商务平台进行购物，透过这台车还能够经营和赚钱。那时，每一台车都是一个互联网连接器，所以，拥有车联网的入口就等于掌控了赚钱的通道。再往远看，未来所有的车都将会变成云车，云车时代靠什么来赚钱？当然是靠数据来赚钱。未来，开车的人将变成机器人，也就是自动驾驶，车上直接装载了20万亿公里的里程数据。一个人一辈子大概开20万公里的车，用户购买一台自动驾驶的车，就等于聘请了一个拥有1亿年驾驶经验的"老司机"来开车，那还会有什么交通事故吗？当然没有！

总结

1. 移动互联网已渗透到了我们的生活中，我们必须接受并拥抱它。未来人人都是微商，人人都是自媒体，每一个人都是独立的经济体。

2. 最贵的东西：以前是地段，现在是流量，未来是粉丝。

3. 未来，不是互联网公司淘汰传统企业，而是新商业模式淘汰传统商业模式。现代管理学之父彼得·德鲁克说："未来的竞争不是产品和服务，而是商业模式的竞争。"

4. 未来，所有的公司都将是互联网公司，这是时代的产物。没有传统的行业，只有传统的思想。

5. 未来，大公司正在裂变成大平台，小公司正在聚变成大平台。

6. 未来，你的信用比你的能力更值钱，所以要打造自己的信用银行。

7. 未来，商业的核心，不再是如何更好地合作。

8. 以前事业越做越宽，未来事业越做越深。

9. 传统公司的战略：产品战略、品牌战略、营销战略。

现代公司战略：商业模式、系统模式、裂变模式、资本模式

悟：_____
_____
_____

第四章 六种商业模式

说到商业模式,目前很多老师所讲的商业模式只讲一个点,有些站在产品销售的角度讲,有些站在级别分润角度讲,在这里,我们将所有商业模式的全貌展开来逐一进行分析。

一、互联网模式

互联网模式——免费

互联网的商业模式,用两个字概括就是"免费"。如果你不是一家互联网公司,而是一家传统公司,当你开发了一套软件,投资了1000万元人民币,你就会想办法如何去卖软件,赚取利差。比如杀毒软件。

早些年比较知名的杀毒软件有瑞星、卡巴斯基、京山、江明,当时所有的软件公司都是靠卖软件赚钱,他们觉得我开发、你购买,这是天经地义的事,如果不卖软件,我还靠什么来赚钱?但是,很快,360安全卫士横空出世,软件无须购买,免费使用,还请著名主持人刘仪伟做了广告,广告里刘仪伟拿着一个大喇叭喊:"360杀毒软件,永久免费!"这一嗓子,吓傻了其他的杀毒软件公司,其他杀毒软件公司的生意也全被他喊倒了。因为在过去的很长一段时间里,其他软件公司只想靠卖软件赚钱,360安全卫士则是通过对杀毒软件的免费,把你变成他们的用户,等你使用360成为习惯后,他们再让你安装绿色浏览器,跟你发生"更深度的关系"后,再向你推送广告,接着再链接游戏,再导流商品拿扣点。

他们还需要靠软件赚钱吗?当然不需要啊!广告、游戏、电子商务,这三种方式已经让他们赚得盆满钵满。归根结底,所有的互联网公司主要的赢利方式就是这三种,主逻辑即是产品免费,靠广告、游戏、电子商务赚钱。如后面崛起的微信和美图秀秀,都是采用这种方式。

二、连锁模式

连锁模式——复制

一谈到连锁模式,大家可能想到的就是打造样板店。但是,很多伟大的梦想都被样板店给埋葬了。

请问大家,饭店里炒菜的人是谁?是厨师。开饭店的人是谁?是老板。那么,想要开一家饭店,是不是要从学炒菜开始呢?是不是需要先学五年的厨师,学完厨师后,再去开饭店?答案是当然不需要啊!

因为开饭店和做厨师本身就是两个完全不同的职业。能炒菜的叫厨师，开一家饭店的叫个体户，能够做连锁化企业经营的叫企业家。有的企业家还在研究上市，那就叫资本大亨。那么，一个人有没有可能从厨师转行为个体户，从个体户转行为企业家，从企业家转行为资本大亨呢？当然可以。我们中国的老板，大部分都是这样一路走过来的。而在一路转行，一路往高行走的过程中，这些人遇到的问题很多，遇到的未知领域更多。所以，中国的教育培训才这么火热，因为教育培训是这些人一路上行时吸收养分、不断学习的方式方法。

其实，社会的分工相当明确。厨师、个体户、企业家、资本大亨，这是四个不同的岗位。

如全球知名快餐连锁品牌麦当劳，它的创始人是两个叫麦当劳的犹太兄弟，但真正把麦当劳发扬光大的是克罗克。当麦当劳还是个小快餐店时，有一次克罗克经过麦当劳，发现他们的模式很好，就与麦当劳兄弟合作，做了一套连锁加盟的模式，然后不断复制。如果说最初的麦当劳是个体户，那么克罗克才是真正的企业家。由此可见，连锁加盟不是标准，而是复制传播的能力。

三、直销模式

直销模式——裂变

直销最大的核心与魅力就是裂变，这是非常好的模式。

我们所说的直销，实际上叫传播销售，本质是靠消费者消费后，使用体验好，然后进行分享式传播和销售。直销的裂变就是通过一个顾客，再把顾客背后的一连串资源挖掘出来，一个变两个，两个变四个，四个变八个……以此类推，裂变的速度和幅度取决于经营人员的人际关系网。

四、微商模式

微商模式——互联网+直销

其实微商模式很简单，最早就是互联网+直销的组合拳，现阶段是互联网+直销+分享+店商+社群的多种自由搭配组合拳，未来则是一个更加复杂的混合模式。

五、金融模式

金融模式——杠杆

金融模式的核心只有两个字：杠杆。那么是怎样的一个杠杆呢？

我给大家举例说明吧：如果给你100万元人民币，让你去进行商业运作。传统的方式是你拿去开一家店，假如收益很好，一年能赚50万元，那就是收入的150万元减去100万元的成本与开支，利润是50万元。这就是普通的没有金融杠杆的思维模式，投资回报率是50%。当然，在传统投资领域，这种回报率已经很高了。

如果这100万元在金融家手里，操作方法就会截然不同。

他首先会去找一个项目，接着发行一只基金，这只基金需要1亿元，这1亿当中，金融家自己投资100万元，他就叫GP，也就是基金管

六种商业模式　Part 4　第四章

理人。另外的 9900 万元，他就用项目去融资，然后再找其他投资人投 9900 万元，投 9900 万元的其他投资人叫 LP。那这一个亿筹齐以后由金融家——GP 来管理这只基金，这样，GP 就会拿到 2% 的管理费，1 亿元的管理费，就是 200 万元，也就是说，这 1 亿元的资金总量由这个 GP 来管理，他每年都可以拿到 200 万元的保底管理费。然后他把这 1 亿的资金投资出去，如果按照上面的收益比例去计算，年化收益率也是 50% 的话，即按投资 100 万元，赚 50 万元的方法计算，这 1 亿投出去，年化收益可以达到 5000 万元，那么，因为这只基金是他在管理的，所以他又会拿到 5000 万元收益的 20% 的收益提成，500 万元 ×20%=1000 万元。

请看，他总共投资了多少钱？100 万元。两种模式下，总投资金额都是 100 万元。以传统方式投资的 100 万元，赚 50 万元。经过杠杆之后呢？赚了 1200 万元，等于年化收益率 1200%，相差多少倍？24 倍。

这就是杠杆。金融就是杠杆加信用。信用亦是非常重要的，因为后面那 9900 万元的投资，如果金融家没有信用度，别人敢不敢投？当然不敢啊！所以金融＝杠杆＋信用。

说到底，金融最大的能力就是放大的能力。

比如美团、京东、滴滴，这些公司刚开始可能只值 1000 万元的估值，初始投资额可能才几十万元，像程维创办滴滴的时候，他自己只拿了 10 万元，然后找其他的投资人投了 70 万元，由此，80 万元启动滴滴，一路发展下来，滴滴今天的市值为 500 亿美元，那么，这是程维一个人的力量吗？当然不是，这是投资人的力量，是资本的力量。滴滴在发展的过程中，价值不断地被放大，进而不断地优化商业模式，不断地抢占市场，不断地优化团队和整合人才。如柳青本来在高胜，后来加入了滴滴，柳青帮滴滴把优步并购了，把快滴并购了，处理了各种各样的问题，整合了各种相关的社会资源。其实，程维就是滴滴的代言人，其他都是资本的推动和放大作用。

投行最大的力量就是，把一个只投了80万元的滴滴，一直放大，最后放大到市值500亿美元。他们最大的能力是通过资源配置与整合，把公司的价值一步一步放大。

六、整合模式

整合模式——产业链整合

整合模式其实只适合国际化大公司，它们主要的方法是服务下游，整合上游，并购中游，进行产业链整合。只要一谈产业链整合，就必须拥有庞大的终端——销售网络，像沃尔玛能够做产业链整合，宜家能够做产业链整合，优衣库能够做产业链整合……就是因为它们拥有庞大的终端。

好，我们把六种商业模式总结一下：

> 未来的商业模式属于复合式，我们叫它"非常6+1"。
>
> 为什么叫"非常6+1"呢？因为在以前，做电子商务就是做电子商务，开店就是开店，直销就是直销，金

融就是金融，投资就是投资。然后，上游就是上游，中游就是中游，下游就是下游。做服装的就研究服装的商业模式，做餐饮的就研究餐饮的商业模式，做美容的就研究美容的商业模式，做教育培训的就研究教育培训的商业模式。可是在今天，商业模式不再是单一的了，未来的商业模式就是把非常规的六种商业模式，有机地整合起来，然后再结合到具体的行业里。

如果一个商业模式既能具备产业整合，又能具备在资本市场放大的能力，能够进行资本杠杆，能够让每一个人帮你推广、裂变，能够找到更多的实体店复制，还能够让消费者免费使用，那这种模式才最适合当今的商业环境。

悟：

第五章　七种赢利方式

简单地说，"切换跑道"就是改变赢利方式，就像你的车本来在国道上开，切换到高速公路上，跑道和速度自然就都不一样了。赢利方式的多样化就是代表有多少条跑道可以选，在这里，我们总结了七种赢利方式，七种赢利方式就是七条跑道。

一、产品赢利

> 只有一招，取得成本优势，不遗余力地降低成本，用成本优势干掉竞争对手。

产品赢利，就是靠产品赚钱。靠产品赚钱的公司，只有一种方法，就是要卖得便宜，这就需要他们自身持续不断地降低产品的成本。如格兰仕、沃尔玛、宜家家居、H&M 和优衣库，它们提供给客户的产品最大的特点就是价格非常便宜。

格兰仕目前的市场占有率高达 70%，他们的秘诀就是持续不断地降低成本，为此，他们被同行称为"价格屠夫"，低价就是他们的杀手锏，他们可以不断降价。他们为什么能够持续不断地降价呢？因为格兰仕通过自身管理能力的提升和流程的改造，以及原材料的替代，实现了成本的降低。对于格兰仕而言，降低成本并不是为了提高利润，而是为了扩大市场占有率。

我们知道，沃尔玛的广告词是：天天低价。天天低价的沃尔玛老板山姆·沃尔顿成了当时的美国首富。他当年只做了一件事情，就是持续不断地降低成本。毫不夸张地说，沃尔玛所到之处，"寸草不生"。沃尔玛开到哪里，哪里的整条街零售店铺就都关门。同样的商品，别人卖 500 元，沃尔玛只卖 200 元，别人还怎么生存呢？

同样，价格低廉、产品好而美的宜家家居拥有世界最多的家居粉丝，宜家的老板也是瑞典的首富。

来自西班牙的服装品牌 ZARA，奢侈品牌般的款式设计，价格却是奢侈品牌的零头。而优衣库的衣服，被称为"不要钱的衣服"，价格亲民程度可见一斑。

由此，我们总结出：产品赢利，一定要取得成本优势，要不遗余力地降低成本，用强大的成本优势干掉竞争对手。这就是产品赢利的核心。

悟：

二、品牌赢利

> 持续不断地提高附加价值来赢利,品牌本身就是商品,给顾客一个愿意多花钱的理由,非买不可的理由。

关于品牌赢利,我们从功能诉求、情感诉求、文化诉求三个方面进行分析。

功能诉求　　情感诉求　　文化诉求

1. 功能诉求

我们来看看,凉茶知名品牌王老吉的广告语是"怕上火,喝王老吉",品牌广告直接传达了功能,即简单直接地告诉消费者这瓶饮料有降火的功能,所以,这瓶饮料就有了不同于其他饮料的附加价值。一瓶王老吉的价格是4.5元,相同功能的品牌饮料一般是3.5元,因为有了明确的功能诉求,所以一瓶王老吉饮料就整整贵了1元。

牛奶品牌六个核桃的广告语是"经常用脑,喝六个核桃"。六个核桃的品牌强化传达了补脑这一功能,售价3.5元/瓶。同时,六个核桃还赞助了江苏卫视大型科学竞技真人秀电视节目《最强大脑》,让人感觉,节目里那些拥有最强大脑的科学家和选手,就是因为喝了六个核桃,所以才那么聪明。

品牌赢利的产品,就是让消费者找到多花钱的理由,强化产品的功能去吸引消费者。

2. 情感诉求

> 爱她，就请她吃哈根达斯。

哈根达斯的广告语是"爱她，就请她吃哈根达斯"。他们是把冰淇淋当成玫瑰花来卖，卖的是情感。试想一下，在情侣经常出没的地方，一对恋人牵手而行，亲密私语，氛围如此浪漫，大幅的"爱她，就请她吃哈根达斯"的广告，让那份浪漫更添一分浓郁，买个冰淇淋，就相当于送她 999 朵玫瑰花。

3. 文化诉求

文化诉求即精神诉求。比如说你买了一个 LV 的包包，售价 3 万元人民币。如若这个包的成本为 500 元，真相是你花 29 500 元买了 LV 的品牌，顺便送你一个包包。

再比如星巴克，28 元一杯的咖啡，27 元是星巴克的品牌，1 元才是咖啡的成本。实际上那 27 元卖的是星巴克的第三空间，卖的是小资生活，卖的是星巴克的品牌与氛围。

品牌赢利的实质就是卖品牌，只是用产品托底，品牌本身就有附加价值，品牌本身就是商品，因此应持续不断地提高品牌附加价值，给顾客一个愿意多花钱的理由，非买不可的理由。这就是品牌赢利的核心。

悟：

三、模式赢利

> 把看得见的钱分掉，赚看不见的钱。

模式赢利，也叫隐性赢利，所有互联网公司都属于模式赢利，即把看得见的钱分掉，赚背后看不见的钱。

如我们熟知的小米网络电视机，几乎是同功能品牌电视机中最便宜的，性价比也是最好的。但当消费者买回去之后，小米真正的赚钱才刚刚开始。网络频道里有各种类型的电影，可是仔细研究之后才发现，一些新的、观众感兴趣的电影都只能免费观看五分钟，五分钟之后，想继续看这个电影就要开始收费了。每天打开电视机，就是各种广告，各种产品销售，各种必须花钱才能观看的诱惑。所以，消费者买回去的不是电视机，而是小米"PS机"。由此可见，小米不是赚卖电视机的钱，而是赚生活消费、广告费。这就是模式赢利，也叫隐性赢利。

四、整合赢利

整合资源赢利，也叫系统赢利。

> 汉庭酒店 ｜ 中脉道合

如汉庭酒店，它的老板叫季琦，他创办的第一家公司叫携程。携程是一家在线票务服务公司，早年都靠业务员在机场为旅客办理会员卡开展业务，随着网络移动手机端的进步，携程发展成为在线票务、酒店预订平台。携程没有一架飞机，没有一家酒店，通过卖飞机票和订酒店实现赢利，2003年，携程在纳斯达克上市。季琦创办的第二家公司，叫如家连锁酒店，也送到了纳斯达克上市。

后来创办汉庭时，季琦拿着携程的会员与其他酒店做筹码，加上他如家酒店的管理经验，又有流量又有系统管理，就演变成别人装修好了的酒店，汉庭直接给他加盟的模式。

截至2014年9月，汉庭在全国282个城市，已经拥有了1547家加盟的汉庭酒店。按一家酒店需要投资500万元来计算，汉庭一下子就节省了50多亿元的资金。住过汉庭的人会发现，每一家汉庭酒店的装修都不一样，但招牌、流程、管理、枕头、被子及日用品都一样，汉庭也成功上市了。

这就叫作系统赢利，也叫资源整合赢利，但谈整合资源赢利就必须有一套系统，有了系统才可以进行大量的整合。

另外有一家直销公司叫中脉道合。道合本来是一家咨询公司，他们所咨询的领域是直销，有一天道合的老板遇到了中脉的老板，双方商谈之后，一拍即合，决定进行系统整合。

中脉有产品、有品牌，道合有系统，所以他们就成立了一家公司叫中脉道合，双剑合璧，从此声名大噪，产品品牌和销售都上了一个新的台阶。

后来，道合用这个方法又与其他企业联袂，进入了酒店业、航空业、房地产业和其他产业板块。

道合的这套系统，叫道合系统。汉庭的叫汉庭系统。

> **整合赢利小结**
>
> 企业家并不在于拥有什么或能够创造什么，而是在于可以把社会上已经存在的各种资源有机整合，并且让资源得以增值。

悟：_____

_____

_____

五、资源赢利

> 抓住核心资源，占领行业优势资源。

资源赢利，就是抓住核心资源，达到占领行业优势资源的目的。

中石油、中石化、移动、联通、高铁，都属于占领了行业优势资源。微软占领 Windows 系统的优势资源。国内还有一家公司也很厉害，叫作东阿阿胶。做阿胶要有什么原材料呢？驴皮，要驴皮就得有驴，结果东阿阿胶就占领全中国将近 80% 的原材料的优势资源。

还有一家公司叫百丽国际，思加图、天美意、真美诗、他她、森达……都是百丽旗下品牌，其产品遍布商场、超市等零售终端。他们在香港一上市，很多高科技企业都惊呆了，他们只是个卖鞋的，怎么就上市了呢？占领行业优势资源，是百丽成功的秘诀。

所有互联网公司的发展方向也是占领行业优势资源。

美团和大众点评的合并就是想占领行业优势资源，滴滴和优步合并也是想占领行业优势资源。

悟：

六、收租赢利

> 抓到核心技术，做到专利保护。

收租赢利也叫专利保护，即抓到核心技术，做到专利保护。

> 华为 | 格力 | 高通

如华为、格力，都是抓到了核心技术，做好了专利保护。

让我们看看华为到底有多牛：华为 2018 年共申请专利 9000 项，同时已经获得的中国专利授权有 2000 多项，欧美等境外专利授权 1100 多项。如今，连苹果都要花费几亿美元，向华为购买专利。

格力在国内外共拥有专利 8000 多项，其中发明专利 2000 多项。格力电器的"智能化霜"技术解决了众多世界级难题。

世界知名公司美国高通，手上有 3900 项 CDMA 的专利，是 CDMA 的地霸，实现了高度垄断。一直以来，电信手机企业都是苦不堪言，只要是电信的手机你就绕不过高通，就算不用高通的 CPU，也得用高通的基带。不用高通的基带，你使用的基带供应商也得间接给高通交钱，因为高通垄断了国内 100% 的 CDMA 专利。手机生产企业，生产的每台手机至少要从零售价中抽出 5% 向高通支付专利费用。

七、金融赢利

> 金融赢利——杠杆

> 蚂蚁金服 ｜ 银行

如阿里的蚂蚁金服和各个银行。

简单地看一下银行是如何通过杠杆实现赢利的：

比方说你存了 100 万元在银行，银行又将 100 万元贷款出去给 A 公司，你存的钱利息是一年 2 万元，银行贷款给 A 公司的利息是一年 10 万元，10 万元 – 2 万元 = 8 万元，也就是说，银行可以赚取利息 8 万元。另外，银行还要使用金融工具，如承兑汇票，你的 100 万元实实在在存在银行，可是银行贷款给 A 公司的钱不需要马上拿出 100 万元现金，只需要给 A 公司开一张承兑汇票。所以，其实银行手上的钱并没有转出去，但是 A 公司的利息已经开始支付了。A 公司为什么愿意拿承兑汇票呢？因为 A 公司拿着这张承兑汇票去支付 B 公司的货款，B 公司也愿意收，因为 B 公司也相信银行。

所有的金融系统都是杠杆，它们把 1 元当 10 元、20 元在用，只是杠杆多少的问题了。

金融赢利的核心就是杠杆。

第六章　新商业模式设计

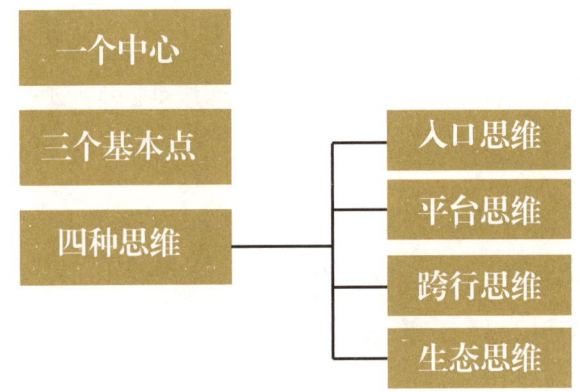

老板也是一个岗位

岗位专业：商业模式创新专家

岗位职责：持续不断地找到新的赢利增长点

岗位目标：现金流最大化和公司市值最大化

一、一个中心

改变原有的、平面的、单一的赢利结构，迈向多元的、立体的、组合的赢利结构。

全面布局
抢占新商业红利

新商业模式设计的一个中心即是改变原有的、平面的、单一的赢利结构，迈向多元的、立体的、组合的赢利结构。

那么什么叫平面的赢利呢？平面的赢利就是收入-成本＝利润。

什么叫单一呢？你的产品只有一种。

什么叫多元？什么叫立体？什么叫组合？多元就是多种赢利，立体就是你会根据各种不一样的赢利方式，然后进行排列组合。最后，哪些用来跑量，哪些用来赚钱，你把它们区别开来。这个就是所有商业模式设计的第一要素，最重要的一个中心。

比方说美发店，以前靠做头发赚钱，就是平面的、单一的赢利结构。现在美发店增加了美容、美甲甚至还会将顾客引流到整形医院等，这就属于多元的、立体的、组合的赢利结构。

再比如说，瑞典利乐公司起初是卖牛奶包装机的，卖单一的牛奶包装机就是平面的、单一的赢利结构。后来，他们进行了商业模式的创新，包装机免费，他们赚取生产各种牛奶盒的钱，这样，包装盒就可以做到多元并持续赢利。

国内知名品牌小米则一起步就是多元的、立体的、组合的赢利结构，小米的产品很便宜，因为他们不靠卖产品赚钱，产品是他们与互联网的连接器。

悟：

二、三个基本点

> 把看得见的钱分掉，赚背后看不见的钱。

新商业模式设计的基本点之一：把看得见的钱分掉，赚背后看不见的钱。在这方面做得最好的就是麦当劳了。

麦当劳看得见的是各类汉堡包，最有名的是巨无霸，但是他们根本就不赚这个看得见的钱，他们赚的是以下背后看不见的钱。

房地产：在美国，因为麦当劳有庞大的客流量，为了带动人气，房地产公司给麦当劳的店面都是免费的，麦当劳就把免费拿到的店面，租给加盟商，所以麦当劳赚到了零成本的租金。后来麦当劳又将整条街的店面都租下来，利用麦当劳餐厅带来的巨大客流量优势，再把周围的店铺以高价租出去，所以麦当劳是全美国最大的商业地产之一。

金融：麦当劳每天有大量的流水，麦当劳又可以做金融。

可乐：麦当劳所售的可口可乐一杯 7 元，外面的便利店只卖 3~4 元，而实际上麦当劳拿到的可口可乐是零成本，因为可口可乐看中了麦当劳的品牌影响力和巨大的客流量，为了培养用户的习惯，在麦当劳售卖可口可乐，就是在帮他们做广告，所以可口可乐把给麦当劳的可乐当广告费。

(**京东**)

说到京东商城，京东看得见的是家电，但是京东的家电销售根本就不赚钱，他们赚的是以下背后看不见的钱。

平台扣点：京东靠卖很便宜的家电来沉淀会员，再通过京东商城卖衣服、鞋子、日用品，赚取扣点，扣点费高达30%。

金融：通过家电和商城有了大量的现金沉淀，就可以做金融，现在在京东上买东西，还可以分期付款，京东又开始赚利息。京东还有金融理财，赚取佣金。所以，刘强东说，未来京东70%的利润来自金融。

京东现在又开发了物流，开辟了新的赢利板块。

> 改变原有的交易结构，把原有的利益分配重新调整。

新商业模式设计的基本点之二：改变原有的交易结构，把原有的利益分配重新调整。

传统模式的交易结构：厂商—省代—地级代—县代—门店—顾客
直销模式的交易结构：厂商—顾客—顾客—顾客
连锁的交易结构：厂商—连锁门店—顾客
电子商务的交易结构：厂商—平台—顾客
微商的交易结构：厂商—省—地县—顾客
（跟传统模式一样，只是无店铺，无地域，通过微信朋友圈）
未来微商的交易结构：传统的交易结构＋代理推荐代理＋
　　　　　　　　　　直销的模式＋互联网传播方式
而今天的交易结构是复合式：

平台式的交易结构＋门店式的交易结构＋互联网传播方式

新商业模式设计　Part 6　｜　第六章

如上图所示，今天，交易结构已变为复合式的交易结构，我们可以把它们一一对应为如下图所示：

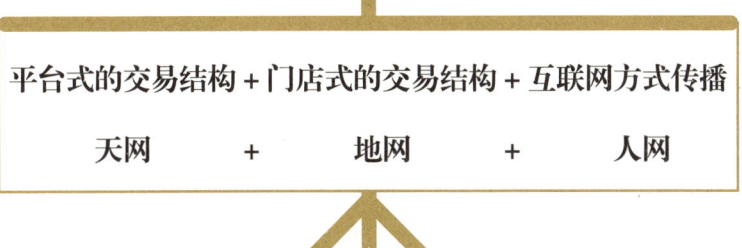

那么，面对复合式的交易结构，我们就要思考，未来如何帮助顾客把已经消费的钱赚回去，即让消费者在花钱之后，也能通过这个花钱的项目赚钱，这是天经地义的事情。最重要的是如何跟顾客分钱，开发每一个顾客背后的资源，帮助顾客打造人脉银行。

悟：_____

_____

_____

> 整合原有的社会上已经存在的资源，帮助另一群人实现价值最大化。

新商业模式设计的基本点之三：整合原有的社会上已经存在的资源，帮助另一群人实现价值最大化。

携程 ｜ 美团

携程是把这一点做得特别好的公司之一。

航空公司、铁路、酒店,都是已经存在的社会资源,携程没有一架飞机,没有一家酒店,而它却整合了航空公司、铁路、酒店等方方面面的资源。最后,让携程的团队和股东实现了价值最大化。

美团也一样,本身不开设一家餐厅,没有一个厨师和服务员,却整合了几乎所有的餐厅。饿了么也是同样的道理,整合了餐厅,打造了外卖业的神话。滴滴没有一辆车,却整合了出租车市场,给了司机和乘客一个双向的方便快捷、相对安全的平台。淘宝没有一件货,却让整个零售业呈现了新的机遇和挑战,形成了一种新的经营方式。

> 微信没有交话费,却成功整合了通信业务;
> 滴滴没有一辆车,却整合了出租车市场;
> 淘宝没有一件货,却整合了整个零售业。
> **得渠道者得天下,得用户者得天下。**

说到渠道,各行各业有它不同的渠道,代理也是渠道之一。

悟:
_____
_____

三、四种思维

新商业模式设计有四种思维:入口思维、平台思维、跨行思维和生态思维。

1. 入口思维

什么是入口？

一个超市的门口是不是入口？

饭店的门口是不是入口？

办公室的门口是不是入口？

不是，不是，都不是。

能为你带来庞大客流量的地方，才是入口。这些入口，有些是线上，有些是线下。

微信

微信就是目前移动互联网时代最大的入口。

每个人手机里都有微信，人们每天都会花大量的时间在微信上，所以微信的使用频率特别高。大家请打开微信支付的第三方服务，里边有滴滴、京东、美团等。微信是京东的入口，是美团的入口，是摩拜单车的入口，是几乎所有第三方服务的入口。

如果要问新商业模式是什么商业模式，总结起来只有一句话：聚人的商业模式。

只要你手上有人，也就是庞大的用户，什么商业模式都能成。

如果有一天微信的 10 亿用户变成只有 100 万，或者 10 万人，那么微信的商业模式再牛也垮了；如果淘宝只剩下 1% 的用户，淘宝的商业模式再牛也没有用。所以，任何新商业模式的核心就是如何聚人。不管什么商业模式，到最后落到点上必须有人，就是用户，没有人什

全面布局
抢占新商业红利

么都做不成。有一句说得很对，得用户者得天下。所以，新时代的老板天天研究怎么去聚人，八个字：入口大战，圈人比赛。所以先想一想，你的公司可以用什么产品来跟更多的人发生关系。滴滴、微信、拼多多等，哪一个不是通过大入口引流出来的？

> **入口思维总结**
>
> 什么地方离钱最近？
> 第一，有用户的地方；
> 第二，有渠道的地方。
> 手上只有产品离钱还有十万八千里。
> 这就是新商业模式的入口思维。

离钱最近的地方就是我们的入口。

悟：_____
_____
_____

2. 平台思维

什么是平台？

在今天，所有的公司都得思考一个问题：如何让我的公司成为别人的创业平台。

新商业模式设计　Part 6　第六章

淘宝｜京东

如淘宝和京东就是小商家的创业平台。

前面谈过，未来如何帮助顾客把已经消费的钱赚回去，是天经地义的事情。

最重要的是如何跟顾客分钱，开发每一个顾客背后的资源，帮助顾客打造人脉银行。

要想赚钱，必须先有资源。简颢集团的创业者，通过学习，做到了线上与线下资源广交汇的资源聚集。资源包括有形的资源和无形的资源，有形的资源是看得见的人脉，无形的资源包含知识和资讯等，所有看得见或看不见的资源是一个人成就一番事业的标配。

所谓赚钱等于资源＋经营。有了资源的聚集，再加上有效的经营，赚钱就水到渠成了。

这个时代最重要的不是创造资源，也不是整合资源，而是要学会让资源流动。所以如果你不懂得资源流动，那么你就没有办法整合资源，如果你没有办法整合资源，光想靠自己去创造资源，那么你的资源不仅非常稀缺，而且你创造资源的成本也非常高。

只有透过资源与资源之间的流动与整合，才能创造出更多新的资源。简颢集团即是透过线上和线下资源广交汇，进行资源整合。

海尔

海尔的首席执行官张瑞敏，正是与时代接轨，将电器变为网器，将员工变为创客。以前的电器需要接电，所以叫电器。以后的电器要与互联网相连,所以叫"网器"。张瑞敏说,海尔没有与互联网相连的电器通通不准生产。

虽然表面上只是改了一个字,从电器到网器,但赢利方式却发生了很大的变化,从单一产品销售变成了平台模式。

比如海尔烤箱,在以前卖给消费者即代表交易结束,变成网器以后呢,赚钱才刚刚开始。烤箱带有一个app叫烤圈,点开app,不仅可以学习各种美味点心的制作方法,还可以和烤友进行交流和比拼,烤圈更开发了商城的功能,烤友可以在商城进行购物,那海尔以后就不是靠卖烤箱赚钱,而是靠平台产品的销售赚钱了。

另外,海尔把员工都变成了创客,代表着海尔的员工都是在为自己干,员工有了自主创业的机会。

平台思维总结

今天,我们思考的问题是——
(1)如何将公司变成员工的创业平台?
(2)如何将公司变成竞争对手的卖货平台?
(3)如何将竞争对手变成合作伙伴?

悟:_____
_____
_____

3. 跨行思维

过去我们所有的收入都得靠主营业务赚取，而在今天，却不一定靠主营业务来赢利了，我们可以进行跨行合作。

> 美容院 ｜ 熊本士

比如以前的美容院只是单纯地做美容业务，没有整形。但是，现在很多美容院将自己的顾客导入整形医院，进行跨行合作。

另外，有一个很日式风的杯子品牌叫熊本士，除了正常渠道销售外，还把产品放在童装店里卖。

以上两个例子都是跨行合作，区别在于：美容院是找到更多的产品卖给我的顾客；熊本士是把我的产品卖给更多的人。

传统的生意是：

把一个产品卖给一个人。

未来的生意是：

让一千个顾客帮我们找来另一千个顾客，
再向这一千个顾客售卖产品，
然后让他们再帮我们找来一千个顾客。

一千次是带有夸张手法的描述，其实就是如何让顾客进行有效的转换，如何帮助顾客把已经消费的钱赚回去，最重要的是如何跟顾客

分钱。只有这样，顾客才愿意开发他背后的资源。

悟：

4. 生态思维

可以说，今天的商业生态环境竞争非常激烈，在这样的商业环境下，首要的，我们必须思索如何才能让我们的资源流动起来。

举个例子来说，我有1000万元想做投资，如果全部投进自己的公司，那只有我一个人是老板，也只有我一个人的资源在为这1000万元发挥资源效用。

如果用生态思维的做法则截然不同，生态思维会把这1000万元分成100份，每份10万元，分别投资到100家公司去；如果我们公司需要1000万元，同样也分成10万元每股，找100个人来进行投资。这样，我投资了100家公司，又找了100家公司来给我的公司投资。这样，我们公司会与200家公司、200个老板、200个团队发生关系，就变成了一个庞大的资源密集体。

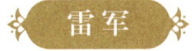
雷军

雷军在创办小米之前，就已经投资了几百家公司，所以小米的成功是必然的。

在当今竞争激烈的商业环境下,必须考虑如何让所有的资源流动起来,构造新的生态环境。

成功就是创造条件,必须站在企业的外部环境去构建企业的资源。

简颢集团推出的招募资源股东就属于生态思维。

新商业模式设计小结

这四种思维模式跟过去的经营形态都不一样,这四种思维给企业带来了一个新的赢利空间,那就是:前端建入口,后端建生态。

企业家并不创造什么,企业家是利用好社会上本来就存在的资源,透过有机的整合,让资源得以增值。

悟:

_____

_____

四、六个步骤

| 非顾客 | 隐形需求 | | 免费制 | 业绩倍增 |

全面布局
抢占新商业红利

- 去成本 | 外包删除
- 抓资源 | 核心定价
- 裂变式 | 全国复制
- 上下游 | 产业整合

1. 非顾客 | 隐形需求

> （1）谁是我的顾客？
> （2）如何拥有庞大的市场量？
> （3）非顾客：不是我的顾客才是我的顾客。
> 从准顾客迈向非顾客，开发庞大的客户群体。

那么如何开发非顾客的隐形需求，给大家分享两个案例：

王老吉 | 脑白金

王老吉最初的定位是幸福家庭，健康相伴，准顾客是上火的人。后来请了一家咨询公司，想要去开发非顾客。咨询公司做完调研后发现，上火的人喝王老吉，那能否卖给怕上火的人呢？上火的人是小数量，是已经发生的结果用户；怕上火的人是大数量，是可能会发生的预期用户。于是咨询公司迅速调整定位，改成"怕上火，喝王老吉"。由此，王老吉的营业额很快从1个亿飙升到50个亿。上火的人是准顾客，怕上火的人非顾客。后来，王老吉又继续挖掘非顾客，赞助了《中国好声音》，很多人就认为是为了增加知名度，其实并不是，因为在节目中出现的广告是:"中国好声音,正宗好凉茶。"王老吉立刻就有了新的标签,让年轻人认为,那些人唱歌唱得好听,就是因为喝了王老吉,认为王老吉可以润喉,再一次把王老吉卖给了怕上火的人之外的非顾客——年轻人,想要声音更好听的那一群年轻人。后来,王老吉的销售额突破了200亿元。

脑白金最初定位的准顾客是老年人,为了做市场摸底,产品上市之前就先送了一批脑白金给老人免费使用。然后,史玉柱去做现场调研,老人都说喝了效果好,晚上睡得香,白天精神好。史玉柱问:"那您以后买不买呢?"老人家说:"不买。""为什么呢?"老人家回答说:"太贵了。"

按照正常人的思维,回去的第一件事恐怕就是研究如何控制成本,如何降价,可史玉柱就是史玉柱,一句"送礼只送脑白金"就解决了问题,脑白金的准顾客本来是老人,最后却卖给了非顾客——年轻人。所以,脑白金能开发庞大的市场,就是将非顾客变成了他们的顾客。

悟:

2. 免费制 | 业绩倍增

思考:如何能让消费过的顾客免费?

——顾客分享

我们在设计商业模式的时候一定要好好想想，如何让我们的顾客消费后，让他们有机会免费，这样，顾客才会去分享。

3. 去成本｜外包删除

现在是共享经济时代，公司内部的成本要尽量外包或删除。面对代理商也一样，过去一旦别人做了你的代理商，他就需要租办公室、开店、招员工、购买办公设备、打广告，这笔花费不菲，没有一笔不小的投资是无法成为你的代理的。今天，我们要思考的是，如何让你的代理商可以不增加成本就能挣钱，去成本、外包删除的意思就是找那些本来就已经存在的店铺，把你的这个模式直接植入，就可以了。

4. 裂变式｜全国复制

什么叫裂变式？除了顾客裂变顾客之外，还需要让代理裂变代理。过去所有的代理都只能靠卖货赚钱，今天要让代理商帮你发展代理商。顾客推荐顾客，代理推荐代理，股东推荐股东，这是今天的标配。如果做到让顾客帮你介绍顾客，让代理帮你介绍代理，让股东帮你介绍股东的话，那就可以减少大量无效投资，减少高能耗的重复性建设。

5. 抓资源｜核心定价

那么，中小微企业的核心资源到底是什么？

> 中小微企业的核心竞争力是渠道，未来通过渠道抓用户。
>
> 做生意首要解决的问题就是谁来卖货，谁来买货。

如上图所示，中小微企业的核心竞争力不是品牌、不是产品、不是技术、不是能力、不是模式、不是团队，中小微企业最核心的竞争力是拥有庞大的销售网络，即渠道，所以说"得渠道者得天下"。

当你有了渠道，就拥有了核心竞争力，就可以开始整合资源了。

当然，每个行业的渠道不一样，像新能源充电桩的核心渠道就是物业。

中小微企业最重要的就是把焦点放在渠道上，所以，抓好了渠道，就是抓好了资源。

6. 上下游 | 产业整合

> 帮扶下游，整合上游，
> 并购中游，跨行赢利。

关于产业链整合，总结起来，就是四句话：帮扶下游，整合上游，并购中游，跨行赢利。

第一就是帮扶下游，因为你能帮助和扶持下游，就会有大量的渠道跟你发生关系。

第二是整合上游，有渠道在手了，就可以跟工厂谈判，比如可以谈收购。

第三是并购中游，就是在这个市场上有很多跟你做差不多行业的人，你可以去寻求多品牌的共同运作，A 品牌、B 品牌、C 品牌都可以合作，甚至可以收购它，并购它。

最后实现跨行赢利。

总结

(1) 把自己的成功建立在让别人更成功的基础之上。

(2) 资源只须流动，无须创造。

(3) 将自己的人脉打造为人脉银行，开启源源不断的人脉流。

(4) 投资大小和赚钱多少没有关系，赚钱是一种方法，是一种能力。

(5) 赢利方式与时俱进，不同的时期有不同的赢利方式。

(6) 企业家最强的工具就是你的商业模式与赢利方式。

再好的生意都有人做不成，再不好的生意都有人能做成，他们之间的差别到底在哪里？核心在于整合资源的能力！上个时代赚钱靠走货，这个时代赚钱靠走心。

在这个相互成就的年代，要把先成人后达己变成一种习惯！

悟：

第七章　产品价值定位

产品价值定位主要有以下四个方面：

- 产品的核心价值
- 产品的附加价值
- 增加产品的价值
- 产品寄生策略

先来看到底什么是价值。

> 价值是企业基业长青的基础

商业的目的是透过商品交换，让大家的生活变得更加美好。如果把这个点研究透了，自然就知道钱从哪里来，生意怎么做，营销该怎么做，产品怎么做了。

《老子》有言："道生一，一生二，二生三，三生万物。"当企业找到了这个价值点，就会有无限的力量。与其天天想着到外面去争去抢，不如想想，我们人有两只脚，而钱有四只脚，用两只脚去追四只脚，怎么可能追到？但是如果让四只脚来追我们呢，是不是钱会来得快一些？所以我们不要去追钱，而要让钱来追我们。那如何才能做到这一点，就是价值所在——我们的企业要能为他人带来价值，为社会带来价值，这是商业的第一个基本点。

全面布局
抢占新商业红利

商业的前提是市场；
市场的形式是交易；
交易的本质是交换；
交换的背后是价值。

价值　　价格　　成本

商业的前提是市场，价值要用劳动来创造。那为什么客户买东西的时候要讨价还价？如上图所示，天花板叫作价值，地板叫作成本，中间叫作价格。离成本越远，客户就觉得越贵，距价值越近，就觉得越便宜。那么，什么情况下客户才不会嫌贵？就是价值杆无限延伸的时候，客户不管以什么价格买到，都会觉得便宜。所以，我们的东西卖不掉的原因是什么？就是给客户的价值不够。所以，我们需要为客户创造更多的价值。

无论是做营销、做促销，还是精进产品，不管这个世界怎么变，我们所做的一切无非都是让人感觉比较有价值而已，所以，商业的本质就是创造价值，谁创造的价值多，谁就能赚到更多的钱。

打个比方，一个员工的工资是谁加的？很多人都以为是老板加的，其实是对的也是错的。如果老板给你1万元工资，你只为老板干1万元的活，对老板而言是赚了还是亏了？当然是亏了，所以老板可以用你也可以不用你。如果老板给你1万元，你只给他创造1000元的价值，老板就亏大了，他就会把你扫地出门。如果老板给你1万元，你能够

第七章　产品价值定位　Part 7

创造 10 万元的附加价值，老板会不会想办法留住你？如果老板给你 10 万元，你能够为公司创造 100 万元的附加价值，你在公司就有价值。所以，一个人在做事的时候，就是在增加自己的附加价值。老板为什么不愿意给你更高的工资，说明你为公司创造的价值还太少。为什么说皇帝的女儿不愁嫁，因为娶她的好处很多啊！

所以产品好卖的原因是附加价值很高，这才让客户别无选择。

附加价值就是要独一无二，无法被取代的价值就是独一无二。在这个行业，只有你有，别人没有，那你就容易把钱给吸引过来。要想让自己变得更容易把钱给吸引过来，就要想办法让自己独一无二，就要想办法创造更大的价值。

其实很多员工很傻，他觉得老板给的钱少，那我就少干一点，其实你少干了，你就缺少了锻炼的机会，你干得越多，你的能力就越强，就越增加你的能力、阅历，增加你的筹码和价值。

哪怕你搞砸了，虽然老板骂了你，那又怎么样呢？你拿公司的平台在做试验，拿公司所有的投资给你玩游戏，你付出的越多，得到的绝对会越多。人生就是一个修行的过程，我们做的所有事情，都是修行的方式和手段，当你选择以一种修行的心态去面对，那你就乐意去做事，就会功德圆满，所以我们此生一定要想办法为别人、为公司创造价值。

悟：

一、产品的核心价值

MP3 | iPhone

20年前,我们要听音乐,就需要到音像商店购买磁带或光盘;互联网时代,我们要听音乐,就可以很方便地在网络上购买。2006年,美国销售排名第一的光盘公司倒闭,它不是被第二名干掉的,而是被苹果给干掉了。为什么苹果把它干掉了?因为一张光盘只可以装载10首歌曲,但这10首歌曲未必都是消费者所喜欢的,消费者可能只喜欢其中的1首歌,却被迫买了10首歌,付了10首歌的钱,另外9首歌的钱就白花了,所以消费者就觉得不值。而苹果公司的iTunes却将所有的音乐全部上传,消费者只要付0.99美元,喜欢哪首歌就可以下载哪首歌了,所以光盘公司的倒闭并不是意外。此处,核心价值就凸显出来了,苹果公司卖的就是核心价值。

二、产品的附加价值

充话费送手机

充话费送手机,充3888元即送一部价值3888元的手机,这在当今的移动电讯行业早已不是新鲜事。电讯公司这算盘打得很响,手机进货价可能只是售价的一半或更低,表面看这种做法是亏了3000多元,但实际上电讯公司只付出1000多元,甚至更少的成本,就用手机号码绑定了大批的用户。因为通常来说,一个用户,一个号码

第七章　产品价值定位 Part 7

使用了两年之后,他的关系网以及生活的方方面面都已经被这个号码给渗透了,想换号码是很难的事,这时候就有可能终身被绑定。这就是把别人的核心价值变成自己的附加价值,你要卖,我送。

我们再来看看商业的三大本质:

> 价值本质:就是必须提供给对方认为有价值的产品或服务;
> 便利本质:就是必须尽可能降低交易过程中的交易成本;
> 优选本质:就是相比较而言,当前这一交易对双方来说是最划算的。

商业的第一个本质叫价值本质。即我们的价值必须为客户提供他们认为有价值的产品或服务。

商业的第二个本质叫便利本质。就是我们必须进一步降低交易过程中的成本。现在为什么都是网络购物直接快递送货上门?这就是降低交易的成本。过去我们确定产品的价格都是单靠定价,现在我们要考虑的是客户的实际支付成本,那才是我们要定的价格。

商业的第三个本质叫优选本质。什么叫作优选?就是相比而言,从客户的角度出发,这笔交易是最划算最合适的,只要客户有对比,我们比别人相对有优势,我们就能得到这笔交易。

所以首先我们要给到核心的价值,其次要有优选价值,同时还要具备便利的价值,如果我们能够从多个维度给客户提供价值,提供的价值越多,那客户付钱给我们的速度就会越快。

那么，除了产品的本身、附加价值和核心价值之外，一个企业要做大，还需要考虑以下两件事：一个是社会价值，一个是经济价值。

> 经济价值决定企业能够走多久；
> 社会价值决定企业能够走多远。

社会价值就是企业所销售的产品或者服务，对社会到底有没有帮助。假设一个企业做了一个项目是非常赢利的，但这个项目是建立在伤害他人或破坏自然环境的基础上，那这个项目能长久吗？所以企业做的事情一定要有正能量，对人有利，对己无亏，对事圆满，这是我们做人做事的原则，也是企业经营的原则。所以传播正能量属于社会价值。

第二个就是经济价值。一个企业只有赢利了，才能给客户提供更好的产品和服务，才能造福社会，对内能够把员工照顾好，对外能够把客户照顾好。

以上两点，就是企业创造的经济价值和社会价值。

那么价值的体现是什么呢？请看下图：

> 你能够帮助别人解决什么问题？
> 你能够化解什么困惑？
> 你能够满足什么样的需要？
> 你能够帮助别人实现什么梦想？

问题、困惑、需要、梦想，这八个字就是价值所在。所以马云说永远不要抱怨，社会的问题就是我们的机会。别人在抱怨银行不改变，我们不抱怨，我们主动出击，把它变成机会，所以阿里推出了余额宝。

在公司里，上司的问题就是我们获得晋升的机会；朋友的问题就是我们获得信任的机会；客户的问题就是我们获得交易的机会……所有的问题都可能意味着机会的来临。我们要喜欢问题，因为有问题，才有我们存在的价值。别人解决不了，就轮到我出场了。所以，要成就一番事业必须有这种心态。该我出山了，该我出马了，这时候你就会找到自己的价值所在，你也能够做得更好，你就会越来越优秀。

悟：

三、增加产品的价值

> 增加价值比创造价值更容易

阿里巴巴最早的业务是批发，后来发现很多客户不一定要做批发，而是需要搞跳蚤市场或者零售，所以阿里巴巴就开发了淘宝。而在运营淘宝的过程中，他们又发现在网络交易的环境下，大家都不敢交易，买家不敢付款，卖家不敢发货。不敢交易的原因是无论是买家还是卖家，彼此之间都没有信用，又没有担保。所以淘宝就想找银行来做担保，

全面布局
抢占新商业红利

但当时的银行不愿意担保，为了解决问题，阿里巴巴就自己开发了一个第三方的支付平台，也就是支付宝。现在，大家出门都已经很少带现金了，更不需要刷卡，只需要一个手机，需要消费和交易的时候，要么使用微信支付，要么使用支付宝，这就叫做增加价值。

或许，马云一开始也没想过做成这样子，他做的所有商业布局都是在执行的过程中，发现什么问题，然后解决什么问题，在解决这些问题的过程中就实现了增加价值。比如阿里巴巴有很多员工，天天要考勤，从自身需要的角度出发，他们就开发了一个考勤软件，叫钉钉。后来发现考勤也是很多中小企业的刚需，就把钉钉开放给所有的公司使用，结果钉钉又变成一家估值百亿级的公司。马云说，他做事从来都没想着一开始要变百亿，一开始要变千亿，他就是不断地在解决问题、增加价值中实现企业的壮大的。

> 微小的创新足以改变世界，
> 在原有的基础上增加价值。

因为客户的使用习惯不会大变，所以在原有的基础上，不断地再升级，也可以实现增加价值。就像酒类，大的配方不变，只在细节处做调整和升级。再比如各个品牌的手机，主要的核心不变，但在外观设计上做更改，在系统上做升级，在功能上做增加。也就是说，在原有的成功基础上去增加价值，从成功走向成功。

我们来看看老一辈的中国人是怎么做生意的。有人开了一家加油站，很赚钱，对面马上就开一家，对面也很赚钱，对面的隔壁，隔壁的对面又开了一家加油站，很快，这条街上就有好几家加油站，然后所有加油站的生意都不好了，这就是典型的在互相拼杀。

再看犹太人是怎么做生意的。A 开了一家加油站，很赚钱。然后 B 发现很多人都在这里加油，旁边好像没有便利店，所以 B 就在加油站旁边开了一家便利店，借助加油站的人流，便利店生意很好。然后 C 发现便利店生意很好，但是没有吃饭的地方，所以 C 就开了一家餐厅，结果餐厅的生意也很好。然后 D 发现有加油站、有餐厅、有便利店，旁边没有住的地方，所以 D 又开了一家快捷旅馆，结果大家生意都很好，这就是增加价值。

悟：

四、产品寄生策略

> 产品最好的策略是寄生策略

产品最好的策略是寄生策略。如何理解这句话呢？我们知道，鲨鱼以猎食其他鱼为生，鲨鱼旁边围绕着很多鱼，我们称它为清洁鱼。鲨鱼看到鱼就想吃，但是，却能够跟清洁鱼愉快地相处，主要原因是鲨鱼每一次在享用完大餐之后，牙缝里都会塞很多鱼肉的碎屑，如果不清理掉的话，牙齿可能会蛀掉，因此鲨鱼在吃完猎物之后，都会把嘴巴张开，然后清洁鱼就进入鲨鱼的嘴巴里，把牙缝里面的肉屑吃掉，所以清洁鱼就能够旱涝保收。这就是最好的策略，叫寄生。

这种天天围绕在鲨鱼身边的鱼，既受到鲨鱼的保护，没有人敢动它，又能吃得饱，就是因为它寄生在鲨鱼这个大老板之下。在今天这种激烈的经济环境中，能够找到一个好的平台靠一靠更安全。

要想寄生，我们需要做好以下三个关键的部分：

| 使用之前 | 使用之时 | 使用之后 |

1. 使用之前

> Windows 系统
> Excel ｜ Word ｜ PowerPoint 软件

举个例子来说，就一目了然了。全世界只有中国的电脑是软件、硬件一起购买的，国外却不同，软件、硬件分开售卖，你买了电脑，还得额外再买软件，电脑才能工作。当时微软看到了中国巨大的市场和这种打包销售的商机，所以就找到生产电脑的联想公司，在和联想的合作谈判上，他们说你一台电脑卖3000元，可能就赚1000元，人家买了电脑之后，要装软件，到时候又要去买软件，不如你直接成为我的软件经销商。你在生产电脑的时候，直接把软件装进去，我的软件市场售价为1000元，所以你每卖一台电脑，你的价格就可以高1000元，而我给你的软件成本是500元，也就是说，加上我的软件，每卖一台电脑，你就可以多赚500元。你愿不愿意？当然愿意啊，只有傻瓜才会拒绝这样的生意。以前生产个电脑那么大，才赚1000元，

产品价值定位 Part 7　第七章

现在在电脑里直接装一个你的软件，就能够多赚 500 元，而且有正版软件的加持，就能够卖得更好。一时间，几乎所有生产电脑的经销商，都成了比尔·盖茨的经销商，这就是他最好的渠道。

2. 使用之时

> 咖啡　|　咖啡伴侣

比如咖啡和咖啡伴侣，喝咖啡的时候加一点咖啡伴侣可以更好喝，这个就叫使用之时。

同样的，现在卖车险的人都很聪明，车险都放到哪里卖了？都放到 4S 店，让汽车销售帮他们去卖了。汽车销售员卖一辆车可能只赚 2000 元，但卖一份保险可能就赚 5000 元，这是实实在在地增加了汽车销售员的收入，所以汽车销售员都愿意成为车险的经销商。这也是使用之时。

3. 使用之后

> 手机　|　手机壳

说使用之后，最浅显的例子就是手机和手机壳了。

大部分人在买了一台手机后，就必须买一个手机壳，手机卖得越好，手机壳就卖得越多，手机壳的生产商根本不用自己去开发市场，不用做广告，别人都会帮他做广告，手机壳就寄生在手机那里。

所以，我们要研究如何让自己的产品成为别人互补的部分，即你的产品出现时能让别人的产品卖得更好，也可能你的产品出现时，让别人的利润变得更高。

全面布局
抢占新商业红利

悟:

第八章　企业必须思考的四环图

纵观所有成功的企业，都有其重要的四环图。到底什么才是一个企业必须思考的四环图呢？先看下图：

> 第一环：破点（建立绝对优势）
>
> 第二环：产品系统（找到利润的空间）
>
> 第三环：利用产业链系统扩大利润
>
> 第四环：生态，扩大品牌影响力

一、破点（建立绝对优势）

企业四环图的第一环，即是破点（建立绝对优势）。

> **缝隙理论**
> 万物皆有缝隙，只要有缝隙，阳光就可以照进来。

"万物皆有缝隙，只要有缝隙，阳光就可以照进来。"这就是缝隙理论。任何两个物体之间都是有缝隙的，就比如钉钉子，如果拿着

全面布局
抢占新商业红利

钉子想钉到砖上就很难钉进去，钉子就会钉弯，但如果拿着钉子钉砖缝很容易就进去了。

缝隙就是让长板更长。

> 企业必须设法让你的长板更长，不要过于关注你公司的缺点和你的产品缺陷，如果只关注缺陷，就会陷入一个困局，就会走进死胡同走不出来。世界上没有一个完美的产品和公司，追求绝对的完美，企业一定会走入困境。

经营企业，过去是讲短板理论，但是执行短板理论，让很多民营企业倒退或倒闭了。今天，我们应该把所有资源压缩聚焦，集中在你最擅长的点上，然后在那个点上建立起你的绝对优势。什么是绝对优势？就是在你的行业里，别人在这个领域内和你根本不能比。

别人为了追逐你的优点，一定会包容你的缺点。

手机

比如说，手机的缺点有多少？有辐射，对眼睛不好，低头看时间长了对颈椎不好……但是，明知手机有那么多的缺点，你都会记住它的优点，它为你的工作、为你的生活带来了极大的便利，你就会接纳它的缺点，还得买，还得使用，还得看，这就是手机具有的绝对优势。

第八章

企业必须思考的四环图 Part 8

> 赵本山

赵本山的破点就是会演农民,并且以农民的形象给观众朋友带来了欢笑,这就是他的绝对优势。

悟:

_____

建立绝对优势要从以下七个方面出发:

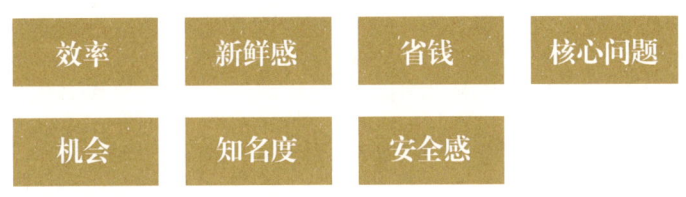

1. 效率

> 从效率上建立绝对优势。

对于每个人来说什么东西是倒计时的?生命。从出生的那一刻起,我们的生命就开始进入倒计时的状态,时间是最珍贵的,这个世界上最稀缺的资源就是时间。所以凡是能为人们提高时间利用率的企业和产品都会受人欢迎。

> 智能手机 | 机器人 | 人工智能

因为手机提高了我们的效率,所以我们离不开手机。而在未来,

全面布局
抢占新商业红利

机器人和人工智能都会为人类节约大量的时间。所以目前，全球九大科技巨头都已经在未来的领域布局了机器人和人工智能。其实，所有的技术革命都是为了提高人们生命的浓度，所有的技术革命，都是为人类提高了效率。

真功夫

真功夫是中国餐饮业最具影响力的企业之一。真功夫以前是以营养作为卖点的，那是他们的绝对优势，所以他们以前的广告是：营养还是蒸的好。时代在发展，真功夫也随着时代的发展，重新建立了自己的绝对优势，真功夫现在是在卖效率：快！"30秒打包上车。"麦当劳和肯德基也很快，但是很难实现30秒。真功夫的确能做到30秒，我在北京汽车站真实体验过。社会的节奏越来越快，我们要的是效率，这叫顺势而为。

绝味 | 周黑鸭

说到卖鸭脖子，过去几年，中国卖得最火的品牌是绝味，周黑鸭后来居上，利润是绝味的好几倍，店面却只有它的十分之一。当然，营业额现在也早过百亿。那么，周黑鸭凭什么有这么高的利润呢？周黑鸭就靠了一招，他们改了一个包装，改成小盒装。一个小小的创意，就改变了整个行业的游戏规则。绝味是散装，按道理来说，散装更实惠，但是散装有一个过程，就是要过秤。周黑鸭是一盒一盒的，盒子上标明多少重量就多少重量，盒子上标明的价格是多少就是多少。消费者拿着就买，买着方便，带走也方便。所以，人们在金钱与效率面前，

企业必须思考的四环图　Part 8　第八章

选择了效率。

"未来的企业发展只有两条路:要么替顾客节约时间,要么让顾客把时间浪费在美好的事物上。"

——任正非

我们再看一个例子。

> 立顿是全球最大的茶叶品牌,汤姆斯·立顿是这一品牌的创始人,1890年他正式在英国推出立顿红茶。他的广告词是"从茶园直接进入茶壶的好茶"。

我们都知道,茶叶的发源地是中国。过去我们的茶马古道、丝绸之路,都非常有名,但是,世界著名的茶叶品牌立顿红茶,是由英国人汤姆斯·立顿创建的。从茶叶的品质和口感来讲,立顿绝对没有我们中国的铁观音、龙井、毛尖好喝,但是我们的茶叶没有成为世界第一,一个西方的立顿红茶却享誉全球,为什么?因为方便,效率,出门带一包,想喝的时候,只要有水,就可以随时冲泡。中国是茶叶的老祖宗,但是中国的茶叶在追求效率的当下很难走出去,很难大幅度地推广。大杯套小杯,小杯套大杯,在当今高速运转的生活节奏下,大部分人都没有心情、没有耐心也没有时间坐在那里,慢慢品尝。中国人讲究茶文化,很多时候,以茶会友,以茶谈判,茶叶变成了一个交流的媒介和谈判的媒介,像西方的红酒一样,那一口酒要晃很久。

真正卖茶就不行了,立顿的方式才是真正在卖茶。

再举个外卖的例子。

> **《2016—2017中国在线餐饮外卖市场研究报告》**
>
> 美团　　　市场份额为40.7%,位居第一
> 饿了么　　市场份额为35%,位居第二
> 百度外卖　市场份额为18.4%,位居第三
> 谁能提高用户的效率,谁就能赢得用户。

饿了么在进入外卖行业的时候,只在大学校园里做,只有700万用户。当时,美团外卖已经有了2亿用户,而百度外卖更加厉害,那是天生的贵族,自带5亿用户的基础。无论是从资金,还是从名气,饿了么都很难与美团和百度相媲美,表面上看,饿了么很难打胜仗,但是,饿了么就是在高压的竞争下,提供了"准时达"服务,承诺30分钟内送到,就这么一个承诺,经过短短一年多的时间,饿了么就取得了阶段性的胜利。

人为什么吃外卖呢?就是想方便又节约时间。正常叫外卖可能要1小时才送到,饿了么坚持30分钟送达,能做到这样的改变,就是因为饿了么体察到现代人的生活节奏太快了,所以他们就从效率方面下手进行了改变。

而对我们个人来说,学习是提高生命效率最快速的通道。

第八章 企业必须思考的四环图 Part 8

悟：_____

_____

2. 新鲜感

> 人们都愿意为新鲜感买单。

人们喜欢追逐新鲜感。很多女士家里有 10 个包包甚至更多，衣服鞋子更是数不胜数，而她们的衣帽间里，永远都少一件新衣服，永远都少一双鞋，用网络流行的一句话解释就是，我去年的包包、衣服、鞋子都配不上我今年的气质了。这就是人对新鲜感的追求。

流行染发也是追求新鲜感的表现之一。我们中国人的黑头发多好看啊，可有人把它染成黄色，染成红色，还有人染成灰白色的，叫奶奶灰；更有年轻的潮人染成五彩斑斓的渐变色……这些行为都属于为新鲜感买单。

另外，所有的旅游也都是为了寻找新鲜感。其实，旅游时我们吃不好、睡不好，有时候还得挨导游批评，有时候又被强迫花钱购物，买一大堆东西，被宰了一圈又一圈，自己累得像驴一样。但是，一有时间还想去旅游，去过的地方都不想再去了，这就是人对新鲜感的追逐。人们都愿意为新鲜感买单。

接下来跟大家分享几个案例。

> 全面布局
> 抢占新商业红利

横店影视城

横店影视城建在浙江金华市，老板叫徐温荣。过去那里是一个非常不起眼的地方，20世纪90年代，60岁的徐温荣想建个影视基地，他去找央视的台长，说我想在我的家乡建个影视基地。台长问了他几句话，你那儿有飞机场吗？没有。你那儿有火车站吗？没有。你那儿有宾馆吗？没有。台长说你没有这些，如何让明星、让导演过去拍戏呢？自然，央视没有投这个项目，反而去无锡投资建了一个水浒城影视基地。可是20年过去了，无锡水浒城影视基地鲜少有人知道，横店影视城却成了"中国好莱坞"，它不仅是一个影视基地，还成了一个知名的旅游景点。应该说，横店可以再造福人类200年。从前小小的一个城镇，今天却成了影视重地和旅游热地，现平均每年接待游客1800万人次，而平均每个游客在一个景区里的消费就是5000元人民币，消费额非常高。到底横店是用什么东西、什么方法让人均消费能够达到5000元的呢？因为横店充满了无数的新鲜感，你待的时间越长，就越不想离开。

在横店，连拍照都是带着影视感觉的，仿佛随时都可以变身影视剧人物，可以跟明星合影，可以跟上海滩的小青年合影，可以跟香港的大法官合影，可以跟修女合影……不仅如此，如果你愿意的话，还可以当当群演过把戏瘾。

美甲专车

你听过美甲专车吗？女士做美甲一般都是在店里面做，但投资一个美甲店要好几十万，要装修店面、要交房租等，如果生意不好，那

企业必须思考的四环图　Part 8　　第八章

装修的钱也都赔进去了。于是有一个人就买了一台中巴车，车里安装了一个沙发，美甲设施齐全。美甲专车拉着你到城市、郊区，让你看着风景给你美甲。不用房租，不用装修，车自己随时可以开。这个生意风险不大，却异常火爆，想要定美甲车还需要排队预约。美甲车可以行驶在这个城市的任何角落，你在哪里，美甲车就去哪里接你，同时，男朋友或老公还可以坐车去办事，他们去办事的时候，车就在旁边等着，你边做指甲边等待，透过车窗看看风景，听着音乐；几个姐妹想一起美甲，一起散心；几个女同胞一起谈生意，也可以约在这个美甲车上，边做指甲边谈生意。这就是创造新鲜感的美甲店。

马嵬驿

说到新鲜感，就不得不说一下陕西的一个旅游景点：马嵬驿。马嵬驿是一个很小的地方，坐落于陕西省咸阳的兴平市，马嵬驿镇李家坡村，一个村庄的人口还没到 200 人。但是谁也没想到，在那么一个又小又偏僻的地方，却成功投建了一个旅游景区。景区占地面积不大，投资也不大，一年却接待了 680 万人次的游客。据统计，每年春节 5 天的人流量超过北京故宫的人流量。北京故宫的人流量一天接近 19 万人次，马嵬驿可以超过 20 万人次。跟横店影视基地一样，游客也是可以跟影视剧中的各种角色合影，身在马嵬驿，让人充满了新鲜感。

那么，如何创造新鲜感呢？简单来说，创造新鲜感的精髓是艺术品思维，而艺术品思维又有六个法门。

> 创造新鲜感的精髓——艺术品思维

全面布局
抢占新商业红利

艺术品思维是创造新鲜感的精髓，只有我们用艺术品思维来思考的时候，才会发现这个世界无比奇妙。可以说，我们学会这一套有创意的理论是很有价值的。打个比方来讲，"青花郎，中国两大酱香白酒之一"，这一句广告词就值6000万元。而现在被人熟知的瓜子二手车，广告词是"中间商，不赚差价"。你知道这两句话值多少钱吗？一个名字"瓜子二手车"就价值2000万元。智慧是可以直接变成价值的。

下面我们来看艺术品思维的六个法门：

法门一：放大100倍

鸟巢

看一下鸟巢的照片，是不是根据鸟窝来设计的？是不是比真实的鸟窝放大了100倍（这个100倍是极言之大，并非只放大100倍），而鸟巢设计方得到的设计费用过亿，他们能得到这么高昂的设计费用的秘诀就是艺术品思维。

同理，郑州的地标玉米楼、郑州的中原福塔，以及某城市的巨型大白菜地标、沈阳火车北站的大铜钱，都是艺术品思维中放大100倍的法门。

某城市地标，是一个手提篮形状的建筑物，一个巨型的提菜篮也成了一个城市的地标。

国家大剧院，一个放大的鸡蛋。台湾嘉义的地标，是一只蓝色巨型高跟鞋。

苏州一家很豪华的五星级酒店，是一个大闸蟹形状的建筑物。

设计师的创意来自哪里？实际上就这两个字：放大。放大，你就成了世界知名设计师。

套娃广场，满洲里著名的旅游景点，满洲里的地标。一个城市就靠一个套娃做出来了，没有什么创意，就如此简单，运用了艺术品思维的放大 100 倍的法门。

迪拜帆船酒店

迪拜是国际化大都市，是中东地区的经济和金融中心。迪拜这座城市的建筑常体现了艺术品思维，引领世界。

来自世界各地的旅游者去迪拜，都要看一栋建筑，叫帆船酒店。就是一只巨大的"帆船"，坐落于人工岛上。

慕尼黑地标铅笔楼

德国慕尼黑的地标铅笔楼也是运用了艺术品思维中放大 100 倍的法门。

放大以后，就变得别有意趣，人们就愿意去围观、去打卡、去拍照片、去宣传。

以上采用了艺术品思维放大 100 倍法门的建筑物的设计费用都在千万元以上。

实际上一个人的价值，不只是由他自己决定的，更重要的是在别人心中，对他个人价值的衡量。也就是说，如何创造在别人眼中价值 100 亿、500 亿的潜在的东西出来。

很多公司常常会就一个项目，陷入和别人讨价还价的境地，就是因为这些公司在别人心中潜在价值不高。

所以，无论是一个公司，还是一个人，都必须经营自己潜在的价值，如果我们经营不出潜在价值，我们就没有竞争力。

努力经营自己潜在的价值

一个事物的价值分为：表象价值和潜在价值，潜在的价值远远大于表象的价值。潜在的价值看不见，摸不着，但是，会对人产生深远的影响。

一个人也一样，要努力经营好自己潜在的价值，一个人潜在的价值是在思想里。

悟：_____

_____

_____

法门二：一比一

到底什么是一比一？

一比一，就是模仿。

横店影视城故宫 | 横店影视城颐和园

横店影视基地为什么吸引那么多剧组和游客？因为它就是采用了

一比一的法门，横店故宫和颐和园建得和北京的故宫和颐和园几乎一模一样。

法门三：缩小 100 倍

> 缩小 100 倍
> 让它成为艺术品，让人收藏传播

为什么要缩小 100 倍？因为当一个东西小到极致的时候，就成了艺术品，人们就会收藏。

> 汽车模型 ｜ 飞机模型

汽车模型和飞机模型，都是缩小后，变成了艺术品。

> 世界之窗

深圳、长沙都有一个旅游景区叫世界之窗，创意来源于把世界各地的建筑物都缩小了若干倍，浓缩成了一个公园。

> 昆明世博园 ｜ 上海世博园

昆明世博园、上海世博园，也都是采用了艺术品思维中缩小 100 倍的法门，从而名声大噪。

法门四：穿越时间

> 穿越时间
> 把远古或有时间跨度的东西搬到今天

孔子

孔子是我国古代著名思想家、教育家，儒家学派创始人。如果你在一个旅游景区见到了孔子雕像，你会不会照相，或者是参加景区举办的试穿孔子服装的活动？

所以很多旅游景区，为了吸引游客的眼球，都在做穿越时间的景点，把远古的、有时间跨度的东西搬到今天，大家就兴趣满满了。

迪士尼乐园

迪士尼也是艺术品思维，就是把动画片里的人物搬到了现实生活中，唐老鸭和米老鼠，与一众动画人物一起，乐园开到哪里，他们就火到哪里。

奥特曼

奥特曼，把虚拟的未来英雄带到了今天的生活中。

恐龙

恐龙，是把中生代时期的生物形象穿越到今天，深受小朋友的喜爱。

悟：_____
_____
_____

法门五：穿越空间

比如外滩是上海很知名的景点，那么它为什么有名？因为外滩不仅有黄浦江的夜景可看，更是因为掩映在夜色之下金碧辉煌的一幢幢欧式建筑，让外滩的景色更加迷人。把欧洲的建筑搬到中国，就成旅游景区了，如果把中国的四合院搬到欧洲也照样是旅游景区，这就是穿越空间。同样地，北方的景物搬到南方，南方的景致搬到北方，都是运用得比较多的手法。比如说在南方投资一个滑雪场，马上会火，因为南方有些地区的孩子从没见过雪。在北方投资大型温室，把热带植物搬过去，也一样大受欢迎。

法门六：极致

极致，是艺术品思维的第六个法门。

（周杰伦）

周杰伦为什么是家喻户晓的大明星？因为周杰伦的走红就是运用了艺术品思维，满足人的新鲜感。有人采访过早期挖掘周杰伦的经纪人，说很多人评论周杰伦唱歌吐字不清，为什么还会挖掘他？经纪人回答说别人听惯了美声、民族唱法、流行唱法，早就没有新鲜感了，人类就是不停地追逐新鲜感，周杰伦满足了这个时代音乐的新鲜感，别人都在唱，他就在说，别人在说慢，他就在说快，别人唱的词很清晰标准，他唱的有些字句就是让你听不清楚，最后他火了。

> 李宇春

《超级女声》中的李宇春在同届选秀歌手里长得绝对不是最漂亮的，但是李宇春为什么会成了标签式的人物，引起无数青少年的追捧，成为当届比赛的第一名？主要原因就是李宇春满足了人们的新鲜感。人类的眼睛容易审美疲劳，审美必须出现变化。就因为她的中性装扮和颇有男孩子气的爽朗性格，让人们找到了新鲜感。

悟：_____
_____
_____

3. 省钱

> 省得你心动。

这个世界上有五个词语影响人的行为。第一个词语是"免费"，我们经常看到免费试用活动，都难免想去看一看，因为免费没有风险，就愿意过去看看。第二个词语是"折扣"。第三个词语是"优惠"，前三个都跟钱有关系，跟价格有关系。第四个词语是"健康"。第五个词语是"安全"。

> 横店影视城，剧组拍摄免费

去横店影视基地拍电影电视是免费的，这样剧组是不是很省钱？

省钱省得剧组很心动，他们就抗拒不了。一省钱，导演就来了，编剧就来了，然后明星就来了，明星一来粉丝就来了，粉丝一来，影视城里各种赚钱的项目，衣食住行各行各业，都运作起来了，他们就赚钱了。

马嵬驿门票免费 | 马嵬驿店铺免租金

马嵬驿已经变成现象级营销了，免门票，免店面租金。如今，很多旅游景点去马嵬驿学习，甚至还有很多政府领导组团去学习，这些现象很值得我们研究，因为做营销最高明的境界就是做到现象级营销。

停车免费

景区停车免费，是不是更加吸引游客了？

秦腔 | 抛绣球 | 斗鸡

景区里又有各种各样的表演，斗鸡、秦腔、抛绣球……各种表演都免费。我们去其他一些景区，里面很多项目都要收费，可是马嵬驿，所有大型演出门票全免，只要你进去游玩，一分钱门票都不用出。

商铺免租金

130家小吃店，零风险，不用交房租，拎包入住，连双筷子都不用投资，带手艺去就可以了。

对于商铺经营者来说，免租金更是天下难遇的好条件、好机遇了。130家小吃店，全部是装修好的，经营者拎包入住，连双筷子都不让

全面布局
抢占新商业红利

你投资。你来开店？带手艺就可以了。餐饮业最大的风险就是店铺租金和装修，马嵬驿不用交房租，对于经营者来说，没任何风险。零风险创业，自然来的人很多很多。这个时候，景区就可以挑选经营者带来的项目和手艺了。

安泊尔拉面馆

在北京，一碗面的正常价格是20元，便宜的地方也要15元，可是安泊尔拉面馆，一碗拉面卖7元钱，便宜得让人心动，但他们没有服务员，面好了需要客人自己端。只要6个服务员，一天就可以卖3000碗拉面。在餐饮业，如果要接待3000位客人，可能需要300个服务员，可是安泊尔就是用价格上的优惠，弥补了需要自己动手取餐的用餐缺憾。

奥特莱斯

再富的人买东西的时候也不愿意多花钱，所以奥特莱斯做线下特卖，2-3折名品，自然生意兴隆。

小飞象

小飞象母婴用品店，中国母婴用品排名第六，河南母婴用品排名第一，陕西母婴用品排名第一。

小飞象为什么经营得这么好？

因为三鹿出事了以后国人对国产奶粉持怀疑态度，大家都想买进口奶粉，而对国人来说，买进口奶粉最可靠的渠道就是去香港购买。

可是香港出台奶粉政策之后，买正品的进口奶粉就成了妈妈们的老大难。

这时候小飞象作为一个母婴用品的零售店，打通了进口奶粉的进货渠道，专门经销中国香港、新西兰的奶粉，并且，它的奶粉赔钱卖，即售价比进货价格还低，自然引得众多妈妈争相购买，人流量一多，就带动了尿不湿、童装、奶嘴、奶瓶、痱子粉等所有产品的销售，业绩直线增长。

快捷酒店入住率只有30%，即将关门，经过调整后，入住率提升到90%，如何做到的？

一家快捷酒店，原价128元一晚，入住时交押金300元，退房结账时前台告诉你办一张会员卡300元，昨晚的房费就可以免了，并且这300元还可以住3晚，以后每晚98元。这样，卡里还剩6元，如果再来第五次，6元可抵50元。一共就住5次，可以让旅客形成习惯，入住率就提高了。

悟：

4. 核心问题

关于核心问题，共享单车就很好地解答了这一问题。

全面布局
抢占新商业红利

共享单车

共享单车找到了市场的缝隙，就是从地铁站到办公室打车太近，走路太远，只有骑自行车刚刚合适，这就解决了短距离出行刚需的核心问题。

继续看小飞象免费帮顾客回收问题奶粉的案例。

小飞象母婴用品店是如何解决妈妈们的核心问题的

2008年中国部分奶粉品牌三聚氰胺超标，国家要求奶粉企业通过超市回收奶粉，但超市帮忙回收又得不到好处，还要占用人力和仓库，所以很多超市根本就不愿意帮忙回收。最后小飞象决定，将郑州市所有奶粉都回收，不管是在哪里买的、不管什么品牌的奶粉、不管有没有打开，全部回收。最后奇迹发生了，几乎一夜之间，小飞象从2家店变成了30多家店，获取了郑州市将近1/5家长的心。因为他解决了妈妈们的核心问题。

小飞象回收了妈妈们的问题奶粉，别人怎么评价他？老板有良心，这个老板是好人。妈妈们来退奶粉的时候，老板说，您这奶粉不是在我们这儿买的，您看我们店这么小，我们也没钱退给您，您的奶粉能不能先放这儿，我们去跟厂家协调，协调完，厂家退钱我再退给您，或者到时候换奶粉给您也可以。他用真诚和行动为顾客解决了问题，妈妈们感谢他，卖奶粉的厂家也很佩服他，觉得这人很有社会责任感，

第八章　企业必须思考的四环图 Part 8

都愿意跟他合作。

悟: _____
_____
_____

5. 机会

> 把卖产品变成卖机会，人就会抢。所以，卖什么都不如卖机会。

某城市综合体案例

某城市综合体，亏1亿元资金，房子卖不出去，只能撑三个月。后来，与银行合作存5万元送5万元的现金卡，发行5000张，就是2.5亿元，最终目标是500人买房，结果房子被一扫而空。

我们认真来分析这个案例，看看他们是怎么操作的：地产商在面临困境的时候，先找到银行合作，要求客户在银行账户上存5万元的定期存款，就送他5万元的现金购房卡。结果短短时间内，银行一下子就发出了5000张购房卡。为什么这么快？因为银行对他们的储户非常了解，知道哪些是能拿出5万元的精准客户，做到了精准推送。5000张现金购房卡发放出去了，同时给银行增加了2.5亿元的存款。

这是第一步，地产商先储备了5000个精准客户。

因为他们是一个商业综合体，所以就花几百万元装修商城，先做

全面布局
抢占新商业红利

一个电影院,对所有的人免费开放,免费看电影有没有人看?当然,家长们带着孩子,学生们、情侣们都蜂拥而至,生意异常火爆。接下来他们又做了一个儿童乐园,全市的儿童都可以免费来玩,这个时候人多不多?人非常多。人一多是不是就有卖东西的?是不是就会出现马路市场?然后他们把马路市场规划好,对来这边经商卖东西的小贩实行免费政策,还为他们做好服务。为了聚人气,商场又买了100只鹅玩具套圈,开放给顾客,谁能把圈套到鹅脖子上,谁就可以把这个鹅拿走。免费的东西自然有吸引力,人们聚拢在一起,争着抢着玩游戏。一时间,这个广场就变得人山人海。人们都不知道怎么回事,这个地方怎么突然这么旺呢?大家就预感这里的铺面一定会旺起来。

接着,商场又有了新的动作——1楼到5楼的商场铺面开始进行全面招商,所有商铺五年内免租金。现在实体经济难不难?难。来这里做生意租金免了,就省了最大的一项开支啊!公告一发出去,商铺一下子就被抢完了。这么旺的地方免租金让你白赚五年你说你干不干?但商场对这些商家也是有条件的,第一条就是虽然不需要租金,但商家需要向商场缴纳一定数量的保证金,这些保证金就收回了铺面的成本。这个模式和马嵬驿的合作模式已经接近了。交完保证金,商场和商家再签一个合同,第一周开业任何商家不允许赚一分钱,全部按底价销售。开业时,宣传做得也相当到位,"挑战淘宝、干败天猫",什么广告词都用上了。开业那天,化妆品有的低到一折,保健品一折,黄金也不赚钱,开业当天11点半,广场上就聚集了约30万人,人山人海,一片繁荣兴旺的景象。

这时候商场就请来了银行那批手上拿着购房卡的客户,大家在会议室,通过摄像头连线看商场现场,于是楼上的公寓开始热销,500

套公寓一小时之内抢完。当初发出去 5000 张购房卡，但是只有 500 套房，5000 人抢 500 套房，大家就在现场扫二维码抢房，那一刻人人都恨手机速度太慢，就这样，房子被一扫而空。

为什么房子全被一抢而空？因为大家抢的是机会，发 5000 张购房卡出去，只有 500 套房子，十分之一的机会，当然要抢。

悟：

6. 知名度

> 请明星代言，提高产品知名度。

邓文迪和默多克

邓文迪既不是文化名人，也不是明星，为什么全世界的人都知道她呢？因为她的前夫是世界传媒大王默多克。其实邓文迪的进阶之路也值得营销行业来借鉴。

有一次，邓文迪与默多克坐同一航班，眼光敏锐的她主动与他搭讪攀谈，谈天论地，令默多克觉得这个女人了不得，当即便给了她去卫星电视总部实习的机会。抓住了这个机会，从此邓文迪的人生开始步步高升，扶摇直上。她嫁给了世界传媒大亨，生了两个女儿，又通过默多克认识了英国前首相布莱尔，认识了俄罗斯总统普京，又认识了美国总统特朗普，一个普通出身的女人，如今在世界最顶级的名流圈子里游走。我们把这种模式总结为"邓文迪模式"。

> **杜蕾斯**
> 从不做广告,却成为安全套第一

在打造知名度这一块,杜蕾斯也做得很棒。当然,杜蕾斯本身也是避孕套行业大佬。这几年,杜蕾斯与多个行业的品牌大佬互相调侃,跨界蹭热度,玩得非常精彩,收获了一大波的赞赏和关注。一起来看一下:

> 亲爱的,箭牌口香糖:感谢你。这么多年,感谢你在我左边,成为购买我的借口。
> ——你的老朋友 杜蕾斯
>
> 亲爱的,杜蕾斯:不用谢,有我尽管开口。
> ——你的老朋友 绿箭
>
> 亲爱的,德芙巧克力:感谢你。因为你的怦然心动,才有了我的初次登场。
> ——你的老朋友 杜蕾斯
>
> 亲爱的,士力架:感谢你。感谢你的490cal能量,让我能够加时一场。
> ——你的老朋友 杜蕾斯
>
> 亲爱的,Jeep:感谢你。让我在翻山越岭之后,依然可以穿山越岭。
> ——你的老朋友 杜蕾斯

第八章 企业必须思考的四环图 Part 8

亲爱的，Levi's：感谢你。自从第一条牛仔裤起，就为我预留了位置。
——你的老朋友 杜蕾斯

亲爱的，美的：感谢你。感谢你让生米煮成熟饭。
——你的老朋友 杜蕾斯

亲爱的，宜家：感谢你。感谢你的菲亚伯会议椅，尤其是它扶手的角度。
——你的老朋友 杜蕾斯

亲爱的，杜蕾斯：不用谢。我们晚上见。
——你的老朋友 宜家家居

亲爱的，山西老陈醋：感谢你。感谢你打开的醋意，让我们看到她娇羞的一面。
——你的老朋友 杜蕾斯

亲爱的，老板：感谢你。感谢你让厨房舒适得像床。
——你的老朋友 杜蕾斯

亲爱的杜杜：不用谢，厨房就要多进进出出！
——你的老朋友 老板电器

亲爱的，飞亚达：感谢你。感谢你为所有人报时，让他们知道是时候开始准备了。
——你的老朋友 杜蕾斯

亲爱的，杜蕾斯：不客气。飞亚达为您报时：22点，整！Enjoy your time.
——你的老朋友 飞亚达

亲爱的，杜蕾斯：感谢你。在我无法碰触的止痒范围，还好有你。
——你的新朋友 999皮炎平

全面布局
抢占新商业红利

> 亲爱的，杜蕾斯：感谢你的埋头苦干，换来我的满血复活。
>
> ——你的笔友 高洁丝
>
> 亲爱的，HBO：感谢你。感谢你的每一个镜头，嘿嘿。
>
> ——你的老朋友 杜蕾斯
>
> 亲爱的，百威：感谢你。感谢你让更多人不用一个人从酒吧回家。
>
> ——你的老朋友 杜蕾斯
>
> 亲爱的，杜杜：感谢你。感谢你让他们一夜后依然可以做自己！
>
> ——你的老朋友 百威
>
> 亲爱的，杜杜：不用谢。时间酿就品质！
>
> ——你的老朋友 百威
>
> 亲爱的，NASA：感谢你。感谢你一次又一次代表人类射向未知的宇宙。
>
> ——你的老朋友 杜蕾斯
>
> 亲爱的，新老朋友们：感谢你们。在过去和未来的日子里，一直你中有我，我中有你。
>
> ——你们永远的老朋友 杜蕾斯

看完杜蕾斯的跨界调侃，我们不禁要思索，一个避孕套品牌，跨界玩得这么嗨，风趣又不乏情调，性感又不低俗，而我们的企业，营销出路又该在何方？

悟：

第八章　企业必须思考的四环图　Part 8

> 鸭头，如何打出知名度？
> 濮阳三宝：石油、水秀、鸭头（鸭寨夫人牌）

我们再看看"鸭寨夫人"的鸭头是怎样打出知名度的。品牌成立之初，销售不尽如人意，然后，企业就请了一个广告公司，帮他们策划了一个广告，濮阳三宝：石油、水秀、鸭头。为什么有石油？因为濮阳在河南是一个石油城，油田是濮阳的第一大特色。水秀，所有去濮阳的人都要看水秀，水秀是濮阳唯一的非物质文化遗产，是濮阳市政府主推的文化项目。所以他们就用了"邓文迪模式"做广告：濮阳三宝：石油、水秀、鸭头，广告一打出去，这个品牌直接在濮阳人民心中排名前三。这个鸭头立刻就卖火了。

> 如何将茶叶打出知名度？
> 四川三宝：五粮液、大熊猫、萍山绿茶

再来看一个叫"萍山绿茶"的品牌，企业直接在成都双流机场立一张广告牌，四川三宝：五粮液、大熊猫、萍山绿茶。产品直接跟五粮液和大熊猫齐名了，然后所有人开始传播。代理商抢货，茶叶一下卖断货了。又是"邓文迪模式"，用五粮液和大熊猫提高萍山绿茶的知名度。

> **如何打出书的知名度？**
>
> 有一个人，写了一本书，送给总统，总统题字说：好。
>
> 广告语：让总统都说好的书，你想看吗？一下子卖光了。
>
> 第二次，又写了一本书，又送给总统，总统题字说：不好。
>
> 广告语：让总统都说不好的书，你想看吗？一下子又卖光了。
>
> 第三次，又写了一本书，又送给总统，总统就不题字了。
>
> 广告语：让总统都评价不了的书，你想看吗？一下子又卖光了。

> 日本东京银座的森冈书店，每周只卖一本书，只有一个员工、一张桌子、一盏灯，这个店与一般书店十分不同，但正是这份独特吸引了众多人前来探寻。

对，日本银座的这家书店每周只卖一本书，这家书店也活得挺好，赢利能力还特别强。凡是能进入这家书店卖的书，就似乎已经是畅销书了，这本身就能提高作者的知名度。所以凡经这家书店卖过的书，到市面上都是名副其实的畅销书，凡是在这家书店卖过书的作家都出名了。

> 有一个商场需要冲业绩,推出"宝马之夜",划出一块专区,配上冷餐、红酒,把商场所有的奢侈品都摆上,找到宝马 4S 店,让他邀约车主来此免费吃喝,不要 4S 店出一分钱。

开宝马的人大部分都是有钱人吧,所以商场就做一个专区,在这个专区铺上红地毯,摆上冷餐,把所有的奢侈品服装、包包、化妆品、珠宝、手表等昂贵的东西划上一个专区,进行特定客户的特定 VIP 售卖。然后去找宝马 4S 店合作,宝马 4S 店想不想给自己的车主推出更优质的服务,想不想给自己的车主送福利?当然想啊!于是他们就联手推出一个"宝马之夜"。因为是"宝马之夜",对宝马有好处,宝马就跟自己的客户进行大力推广:时间,地点,宝马之夜,入门凭宝马车车钥匙,免费喝红酒,享受冷餐晚宴,还可以特价选购商品。专区珠宝打折,包包打折,商场一天就卖了两个多亿。

专场大获成功,接着就是第二场"奔驰之夜",第三场"雷克萨斯之夜"。通过此类活动,商场把这个城市的高端客户,两个月之内全部变成自己的高端消费者,短时间内,这个商场在当地零售业的排名一下就蹿到了第一。

可见,正是由于"宝马之夜""奔驰之夜""雷克萨斯之夜"提高了它的知名度。

7. 安全感

全面布局
抢占新商业红利

> 人必须给别人安全感，如果没有安全感，再赚钱的事别人也不会干；如果人有安全感，赚再少的钱他也愿意干。

比如说银行，我们把钱存到银行，就是因为银行给了我们安全感。

恒大集团
无理由退房，恒大的业绩当年飙升到2000亿元。

2015年，所有买房的人都不愿意给地产商交定金，大家都知道，一旦交了定金想退回来比登天还难，但不交定金就有可能错过商业机会。恒大就在2015年4月做出承诺：无理由退房。那一年，恒大的业绩就飙升到2000亿元。实际上，交了定金，真正退房的有几个呢？1%都不到。但是，有这个承诺，客户就会有安全感。

有一个商场承诺：30天内无理由退货。

有一个商场承诺：30天内无理由退货。有一位老人在这家商场买了一双鞋，穿了一个星期，说鞋不合适要退。他说，既然你们承诺了，就必须做到，给我换一双新的，商场只得给他换了。于是，老人又穿了一个星期，又来换；又穿了一个星期，又换……换到第7双皮鞋的时候，所有的营业员都要爆炸了，心想，这家伙就是故意来刁难我们的。其实，在任何卖场，只要鞋穿了还想退，那是不可能的，更何况一双鞋退了7次，但是商场老板说，无条件退鞋，退。一口气给老人退到第37双皮鞋的时候,他再也不来退了。这件事传得沸沸扬扬,大家纷纷赞赏这个讲诚信的老板,能有这么讲诚信的老板,那商场的商品质量肯定错不了。于是,整个城市的人都愿意去这家商场买东西,商场生意越来越好。

我们知道找破点,就是建立绝对优势,那么再总结一下,如何找破点呢?请看下图:

> 进入一个新的行业,先用两个月去了解这个行业,再去找缝隙。要么通过解决用户核心问题找缝隙,要么通过省钱找缝隙,要么通过机会找缝隙,要么通过效率找缝隙,要么通过新鲜感找缝隙……先拉出来几十个点,并做出排序,再用排除法,然后找到最核心的那个点,只要找准那一个破点,再一针扎进去就可以了。
>
> **马嵬驿的破点:免租金、免门票、安全感**
> **横店影视基地的破点:剧组拍摄免费、见明星、新鲜感**

悟:
_____
_____

二、产品系统(找到利润的空间)

企业四环图的第二环,即是产品系统(找到利润的空间)。

全 面 布 局
抢占新商业红利

> 产品系统是保证企业不会倒闭的赢利产品,企业的利润来源,产品越少越好,利润越高越好。

如马嵬驿的二环图第二圈:

所有直营的产品都是主要的利润来源。

很多专家在研究马嵬驿现象,因为从景区的属性来说马嵬驿并没有什么过人之处,没有得天独厚的地理优势,没有历史名胜,就是一个普普通通的景区,景区里琳琅满目的小吃,说穿了就是一个美食街的模式。那它背后到底是什么逻辑,是什么力量支撑着这个大部分由农民组成的企业往前走,而且经营得如此成功呢?

130家小吃,产品类型绝不重样,经营者全部拎包入住,只交押金,合作的利润是五五分成。但是,因为这些老板全是直营的,他们做的都是最赚钱的产品,老板当然不会让其他任何人去做,都是自己做。一碗羊血汤一年可以赚600万元,自己酿个酒一年可以赚300万元,

第八章　企业必须思考的四环图　Part 8

大碗茶也是自己卖。所以,这一圈就是马嵬驿的产品系列,暴利的东西都是老板自己直营,是企业的利润来源,保证企业不会倒闭,所以才能保证一个小小的景区一年就可以赚2000多万元。

> **带故事来(把产品赋予文化内涵)**
>
> 看看他们的收益,如:
> 一碗羊血汤　一年赚600万元
> 一瓶酸奶　一天卖30万元
> 露天大碗茶　一年赚200万元
> 卖牛肉　5平方米,两人经营,一天营业额1.4万元

在马嵬驿,一碗羊血汤一年可以赚600万元;酸奶一天可以卖30万元;一个卖大碗茶的露天场地,一年赚200万元;卖牛肉的,5平方米的小店面,父子二人经营,一天营业额1.4万元……日销售额动辄都是以万计的,的确让人惊叹。再看看我们身边的卖场,看看3000平方米的店铺一天能不能有30万元的营业额?看看在繁华的市中心,一家有500平方米、至少30个员工的餐厅,一天能不能做到1.4万元的流水?很难。但马嵬驿凭小小店面、少少人力就可以做到。所以,业内的营销专家把它叫作"马嵬驿现象"。

在马嵬驿,你不仅要带项目来,还必须带故事来。卖羊蹄的就要讲出卖羊蹄的故事,卖烧饼的就要讲出卖烧饼的故事,卖烧鸡的就要讲出卖烧鸡的故事,卖牛肉的就要讲出卖牛肉的故事……任何一个东西,都必须有故事,把产品赋予文化内涵。文化,才是产品的灵魂。

不带故事的人,一个都不让进。

另外,马嵬驿的成功,也离不开关键的一点,就是马嵬驿绝不跟老板合作,不跟投资者合作,它只跟手艺人合作,代代相传的手艺就保证了产品质量。产品既有故事又有质量,游客流连忘返,就造成了马嵬驿现象。

再来看横店影视基地的第二环:

如上图所示,第一,横店卖门票。它跟马嵬驿的商业模式正好相反,它的所有景区都卖门票。横店的大景区又多,梦幻谷、明星公园、上海街、广东街、故宫等,这种大景区一般都是卖套票,分为三天还是五天的门票。门票就保证了景区的收入,据统计,横店圆明园门票一年就能卖到30个亿。

第二,横店的门面房收租金。影视基地门口全是卖旅游产品的,但铺面租金是按销售情况来弹性收取的。A店铺卖的东西销量大,房租就高;B店铺卖的东西销量小,房租就低;C店铺卖的东西毛利高,房租就贵。横店影视基地的空间非常大，铺面非常多，店铺种类也丰富，吃的、喝的、用的，旅游用品，应有尽有，但横店管理处不让商家之间产生竞争，它让每个商家都能赚到钱。它的经营模式能保证商家可以赢利。租金也是横店主要的利润来源。

第三，探班游。如果某明星在横店拍戏，而粉丝想见某明星，那这个粉丝就可以通过旅游 app 订制探班游。去到横店，你跟这个演员偶遇、合个影、握握手都正常。而即便你是以粉丝的身份来到横店，本质意义上，你也是横店的游客，你在横店就要进行方方面面的消费。所以横店本身，自己可以赚钱的项目太多了，比方说出行，横店只有一个出租车公司，就是横店直营的，只要你搭出租车，横店就会赚到你的钱。

第四，酒店。横店有三个大型酒店，也都是横店直营的，一个贵宾楼，一个国贸，一个丰景佳丽。明星们来拍戏，都住在这些酒店里，游客来了，也住在这些酒店里，偶遇明星，都是小菜一碟，甚至你到小吃店吃东西，都有可能碰到明星。横店的各个小吃店，墙上挂的都是酒店的老板跟各个明星的合照，所以，想见明星去那儿住上一个星期就可以。

第五，自行车。在横店影视基地回报率最高的生意，只需要两小时即可收回投资，也是横店自营的。横店的建筑又都是以 1∶1 来进行建造的，所以各个景区的占地面积都非常大，这样一来，老人、小孩走一会儿就累了，尤其是盛夏季节，又热又累，老人、小孩根本走不动。在这样的情况下，游客就要选择交通工具，所以租赁自行车成了他们的首选。在横店，租一辆自行车一小时的租金为 150 元，一般一个景区要骑 4 小时，遇到好看的表演还要停下来，停车也是要收费的。

> **小结**
>
> 　　要么替顾客节约时间,要么让顾客把时间浪费在美好的事物上。那么如何让顾客把时间浪费在美好的事物上呢?营销有一个绝招,就是永远不把顾客当成顾客。
>
> 　　马嵬驿和横店影视基地旅游景区用了转换理念,就是会让顾客不知不觉地转换身份。如果你是一个游客,游客就是消费者。消费者会挑毛病,就会讨价还价。那么,人一旦进入挑毛病、讨价还价的时候,游客的心情是不快乐的。
>
> 　　如果把游客转变成了演员,就不一样了。马嵬驿跟横店影视城就是不知不觉地把游客转化成了演员,商品转化成了道具。顾客变成了演员,那么,商品就变成了道具,顾客就不会讨价还价了。

我们再来总结一下,第一环和第二环的作用,如下图所示:

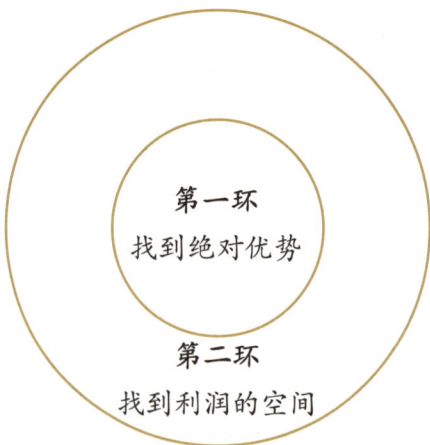

第一环的作用是建立绝对优势，先让企业吃饱，保证企业能生存下来，这是最根本的，只有这样，企业才会有生命力。第二环的作用是赚取利润，产品越少越好，利润越多越好。

悟：

三、利用产业链系统扩大利润

一个公司要想成功运营，必须打造第三个系统——产业链系统，这是第三环。

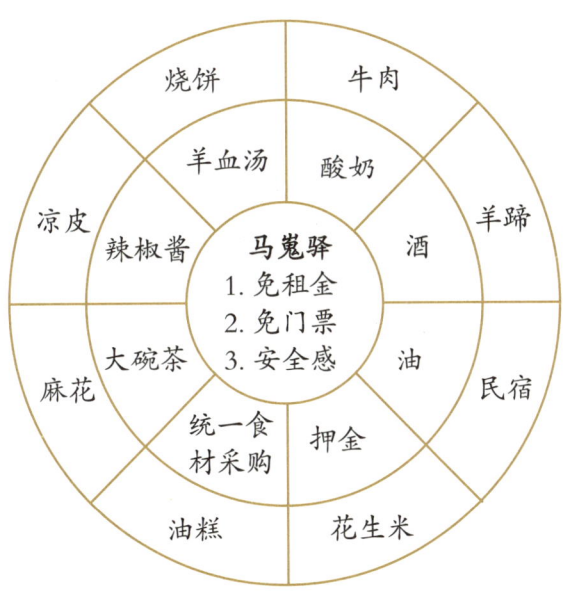

如上图所示，这是马嵬驿的第三环，第三环一共有130家商铺，

免租金，让你拎包入住，用合作的方式，企业和商家各分50%的利润。

整个马嵬驿的模式是：第一环是销售模式，这是他们的绝对优势。这个破点决定你好不好卖，有没有吸引力。第二环是赢利模式，保证企业正常存活下来。第三环是管理模式，马嵬驿是合作模式，每个商家都有50%的股份，有这样的管理模式，根本不需要去管理这130家商铺，他们自己便会管理好。

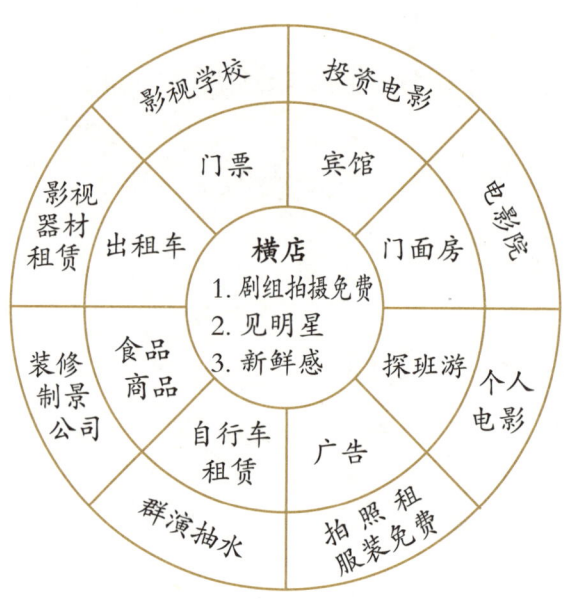

横店影视城的三环图如上，清晰展示了横店第一环的销售模式、第二环的赢利模式和第三环的管理模式。

悟：

四、生态，扩大品牌影响力

生态，是一个企业必须思考的第四环。好的生态，才能扩大品牌影响力。

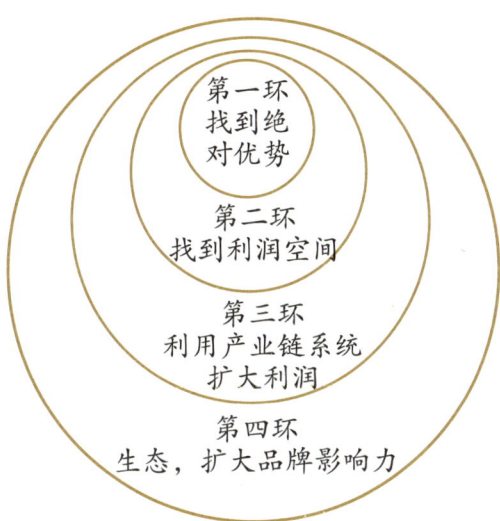

我们来看一下，要建立完整的四环图，标准模板如下：

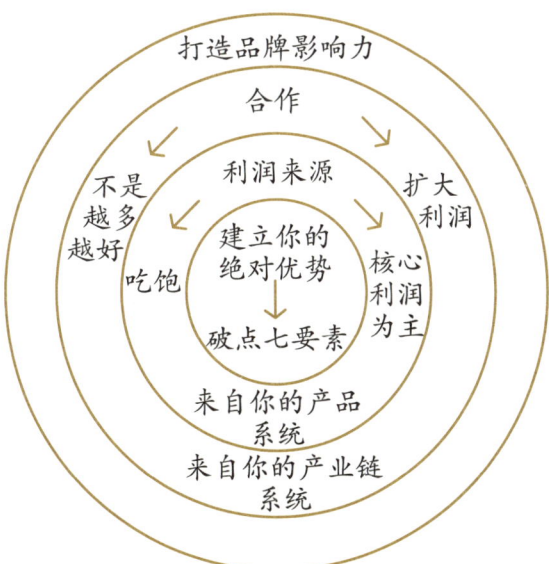

再具体分析一下，第一环的破点，即要建立你的绝对优势。建立绝对优势，主要有七个要素，即从七个方面建立绝对优势：效率、新鲜感、省钱、核心问题、机会、知名度、安全感。

好市多四环图如下：

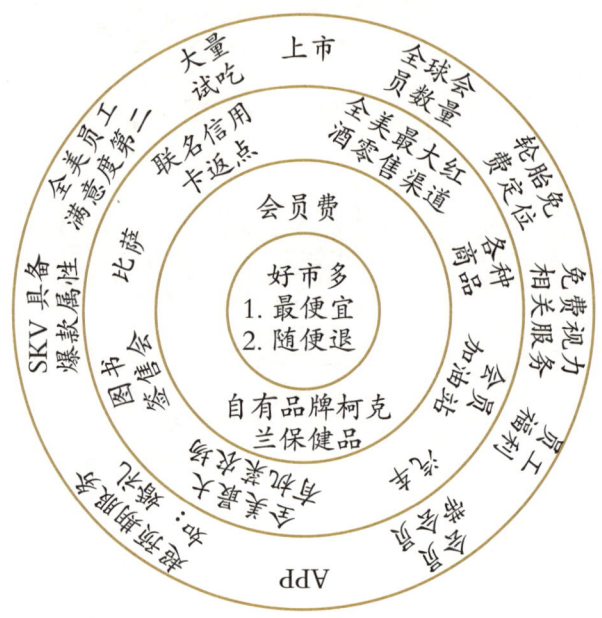

全球知名超市品牌好市多的第一环，破点，是最便宜、随便退，这是它的绝对优势，绝对优势使它成为零售界世界第二。它的第二环是收会员费，即好市多只赚会员费，这是它赢利的主要方式；另外，好市多还有自有品牌——柯克兰保健品，也在它的二环图之内。第三环，即好市多与全美最大的比萨店合作；和银行合作发行联名信用卡，用户用卡消费即可得到返点；经营图书，和全美最大的有机菜农场合作；卖汽车，打造会员制加油站；形成全美最大红酒零售渠道，以及各种商品，都在它的三环图内。

第八章

企业必须思考的四环图 Part 8

马嵬驿的四环图如下：

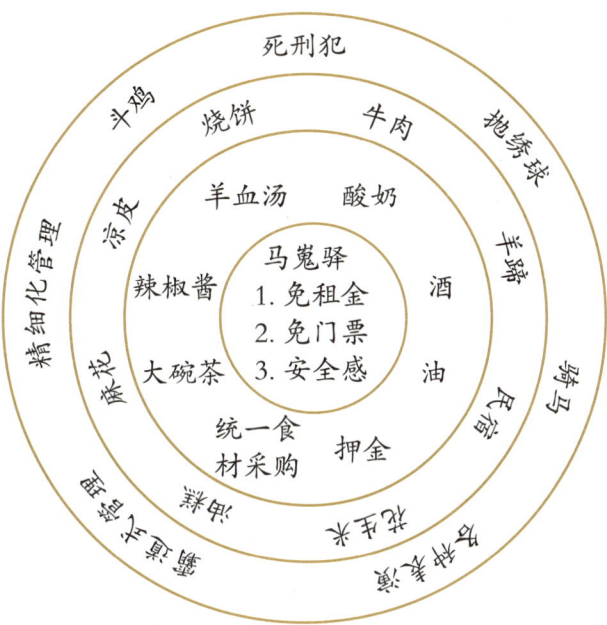

简颢的四环图如下：

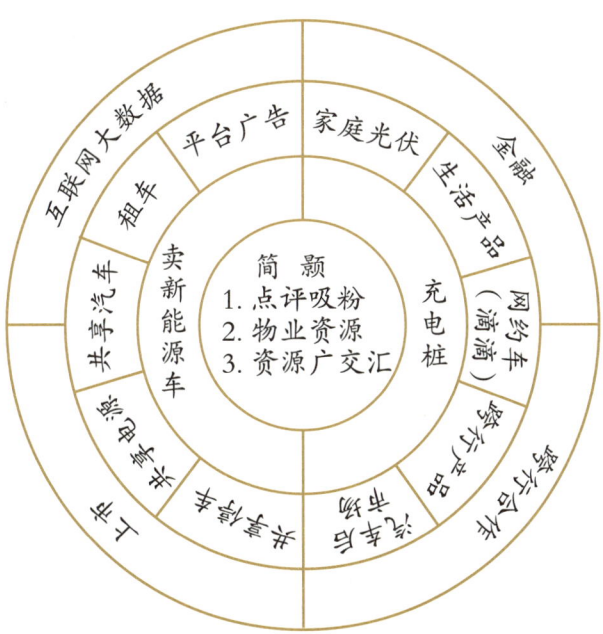

全面布局
抢占新商业红利

每一个成功的企业，都要建立起独属于自己的四环图，这关系到企业从内到外的定位和发展策略。做好以上四环，未来可期。

悟：_____
_____
_____

第九章　如何让品牌深入人心

一、核心是找到差异化

如何让品牌深入人心？

> 核心是找到差异化定位。

有一句话说，商场如战场。那么在今天的商场，战争发生在什么地方？简单地说，战争发生在消费者的脑子里。任何一个行业和产品，在今天都不可避免地面对很多的竞争对手，而你的顾客，也很乐于看到这么多的供应者。对于企业，如何简单地说出你与其他产品的差异化，说出让顾客选择你而不选择别人的理由则十分重要。

所以，今天企业经营的成果是品牌认知。这和过去已截然不同。过去，企业经营的成本是厂房、是原材料，而在今天，最大的成本来自顾客的认知。因为企业和顾客之间最大的误区是企业视角和顾客视角的分歧。

从企业视角来看，产品就是生命，所以碰到任何一个顾客，企业都想把产品的最大优点告诉顾客。其实，在产品同质化的今天，站在顾客视角来看，你的存在可有可无，你只是他人生中的一个过客，没有你世界没有什么不同。所以，企业最重要的是和顾客简单地说出你的差异化价值。

特劳特定位找差异化一共有九个方法：成为第一、领导地位、市场专长、传承经典、热销流行、最受青睐、拥有特征、制作工艺、新一代。

在这里，我们将特劳特定位理论的简化版与大家分享。

> 所谓差异化价值，简单来说就是两个方向：
> 要么开创特性，要么开创品类。

差异化价值，最简单的两个方向就是：要么开创特性，要么开创品类。当行业没有领导品牌的时候，开创品类的机会和可能性就非常大。

> 当行业没有领导品牌的时候，
> 开创特性，独占用户心智。
> 找到一个特性就可以找到辉煌的市场。

> 当行业有人比你先行，
> 也可以公开另一个不同的特性。

悟：_____
_____
_____

如何让品牌深入人心　Part 9　｜第九章

> "饿了别叫妈,就叫饿了么",饿了么先行,开创了外卖。
> "美团外卖送啥都快,一个更快的外卖"。

"饿了别叫妈,就叫饿了么",饿了么先行,开创了外卖的品类。

饿了么领先了,那么,美团呢?美团针对市场,就开创了不同的特性——"美团外卖送啥都快,一个更快的外卖"。

怕上火就喝王老吉

在饮料行业,当康师傅很大,娃哈哈很大,行业内已经有这么多巨佬的时候,王老吉说我是一个预防上火的饮料,他们就机智地在市场上赢得了400亿的销售。

> 当已经有了奔驰的时候,
> 宝马说我给你提供驾驶乐趣,
> 沃尔沃说我是安全的汽车,
> 它们也突出重围找到了自己的市场。
> 你如何说出你的差异化,
> 说出消费者选择你不选择别人的理由?
> 每个人都要问这个问题。

只有在消费者心里你代表着一个非常清晰明确的词语的时候,消费者才会选择你,而不是选择别人,你才会有利润可言。

> 拍照手机用 oppo
> 性价比高用小米
> 时尚达人用苹果
> 商务人士用华为

再比如说,在手机行业,oppo 手机是一个拍照很好的手机,小米是一个性价比很好的手机,时尚人士用苹果,商务人士用华为。每个人内心都有一个非常清晰的词来与这些产品对应,所以这些品牌在中国的市场获得了很大的认可与利润,利润率等于你在消费者心中形象清晰的程度。如果你在这个消费者头脑里不具备这种品牌认知,而是一味进行价格战,最后你的利润率一定是比较低的。

悟:_____

_____

> 当消费者心智中留下一个词的时候,
> 你在消费者心智中是什么词?
> **这个词要是你独占的。**

占据消费者心智大概有以下四种方法:

第九章　如何让品牌深入人心　Part 9

第一种：我代言品类

果冻就吃喜之郎
烤鸭就吃全聚德
要租车就找神州
装修就上土巴兔

第二种：占据特性

老板牌——大吸力油烟机

当年，老板抽油烟机的老板想做油烟机，他想，我做油烟机该从哪个角度出发好呢？

我的技术品质能跟西门子比吗？要不要宣传，我的技术品质比西门子好，然后我的成本比西门子更便宜呢？这就是常规的想法。

最后，老板走了一条不同的路，他做了大吸力油烟机。

为什么？

因为他的竞争对手是西门子，西门子是世界500强，你跟消费者说基础设备比西门子做得好，有用吗？

没用，因为消费者的认知不会被轻易改变。

这个时候，你必须和消费者站在同一角度，承认西门子技术好、品质好，但西门子是做西餐出身的，而我们中国厨房炒菜油烟大，所以老板就做大吸力油烟机。

老板找到了跟竞争对手相反的点进入，马上把这个特性占据，一旦占据这个特性，老板就超越了西门子。

等到西门子也转向做大吸力油烟机的时候，这个特性词已经被老板占了。

> 滴滴 = 专车 之后
>
> 神州在做专车的时候，就说我们是专业司机、专业车辆、更安全的专车。在神州专车，只有一种司机叫"安全"。并给出数据：8∶1录取比例，驾龄3年以上，严审无犯罪记录。

在专车行业，当滴滴等于专车的代名词之后，神州以我们是专业司机、专业车辆、更安全的专车这一定位进入专车行业，找到了一个特性，才拥有了自己的一席之地。

第三种：聚焦业务

> 天猫 | 京东 | 唯品会

天猫说，买东西上天猫就够了。

京东说，多、快、好、省。

唯品会说，一个专门做特卖的网站，垂直、聚焦新品类。

第四种：开创新品类

> 当行业陷入同质化竞争的时候，就要开创一个新品类，做一个全新的东西。

飞贷之前是做小贷业务的，因同质化竞争越来越激烈，他们就开创了一个新品类——手机 app 贷款。

下载他们的 app，消费者用 3 分钟、4 个步骤就可以申请到最高 30 万元的贷款。

然后仅仅用了半年时间，飞贷就成为继蚂蚁金服、微粒贷和平安普惠之后的第四大互联网金融贷款企业。

飞贷给我们的启发是：既然已经陷入了同质化竞争，用促销战、低价格战，还不如完全跳出来，站在另一个维度开创一个新品类。

> 俞文清燕窝水，开创了燕窝水新品类，打造中国第一款燕窝饮料，开创饮料奇迹。半年时间，铺设网点 30 000 家，单日单店销售 330 瓶，每 4 秒卖出 1 瓶。

俞文清燕窝水也是开创了新品类。这是操盘过两家跨国企业的定位实战专家顾均辉老师的作品之一。顾均辉老师是中国定位业最火的专家,也是北汽集团、伊利集团、金嗓子、新潮传媒、正大集团、大北农、延长石油、红星美凯龙等众多知名企业的定位顾问专家。

悟:
_____
_____
_____

二、抓住时间窗口

让产品深入人心的第二个角度,就是抓住时间窗口。

> 技术的领先和新商业模式的开创,最多不会留下超过一年的时间窗口。

在中国,没有什么技术是绝对领先的,没有什么模式是不可学习复制的,技术的领先,创新的商业模式,只要一出现,便只有三个月、半年,最多不会超过一年的窗口期,关键是怎么抓住这个时间窗口去做饱和攻击,在消费者心中把这个等号和你自己的品牌紧扣。

其实,很多公司,开创了一个差异化的价值,创新了一个原本没有的东西,但是,它没有利用时间窗口去抢占,所以最后没有取得成功。商业社会,一旦哪里有赚钱机遇,一旦哪里有创新,资本市场就像鲨鱼闻到了血腥味,都往那儿涌。很多企业,刚开始有创新产品出来的时候,还跑得很高兴、很享受,但中国的创新领域简直是日新月异,当大家为某一个创新领域一拥而上的时候,这个创新就从赚钱变成不赚钱,从蓝海变红海,只是转瞬之间。当你领先三个月、六个月的时候,不知道有多少人正伺机而动，也许随时就可以干掉你。

所以，当你真正开创差异化的时候，就必须以最短的时间封杀这个品牌或者封杀这个特性，当没有封杀的时候，这个时间窗口就不存在了。很多人没有注意到这个危险，那才是真正的危险。

悟：
_____
_____

> 瓜子二手车，并不是最早做 C2C 买车的，
> 为什么它能成为代言人呢？
> 因为它是第一个进入消费者心智的。

瓜子二手车从 2015 年 9 月开始发起猛攻，在消费者心中，用九个星期的时间占据了明显的优势。"瓜子二手车，个人卖家卖给个人买家，没有中间商赚差价"，这就是开创了新品类，并且在开创新品类当中取得了巨大的成功。

瓜子二手车是第一个做 C2C 买车的吗？不是，人人车才是第一个，但是人人车没有抓住这个时间窗口，它开创了这个模式，但消费者根本不关心你是不是第一个做的，消费者关心的是，谁是第一个打入他心中的。所以市场上，什么是第一？第一个打入消费者心中的才叫第一。很多人说，事实上我是第一个做的，但商业的世界里，事实根本不重要，人们认知中的事实才是真正的事实。

三、采取饱和攻击

让产品深入人心的第三个角度，就是采取饱和攻击。

因为好的概念很快会被抢占，所以出击不仅要猛，而且要快，迅速将自己与这个品类的等号画死。

> 人的心智非常懒，消费者经常先入为主。如果不采取饱和攻击，迅速在消费者心智中形成：你＝某个品类的认知，等到竞争对手发力，你再发力就晚了。

悟：_____

_____

另外，一个成功的企业，让产品深入人心，还需要做到两个产权。

> 第一是知识产权。

华为 ｜ 英特尔

华为、英特尔，一年投下去几百亿美元的研发资金，让它们自身已有的知识产权很难化解。但是，中国绝大多数的公司不具备知识产权。

> 第二是心智产权。

第九章　如何让品牌深入人心　Part 9

喜之郎

一提到果冻，消费者心中就能自动想起："果冻就吃喜之郎。"其实做果冻有什么技术难度吗？没有。企业能不能做出比喜之郎更好吃、更便宜、更健康的果冻呢？能。但是在消费者的心中不能。在现实的货架中，有六十几个果冻品牌在售，但是在消费者的心中只有一个品牌上架，"果冻就吃喜之郎"。还有第二个品牌能让你想得起来吗？没有，在心智的货架当中只有一个品牌上架。这就叫心智产权。

为什么喜之郎具有心智产权？因为很多人都认为喜之郎开创了果冻，其实，是他们在那个时间窗口进行了饱和攻击，在消费者心中，喜之郎就等于果冻。所以，企业成功最核心的问题是什么？是认知大于事实。事实重要吗？重要，但认知更重要。

农夫山泉

"农夫山泉有点甜"，它一旦打到消费者的心里，消费者就不断放大对它的感知，之后你还真觉得农夫山泉有点甜。这个世界大部分的人是非常感性的，所以他在对某一商品进行决策的时候，只是刹那间的感受决策。你经常在他眼中出现，他才能第一个想起你，第一个想起的就是第一个被选择的。而且一旦把这个认知深植到消费者心中，你期望什么，就能得到什么。

悟：

第十章
企业自动运转的五大条件

一个企业,能实现自动运转,才是一个建立了科学系统的、成熟的企业,才能在千变万化的市场竞争中,立于不败之地。企业想要实现自动运转,必须具备如下五个条件:

- 第一、不依赖于人
- 第二、容易内部复制
- 第三、小投入、大产出
- 第四、程序自动化
- 第五、最大限度的资源整合

一、不依赖于人

让企业实现自动运转,必须做到不依赖于人。

第十章 企业自动运转的五大条件 Part 10

> 所谓不依赖于人就是老板在不在都一样赚钱，同时任何人都可以做好，对人的要求不高。
>
> 这就好比便利店或流水线上的员工一样，他们的素质如何对所做的事情影响并不大，而且一旦这些人离开的话，要找到人来补上也是非常容易的一件事情。

有很多公司，纯粹是靠着一两个厉害的业务员做的业务，这一两个业务员说不干了，公司就麻烦了。在这样的情况下，企业培养的业务员，统统都可以成为企业的竞争对手，业务熟练后，他们要么跑单，要么单干。为什么会这样？就是因为没有系统。公司要靠系统来推动，这套系统必须是完整的，是可以让大家一起发力的，而不能只依赖某个人或几个人。另外，公司还要用文化来推动，形成一种企业文化，提高每一个人的责任感与使命感。制度系统、文化系统打造好了，就可以实现企业自动运转。

二、容易内部复制

让企业实现自动运转，必须做到容易内部复制。

> 成功就是简单的事情重复做，简单到连傻瓜按这个方法去做都可以做好，这样就很容易把事情做对，自然便于复制。
>
> 另外，因为便于复制，所以"边际成本"非常低，不会造成重复投入。

比尔·盖茨能赚大钱的一个很重要的原因也是在于他的软件可以无限复制，复制得越多，成本越低，赚的也就越多。

外部复制就是人家看一眼就学会了，内部复制就是传帮带，一个带一个，能够完全按照系统去复制，这样就容易内部复制。

三、小投入、大产出

让企业实现自动运转，必须做到小投入、大产出。

> 其实商业上很重要的一点就在于"杠杆操作"，如果不能做到小投入、大产出的话，就不能算是一个好的商业模式，好的商业模式必须能"四两拨千斤"。
>
> 比如网络公司为什么比一般的公司值钱，就是因为互联网本来就是一个非常好的杠杆。

小投入、大产出，就是要做得轻，以小博大，投入小、回报大，想象空间、发展空间能够有很大。投入小、产出大，要用杠杆操作，就是给一个支点，然后想办法用杠杆借力，那么操作就很省力。这个我们在后面的七大杠杆里会讲具体的方法。所有的杠杆都是小投入、大产出，基本上企业一旦做好这一步，投入100万元，产出就可能是10倍，甚至100倍。所有成功的人都是懂得借力的人，都懂得小投入、大产出这个道理。

四、程序自动化

让企业实现自动运转，必须做到程序自动化。

程序自动化包含两个层次

一个是"程序"，也就是流程，流程是可以复制的，也是很容易操作的；另一个就是"自动化"，如果程序不能自动化的话，产出也是有限的，还不能算是一个好的杠杆。

比如网络公司能赚钱的一个原因就在于，它的程序是自动的，这里不用人工就可以直接为用户开通服务，公司没有人时也能自动收钱，也能同时为顾客提供服务。这就是"睡觉都在赚钱"的原因。

要想让企业做到程序自动化，前期一定要将程序打造好，后面就可以按照程序自动化运作。淘宝、天猫、滴滴，都是自动化程序在运作。

五、最大限度的资源整合

让企业实现自动运转，必须做到最大限度的资源整合。

这一点是最重要的。这个世界上最值钱的东西就是资源，这个资源包含人际关系、经验、客户、资金、知识体系，等等。

全面布局
抢占新商业红利

> 其实企业的竞争归根结底就是资源的竞争，谁掌握的资源越多，谁就越有竞争优势，同时还必须把这个资源整合好才行，如果不能把资源有效地整合，那再好的资源在手上也是"垃圾"。

这就要求企业以开放的心态把自己的资源变成大家的平台，把企业变成一个平台，让所有的资源在这个平台上发挥最大的价值，这样自己和他人都能获得最大的回报。

BAT，即指中国互联网公司三巨头：B指百度，A指阿里巴巴，T指腾讯。三巨头都很开放，所以他们都发展得非常好。一个地方越开放，经济就越发达，越封闭的地方经济越不容易发展。所以，老板的思维越开放，商业模式越开放，企业就越容易获得成功。很多人把自己的资源抱得紧紧的，其实，当你把资源拿出来与大家共享时，你自己也会变得更有核心竞争力。

比尔·盖茨为什么能成功？因为比尔·盖茨做对了一件事情，就是把他的软件平台开放出去了。这也要得益于美国的法律，美国当时要把微软拆分掉，给出微软两条路：要么开放原版，要么就把微软拆分掉。最后，比尔·盖茨被迫开放了原版，没有想到被迫开放了原版之后，反而让比尔·盖茨在1995-2007年连续13年成为福布斯富豪榜首富。原因就在于他把操作系统开放之后，所有生产软件的人都可以基于微软这个平台来开发软件,这个时候就有成千上万的人来买微软的操作系统,所以微软的操作系统就几乎变成了所有电脑的标配。

乔布斯

苹果创始人乔布斯牛不牛?牛。但是,乔布斯当年也被赶出过董事会,主要原因是苹果经营不善。苹果为什么经营不善?因为当年的乔布斯很固执,他说在我的眼里产品只有极品和垃圾之称,所以苹果的设计是全世界最完美的,苹果的软件也是全世界最完美的。但是消费者买了苹果产品之后,是拿来用的还是拿来观赏的?

当然是要用啊!就拿办公室要购买办公设备这件事来说,苹果最强大的是它的图像处理系统,设计师基本上都喜欢用苹果。但既然是办公,所以大家也亟须使用 Word、Excel 等软件,但是苹果说我不愿意和其他的软件公司合作,我一定要自己研发软件,所以最早的苹果电脑只能装苹果的操作系统。而很多消费者已经习惯使用微软的系统了,对他们而言,买电脑最关键的当然还是要好用,虽然苹果的电脑很漂亮,但是那个操作系统学半天也学不会,最后还是选择微软,所以,那时的苹果只能满足部分客户的需求,苹果的销量自然就起不来。

后来,乔布斯回到苹果,他发现封闭没有出路,所以一定要开放。以前乔布斯天天都在和微软打官司,说微软的操作系统是模仿他的图形系统,官司打了十几年,回归之后的乔布斯主动跟比尔·盖茨和解了。乔布斯做出了一个改变:苹果的电脑可以兼容微软的操作系统,即苹果的新系统,既可以选择微软的操作系统,也可以选择苹果的操作系统,习惯用哪个系统就选择哪个系统。苹果的目标消费者,一下子就辐射了所有原来习惯使用微软的用户。

乔布斯最初的固执让苹果的股票都快要退市了，就在他主动与比尔·盖茨握手和解的当天，股票就上涨了10%。一个开放的决定，就多赚了几十亿美元。现在的苹果已经变成一个平台了，让所有开发APP的人都可以将自己设计的APP上传到苹果的应用商店，苹果商店的应用多了，用户可以实现方便下载，那用户自然就多了，而下载需要流量，苹果就可以赚流量费了。苹果一开放，就做成平台了，用户下载电子书、下载视频、下载电影、下载音乐、下载软件，平台都能赚钱。

悟：

第十一章 无中生有的六大步骤

春秋时期，楚国的李耳在《老子》里有云："合抱之木，生于毫末；九层之台，起于累土；千里之行，始于足下。"这句话放到现代企业的运营之中，即任何一个企业和任何一个品牌，都有一个从无到有的过程。那么想打造一个成功的企业，打造一个知名的品牌，绝不可能一蹴而就，这一切都是需要科学的步骤的。我们把它简单总结为：无中生有的六大步骤。

具体步骤如下图所示：

一、掌握竞争优势

无中生有的第一个步骤，就是掌握竞争优势。

什么叫优势？优势就是比对方有利的形势，泛指处于较有利的形势或环境、或在某些方面超过同类的形势。放到产品方面来讲，即是如果我们研发一款新产品，就必须先了解客户的困惑，根据自己的优势再去设计产品，没有优势就不能立足。

优势又分为相对优势和绝对优势。什么是相对优势？两个人在森林里碰到一只老虎，一个人马上系鞋带，然后另一个人就问他："你干吗系鞋带，你又跑不过老虎！"他回答："我不用跑过老虎，我只要跑过你就好了，因为我跑得快，老虎肯定吃你，不会吃我，对不对？"这就叫相对优势。另外一个没系鞋带的说："哈哈，没关系，我会爬树。即使你跑得再快，我会爬树，但老虎不会爬树。"这叫绝对优势。

那么，相对优势和绝对优势来比较的话，是相对优势获胜还是绝对优势获胜？肯定是绝对优势。所以我们要在市场上竞争，就必须有绝对优势。

悟：

掌握竞争优势有以下三个方法：

> 1.你的客户非常需要，你的对手却不愿意做、做不到、做得没你好的地方。

如家酒店之所以能够成功，究其原因就是他们了解到大量的人出差商旅住的酒店需要具备可以上网处理信息和工作，能够吃个早餐，洗个热水澡，睡个好觉，定价在每晚200元左右……为什么定价在200元？因为绝大多数公司派员工出差，差旅补贴费一天就是200元，所以，客户最多只愿意付 200 元。而市面上绝大多数的酒店根本没有办法提供 200 元的价格。为什么没有办法提供 200 元的价格？因为 KTV、游泳池、健身房都要分摊到每个房间里去，一般的酒店不愿意做、做不到也做不好，所以如家就创造了一个新的商业形态。

> 2. 解决自己的需求，同时可以满足别人的需要，又可以帮助别人实现梦想，也就是为别人创造就业的机会。

超薄苹果电脑

很多年前，乔布斯做了一款超薄的苹果电脑，很多人第一次看到那款电脑的时候，惊讶得嘴巴都合不拢，这的确是一款让人尖叫的产品。但这个产品是怎么出来的呢？

当时乔布斯的女儿要上大学了，想要买一台电脑，他带着女儿在市场上转了一圈，竟然没有买到一款称心如意的电脑。这时候他说，亏我还是做电脑的，连我女儿想要的一台电脑市场上都没有。所以他就做了一台超薄的电脑送给女儿。结果，这款产品深受无数消费者的喜爱。

最开始是满足自己的需要，当然也满足了别人的需要，最后就有可能帮助更多人实现梦想。

戴尔电脑

之前有一个大学生，他想要买一台电脑，但市面上所有电脑都是

全面布局
抢占新商业红利

批量生产的，批量生产的配置都是一样的。他就想按照自己想要的配置购买一台电脑，但几乎所有的电脑厂商都不愿意给他量身定制。他找IBM，IBM说，给你量身定制成本太高，我是批量生产的，成本比较低，工业化生产就这样。他找惠普，惠普也不愿意……最后他说既然大家都不愿意，那我自己搞吧。他自己就是学电脑的，所以就在市场上买了很多零件，然后回来自己组装，性能比市场上的电脑要好两三倍，但价格只要原来的三分之一或者一半。

他一开始只是为了想要解决自己的问题，然后同宿舍好几个同学，看他花这么少的钱就组装了一台这么好的电脑，就都请他帮忙组装。

开始的时候他在宿舍里天天组装电脑，后来全校的同学都找他组装电脑，他的宿舍走进去简直就是一个仓库，后来宿舍放不下了，就在外面租一个车库，买很多配件自己来组装，整个学校的校友都在他那里买电脑。然后，同学背后有校友，校友背后有朋友，这时候很多其他学校的同学也慕名而来。但是有时候，远道而来实在太不方便了，他就开发了一个网站，方便其他消费者来下单，最后就发展成了网络购物。后来买电脑的人越来越多，他就成立了公司。开始是解决自己的需求，后来就满足别人的需要，他干脆做了专业公司，直到他的公司上市，创造了很多就业岗业。这就是戴尔电脑。

这里面又要谈一点，跟优势是分不开的，跟第一点的"你的客户非常需要，而你的竞争对手不愿意做、做不到，做得没你好的地方，这就是你的优势"合在一起了。最早的时候，很多电脑商不愿意做个人订制的电脑，但市场上有很多客人需要订制的电脑，而他的竞争对手不愿意做、做不到，也没他做得好。

而在戴尔公司慢慢成长壮大的过程中，IBM和惠普一看，居然在

无中生有的六大步骤　Part 11　第十一章

我的眼皮底下出来一个后起之秀,把我的市场抢了,要不要把它灭掉?这时候戴尔发现竞争对手要把它灭掉,就马上申请了上市,因为戴尔主要是做直接购物,都是在网络上下订单,所以上市之后,资本变得更加雄厚,然后就发射了自己的卫星,网络速度会更快,它就能与别人争速度了。另外,戴尔有很多辆装满各种各样电脑零配件的货车,车子上写着"戴尔电脑"四个字。装配车到处游荡,如果某时某地有人要买一台戴尔电脑,下订单之后,系统会把订单立刻传到卫星上,卫星就会搜索,哪一台装配车离订单地址最近,就把这个订单信息传送给那台装配车,司机就可以开车带着专门的电脑组装员,上门进行服务了。而车子行驶的过程,也就是组装电脑的过程,然后车子停到用户的门口,就出现了新鲜出炉的戴尔电脑。

这就是戴尔做到了别人根本做不到的。所以优势,就是这样培养出来的。开始的时候竞争不激烈,到最后你一定要做到别人做不到的事情,这时候你才有绝对优势。

悟:

> 3. 拥有无法被取代的专业能力,以及非常受欢迎的个性特征。

专业能力很重要,赚不到钱,是因为自己没有绝对优势。

曾经有一个工厂,有一台很贵的机器坏了,找了无数人修都修不好。后来他们找了一个世界级的专家,专家来到之后,在机器旁边转了一圈,然后他拿着锤子对着机器某个部位敲了一铁锤,机器就开始运转了。世界级的专家果然厉害,他们问专家要收多少钱。专家说不急,等我回去发一份传真给你。这个专家回去之后,给工厂发了一个传真:1万美元。工厂觉得太贵了,一铁锤1万美元,但又不好意思说,所以就很委婉地写了一封信:专家,能不能把你的收费明细表发一下?专家的回答是这样的:敲一铁锤1美元,知道敲哪里9999美元。所以知道敲哪里,是不是专业能力?大家都解决不了的问题,你能解决,别人还敢不敢讨价还价?你愿意提供服务,别人都已经感恩戴德了,这叫做专业能力。

在我们的人生中,无论如何都要让自己修炼一项绝活。每一个成功人士都有两把刷子,甚至有几十把刷子,没有获得成功的人,是刷子太少。所以,一定要培养自己的核心能力,就是专业能力,千万不要侥幸地活着,无论何时何地,不管你有多么强大,都要持续不断地学习。你不学习,就会被淘汰。我看过很多成功人士的自传,都说自己每天战战兢兢、如履薄冰,生怕自己落后于他人。这就是为什么优秀的人越来越优秀。因为优秀的人对自己的要求会更高,不成功的人对自己的要求通常都很低。

除了自己的专业能力以外,我们还需要练习一种能力,叫作非常受欢迎的个性特征。专业能力是一个人做事的能力,而非常受欢迎的个性特征,就是做人的能力。

孙茂才

电视剧《乔家大院》中的孙茂才,最开始穷酸落魄,后投奔乔家,

第十一章 无中生有的六大步骤 Part 11

为乔家的生意立下汗马功劳,享有一定地位,后因私欲被赶出乔家。孙茂才又想投奔对手钱家,钱家对孙茂才说了一句话:"不是你成就了乔家的生意,而是乔家的生意成就了你!"最终孙茂才再次陷入落魄。所以,一个人再有才华,没有平台,能力也无法施展。

> 生命的全部是关系,关系的品质决定生命的品质!

当一个人很有才华的时候,一定要学会跟他人好好相处。生命的全部是关系,关系的品质决定生命的品质。所以,一定要把关系处理好。

再次总结一下,无中生有的第一个步骤:掌握竞争优势。

> 没有实力就没有条件,有实力才有魅力。核心能力与专业能力会增加实力,有实力才会有分量。在江湖上立足,永远都要靠实力。
>
> 没有身价就没有尊严,没有尊严就不被尊重。
>
> 别人尊重你,是尊重你背后的实力,所以要培养自己的实力。你的能力是你的实力,你为别人创造了多少也是你的实力,你所站的平台更是你的实力。
>
> 你是谁并不重要,重要的是你站在哪里,这就是平台;你站在哪里也不重要,重要的是你背后有多少人;你背后有多少人也不重要,重要的是你背后是一群怎样的人。
>
> 此生所有的不如愿,是因为筹码不够,筹码不够是因为实力不够强大。

悟：
_____
_____

二、找到利基点

无中生有的第二个步骤，就是找到利基点。

前面我们谈过戴尔的案例，当时，IBM和惠普都很强大，如果戴尔跟它们正面竞争的话，一定会死得很惨。但是戴尔发现，中间还有空间，并且客户非常需要，而竞争对手又不愿意做，做得没它好。所以，戴尔选择了这个没有竞争的点，心中无敌才能无敌天下。

戴尔找到的这个点，就叫作利基，利益的基础或者利益的窗口。那么，在找利基点之前，我们一定要分析，人生需要自我分析，企业更需要自我分析。

请先看一个工具，叫作SWOT分析。

劣势 W	优势 S
威胁 T	机会 O

什么叫SWOT分析？S代表优势，W代表劣势。首先分析我们的优势，再分析我们的劣势，再来看一下，机会在哪里？威胁在哪里？所以SWOT是任何一个企业的老板都要分析的：我们的优势是什么？

第十一章　无中生有的六大步骤 Part 11

我们的劣势是什么？我们的机会在哪里？我们的威胁在哪里？

无论我们怎么改善缺点，都很难超越天生就具备这个优点的人。比如，你想去跨栏，无论你怎么努力，都很难超越刘翔。所以做企业就是要发挥自己的优点，人也是一样，金无足赤，人无完人。

那么，什么叫特长？什么叫优势？

可以变现的才叫作优势，不能变现的只能算业余爱好，千万不要把业余爱好当成特长，人家唱歌可以收到钱，你唱歌还要花钱。这不算优势。

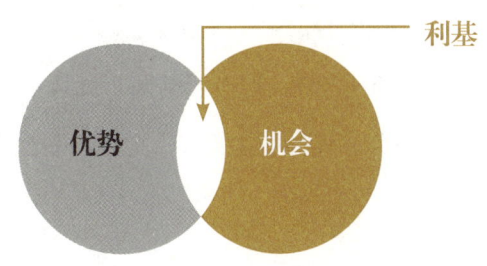

1. 尝试着帮助别人解决问题；
2. 把焦点聚焦在你能的、你会的、你所拥有的事情上。

优势+机会就是我们的利基点。

竞争对手不愿意做、做不到、做得没我好，这是机会，也是优势。当然，在这里还有两个关键点：一是尝试着帮助别人解决问题；二是把焦点聚焦在你能的、你会的、你所拥有的事情上。

(送报纸 | 丢垃圾)

我看过国外的一篇文章：

一个小孩只有8岁，有一天他要去看电影，但他不想和家里要钱，

全面布局
抢占新商业红利

他想自己赚钱买电影票,可是他小小年纪,打工又不够年龄,怎么才能赚钱呢?他发现麦当劳、肯德基餐厅都在卖可乐,他感觉自己发现了商机。于是他用自己储蓄罐里的钱去超市买了一大桶可乐,再买了一些一次性纸杯,然后在门口放了一张桌子,在那里卖可乐。但因为当时是寒冬腊月,没有人买可乐,他的爸爸妈妈各买一杯后,就没有人买了。所以他从早上到傍晚,只卖出两杯可乐,连成本都没收回来。这时候,天色已晚,刚好有一个成功的商人经过,看到这么冷的天,有一个小朋友在那里卖可乐,就去跟他聊了聊。商人听完他的故事后,觉得这个小朋友挺好玩的,就决定给他点启发:

"我教你两个商业秘诀,你按照这两个商业秘诀,绝对可以成功:第一,尝试着帮助别人解决问题;第二,把焦点聚焦在你能的、你会的、你所拥有的事情上。"

商人走了之后,这个小朋友就把摊一收,背着手,在大街上走来走去,心想:我只有8岁,我能够帮别人解决什么问题,我能做什么呢,我会什么呢,我拥有什么呢?从此,他天天就在思考这些问题。

然后有一个周末,他的爸爸穿着睡衣,坐在客厅里喝咖啡,这时候邮箱的铃响了,爸爸穿着单薄的睡衣跑出去,拿着报纸回来时冻得瑟瑟发抖,嘴里还喊着冷死了。小朋友忽然就想到了,这片住宅都是和自家一样的独栋别墅,大人们也总喜欢这样冷着跑出去拿报纸。而我不怕冷啊,我能啊,送报纸我会啊,于是他立刻想到一个商业构想,他写信给他的所有邻居:亲爱的邻居,想不想每天早上坐在沙发上穿着睡衣,喝着热咖啡,您的报纸就自动塞到门缝底下?每个月只须付1美元,我就帮您实现。这么好的事,邻居当然愿意啊,而且一个月才1美元。于是,他很快就收到了29个客户的订单。然后他每天一

第十一章　无中生有的六大步骤 Part 11

大早就起来，帮邻居们把邮筒里的报纸塞到他们家的门缝底下，一个月他就赚到了 29 美元。这让他很欣喜，他想赚更多的钱，于是就写信给更多人，但他一个人忙不过来，就去找他的小伙伴，想不想每个月都能够赚到 0.5 美元的小费？小伙伴们积极响应，于是他每个月分伙伴 0.5 美元，他就变老板了。

而他在送报纸的过程中，又发现邻居们有另外一个需求，好多人是把垃圾直接放在家门口，等下次出门的时候，再把垃圾拿出去丢掉。他发现这是一个机会，所以他又写信给所有老客户：想不想让垃圾自动消失？想的请每月再付 1 美元就可以了。所以他每天早上把报纸塞进去，然后把垃圾拎走。其实时间是一样的，但是这样收入就由 1 美元变成了 2 美元，分搭档的小伙伴 1 美元，他还赚 1 美元。

这个小朋友在他 15 岁的时候，就已经赚到了 100 多万美元。并且，他已经成为一本畅销书的作者，这本书叫作《儿童赚钱的 250 个秘诀》。此外，他还是一档知名电视节目的主持人，在节目里，他教大家如何利用业余时间来赚钱。

悟：
_____
_____

瓷砖美缝产品

以前，一个搞装修的小老板，他发现瓷砖跟瓷砖拼起来的时候，中间总会有缝隙，但工人拼得很累也没办法做到完美。缝隙容易积尘，看起来又脏又丑，为了解决这个问题，他就研发了一款美缝产品。就是把瓷砖跟瓷砖之间的缝隙涂上特殊的涂料，要金色就金色，要红色就红色，又美观又能防止瓷砖缝隙积尘。产品一上市，就得到了装修行业的力赞，产品销量也非常好。以前他做装修，一年一两千万元都赚不到，但做这款产品，一年就让他赚了10个亿。

所以只要你有一双发现商机的眼睛，发现市场上有哪些产品，客户有非常大的需求，但还没有被解决，然后你就要考虑要如何解决它，你能够解决它，就能够赚到大钱，而且不用跟人正面竞争。

三、发挥杠杆力量

无中生有的第三个步骤，是发挥杠杆力量。

阿基米德说："只要给我一个支点跟足够长的杆子，我就可以撬动地球。"这个支点是什么？这个杆子是什么？我们做生意就要找到这个点和这个杆子。初中物理讲过：杠杆有一个支点，这个支点的位置就决定了我们花多少力气。如果这个支点找好了就可以事半功倍。

ZARA

为什么西班牙的服装快销品牌ZARA能够做到服装界的知名企业？

我们先看大多数做服装的怎么赚钱。夏天就要开始准备秋装，秋装刚上市就开始准备冬装，做好了要等三个月才上市，最快三个月才有可能把冬装卖掉，才能把钱收回来。也就是说，做服装的资金周转是180天，假如投入100万元，180天之后赚一倍就变成200万元，周转天数180天。而ZARA全球连锁，它的资金、商品的周转周期只有15天。请问180天跟15天如何竞争？

很多公司一上市，就开始收购并购，除了上市公司有利润要求之外，还有股票的杠杆作用。比如我的股票在市场上是90倍的，你的股票是40倍的，我把你收购了，你一下子就变成90倍，你多赚50倍，也能扩大我公司的市值，到后面就是空间换时间、时间换空间，这就叫作杠杆。

7-11便利店

请问，有没有人卖茶叶蛋就能成为亿万富翁？有。一家7-11便利店每天都可以卖500个茶叶蛋，一个茶叶蛋赚5角，一天便可以赚250元，一个月便可以赚7500元，乘以12个月，一年可以赚到9万元。7-11在全中国有超过3000家门店，3000乘以9万，共计2.7亿元。其实，加盟连锁也是一个系统化操作，也是一个杠杆，这就是用空间换时间。

明白了杠杆是什么，那我们如何才能发挥杠杆的作用呢？我们必须做到以下几点：

第一点，市场调查。

> 想到 > 听到 > 看到

很多老板做企业从来不做市场调研，做任何项目和产品都是跟风，拍脑袋决定，拍胸脯保证，结果产品一出来发现搞砸了。所有的大公司，开发每一个项目和产品之前，都要找专业人员进行市场调研。做好市场调研，找好切入点，才会发挥最大的杠杆作用。

第二点，前卫思考。

> 量大 VS 价高

请问大家，市场需求量大的产品定价高还是低？当然是低。什么样的产品应该定高价？市场需求量小的，对吧？很多人说难道不是市场需求量小的应该卖便宜一点吗，这样才可以让更多人买啊！其实不是。因为需求量小，会买的人就那几个，所以你卖便宜了，你的营业额就少了。所以，有些商品是三年不开单，一开单吃三年。比如说卖一辆劳斯莱斯，可能就顶你卖一百辆桑塔纳，所以一年卖一辆就够了。

第三点，差异。

> 文化、性别、语言、地域、价格

如今，中国的经济整体都在飞速发展，但沿海的经济是不是比内陆的经济发展得要快？沿海和内陆的文化不同，沿海的文化更开放，内陆的文化相对传统，这是能力差异。

早些年有很多人经营服装外贸尾货，外贸尾货就是在国外已经流行过的在国内开始流行。再往下延伸，就是很多在二三线城市开服装店的店主，都到一线城市里去收尾货，一线城市流行一段时间后，二三线城市刚开始流行。所以一线城市卖不掉的库存，都会以很低的价格放到二三线城市，刚好流行，赚差价，这是地域差异。

同样的康师傅方便面，有的省份卖的是辣的，有的省份卖的是不辣的，有的是牛肉味的，有的是海鲜味的，这就属于地域的差异。

第十一章 无中生有的六大步骤 Part 11

另外就是价格差异。有钱人要的是速度,多花钱无所谓;没钱的人,时间多的,便宜一点最重要。例如,有些小区开便利店,生意非常好;有些小区开便利店就死得很惨。这就要看小区里居住的人群,假如住的都是年轻人,年轻人宅男宅女比较多,到楼下便利店买一个东西都不愿意,他们很希望便利店提供送货上门服务,多花一点钱没问题,这样的小区开便利店,生意自然好。但是,如果这个小区住的都是老人家,他们宁可多跑点路,也要去超市买更便宜的,所以生意自然难做。这就告诉我们,用好各方面差异也能发挥杠杆的作用。

第四点,时机加上智慧才能长久。

> 市场没有永远的侥幸,哪怕你曾侥幸过,侥幸不可能长久,时机加上智慧才能长久。

我们都听过一句话:"最难赚钱的时候往往是最好赚钱的时候。"举个例子说,非典期间有没有很多企业倒闭?有。但有没有人是因为非典而成功的?有。

盛大网络的创始人陈天桥为什么成功?因为非典期间大家都不能出去玩,只能在家里打游戏消遣,结果陈天桥成功了。非典期间,商家都不能出门做生意,只能在网络上发帖做生意,所以阿里巴巴是那时候开始成功的。刘强东原来在数码城里卖光盘,结果非典期间大家都不去买了怎么办?他就尝试在论坛上发帖,结果有人在上面买了他的光盘,他发现网络购物是不错的途径,然后就开始做网站,有了现在的京东。

还有一个非常有意思的案例,2002 年 4 月 13 日左右,在山东某个生产金银花的地方，有个老板拉了一车金银花去北京，结果因为手续不齐被工商局给扣了。当时他真是又气又急，但又没办法，只能等。到了4月19日，北京非典暴发，金银花原来是一斤8元、15元，后来一斤涨到了150元、甚至450元，还供不应求。结果一周之内，他的一车金银花全部卖光，赚了1000多万元。

以上案例都说明一件事：时势造英雄。

再讲一个案例：非典期间，东莞有一个生产内衣的中国台湾老板，结果内衣卖不掉，口罩却供不应求，他发现机会来了，就把内衣生产线变成口罩生产线，大赚了一笔。另一个生产内衣的老板说："我们现在都揭不开锅，你怎么日子过得那么好？"到人家公司一考察，他也跟风把内衣生产线变成口罩生产线，非典结束，他的口罩拿去送人都没人要。

所以做生意就要抓住时机，领先一步就变成先烈，领先半步才有可能成为先驱。最早举起抗秦大旗的人是谁？是陈胜、吴广。后来做大的人是谁？项羽。得天下的人是谁？刘邦。所以先快一步不为快，只要把握好时机，加上智慧，别人所做的一切都是给你铺路。所以，抓住时机也是杠杆。

第五点，效率快慢决定收益大小。

> 运营一个产品或一个项目，
> 是要靠速度取胜还是要靠价格高取胜？
> 当然是速度。想要获胜，唯一要靠的就是时间。

我们要想办法倍增时间，优化公司的系统，原来需要一天完成的就把它优化成半天完成，原来需要一小时完成的就优化成半小时完成，不断地优化，可以让效率越来越高，利润也才能实现快速提升。所以，效率也是杠杆。

什么叫空间优化？一年的时间完成十年的工作量，就可以驾驭空间；一年的工作量一个月内完成，就可以驾驭时间。所以人生就是时间换空间、空间换时间。今天，要想成就一番事业，一定要想办法借助杠杆力量，整合好资源。

第六点，要把风险降到最低。

> 要把风险降到最低——弥补实力不对称。

在实力不对称的时候，一定要把风险和成本降到最低，你的专长、你的竞争优势一定要变成可复制的商业系统。

悟：

> 三大核心杠杆理念

其实，这个世界上很多人手里都有很多资源，也有很多人都有能力帮助别人。那么，我们该如何用好这些资源，如何能够帮助别人，也得到别人的帮助？这就是我们要讲的三大核心杠杆理念。

> 第一大理念是，这个世界上无论你要的东西有多么独特，都有一个人或者多个人已经拥有了，你要做的事情就是找到他，给他不可抗拒的理由，让他心甘情愿地帮助你。

为什么很多时候我们得不到别人的帮助？

因为我们没有给出无法抗拒的理由。

比如说，作为一个企业的董事长，作为一个培训讲师，我跟我的员工或者学员说："我要钱，我要钱，我要钱。"你看我说了这么久，但我到底要多少呢？我没说，他们就不知道。如果我的员工或学员口袋里有一百块钱，他可能会想应该不会只要100元吧？所以他就不好意思给我。

如果我说我要100元钱，谁有100元，有没有人给我100元，现在是不是有人愿意给我了，因为我要得很明确。

如果我说我要100元钱，谁给我100元，我等一下就给他200元，那有没有可能有更多的人想给我100元？肯定有，是吧！为什么第三种方案很快就可以拿到我想要的100元？因为别人立刻就可以得到好处。

我特别讨厌成功学里说的："要成功先发疯，头脑简单向前冲。"就是只要我要，哪怕我不能，我也一定要，我一定要我就一定能。只活在自己的世界里，从来都不考虑别人的感受。其实，我们的成功，是因为绝大多数人希望我们成功。别人为什么希望我们成功？因为他们可以从我们的成功当中获得好处。

第十一章　无中生有的六大步骤　Part 11

曾经，有一个东莞人很喜欢喝咖啡，他最大的梦想就是开一家咖啡店，但是他没有任何经验，没有经验就做生意风险是很大的，对吧？他就运用了三大杠杆理念的第一条理念，最后，生意很轻松地就做成了。

事情的经过是这样的：

他在广州找了一家咖啡店经营得最好的老板，主动出击与那个老板谈合作。他开诚布公地跟那个老板说："我人生最大的梦想就是开一家咖啡店，但是我现在没什么经验，也没那么多钱，我知道您这里是全广东最有名的咖啡店，所以我想到您这里来免费给您打工半年，不要一分钱工资。但是作为回报，您能不能每周抽出半天时间辅导我如何经营管理咖啡店？"

如果你是咖啡店的老板，你愿不愿意？当然不愿意啊，你免费到我这里来学习，我除了多一个工人，没有其他好处嘛！老板说："我没空。"因为对这个老板来说没有意义，所以无法打动人家。我们要给的是别人无法抗拒的理由，对吧？

他又说："我来您这里学习，学成之后回东莞开咖啡店，跟您不会有竞争，所以您可以放心教我。另外，等我回到东莞开咖啡店，请您做我的顾问，我愿意把第一年利润的一半分给您。"

这种情况下，店主是不是会心动？"吃亏有时候就是占便宜"，对不对？很多人会说，我自己投钱开的咖啡店，第一年的利润要分给别人一半，舍不得！

我们来分析一下，他自己不懂经营管理，开一家咖啡店，有没有可能搞一年还亏了呢？亏在市场上多丢人啊！可是把钱分给别人一起赚，别人不就希望你成功了吗？找了一个高手，有没有可能开业第一天就赚钱了，一年真的会分走很多利润吗？再说，高手在他身边手把手地教一年,一年之后他就有可能变成高手了。一年之后人家撤走,他获得一家 24 小时都可以赚钱的咖啡店对不对?

国家也一样,国家为什么引进外资?也是同样的道理,我不够强的时候,我先让你赚,在跟你赚的过程中,我把经验学到手,学到经验之后,最后就姓中国了。肯德基是不是姓中国了?麦当劳是不是也姓中国了?

如果一个人害怕被人利用,就永远都无法进步成长。自己没有能力时,就先给别人利用一下,我们也同样获得了经验。有了这个思路,任何时候都可以找到高手来帮助我们。有了经验,就有能力赚到更多的钱。人生最穷的是思维,而不是能力。只有把思维打开,愿意与别人共享利益,别人的资源才会为我们所用。最关键的是,跟任何人合作必须先满足别人的利益,因为人都是自私的,你满足了别人的利益,别人才有可能满足你的利益。

悟:

第二大理念是,这个世界上你想要的任何东西,不管有多么独特,都会有一个人或者多个人也想要,你要做的事情是找到他,然后给他不可抗拒的理由跟他合作,才可以让更多的人来帮助你成功。

第十一章 无中生有的六大步骤 Part 11

你想要的东西别人也想要，你想要追一个客户，别人也要追这个客户，如果两个人一起想办法，成功率自然就高了。比如，金龙鱼食用植物油和苏泊尔压力锅，这两家公司的理念都是健康生活的倡导者，两个老板又刚好认识，他们说："你也是健康生活倡导者，我也是健康生活倡导者。"原本两个人分别到中央电视台投广告，后来两个人就一起投广告，两个品牌同时出现，如果一共花 500 万元，每个人只需 250 万元。请问省钱是不是赚钱？当然是。

再跟大家分享一个案例。有一个人，他老板让他去广交会收集所有的参展企业名单，三天之内要把所有的名单都收集到。广交会那么大，短短三天时间能收集齐吗？后来他想到这个点子，"你想要的别人也想要，找到他们，跟他们合作"。然后，他在广交会的主要路口贴一些海报，"想要所有广交会参展商名录的，请到某某咖啡馆集合"。结果不到半天时间就来了二十几个人，广交会那么大，他就将这二十几个人分成二十几个区域，最后每个人只花了一小时，就把那个区域的名片都收到了。然后，他就全部放在一起，一复印，大家人手一份，事情就解决了。

悟：

> 未来的领导者，就是整合者。

"未来的领导者，就是整合者。"我们要最大限度地进行资源整合，能够有这个思路，你就能成为领导者。就像我们前面讲过的携程，没有一架飞机，却能够让所有航空公司为它而飞；没有一家酒店，却可以让全中国所有的酒店为它所住。美团也没有一家餐馆，它能让所有的餐馆都为它打工。餐馆自己去买原材料、自己加工，然后美团帮它卖出去，美团收到钱，一个月再跟它结一次账。建一家酒店要花上千万元，携程呢？一分钱都不用花，帮你卖一间酒店客房，就可以拿钱。携程是一个月或者两个月才跟酒店对账、结账，携程是不是在用别人的钱赚钱？其实，做得成功的企业都是这个策略。

> 第三大理念是，这个世界上你想要实现的任何梦想，不管有多么独特，当你成功之后，都有一个人或者多个人能够从你的成功当中获益。

这句话的意思是，当你成功之后，都有一个人或者多个人能够从你的成功当中获得好处。所以你要做的事情是找到他、告诉他，帮助你就等于帮助他自己，这样别人就能够心甘情愿地帮助你。就像马云找到孙正义投资一样，如果当初没有孙正义给他投资，就没有今天的马云。那孙正义为什么投资他？很简单，帮助马云实现梦想，孙正义是不是也赚到很多钱？其实，很多时候小商人就是算自己，大商人就是算别人，你把别人的账都算得很清楚了，基本上跟人家谈判，别人只能说Yes。所以，我们要学会如何让别人的力量为自己所用。

第十一章　无中生有的六大步骤　Part 11

> 创业，就是要找到不可被替代的优势，创造可以复制的系统，再发挥好杠杆的力量，以达到用更少得更多的结果。

其实，杠杆就是借力，只要把这三大核心杠杆理念吃透，就有无限资源可以整合。用更少得更多，这是每个企业追求的目标。

四、建立团队

团队就像水果和水果杯的关系。如果没有水果还怎么叫水果杯，如果没有杯子水果就散落一地。这就是员工与公司之间的关系，如果没有员工，公司也不是公司；如果没有公司，员工也没有平台。所以水果杯跟水果的关系是相互依赖、互相依存的。彼此之间，都要有互助共存的观念和感恩的心，老板要感谢员工，员工要感谢老板，这样才有可能把公司做好，这是团队建设的关键。老板和员工既是相互选择，又是相互合作的关系。杯子有选择水果的权利，水果也有选择杯子的权利，双方都要选择自己认为适合自己的。

那么，作为杯子的首要条件是什么？有人说漂亮、干净、安全、牢固、空间大、能够装得下自己，对不对？对，但是，还少了一点——透明的。如果那个杯子是黑暗的你敢进去吗？不敢，只有杯子是透明的你才敢进去。所以做任何的合作，要清清楚楚、明明白白，必须有规则，做到亲兄弟明算账，必须透明。只有透明，才能分得清楚，也才能合作愉快。

以下几点，可以让我们更好地建立团队。

全面布局
抢占新商业红利

1. 建立依赖

建立团队的第一点，就是建立依赖。

没有员工的齐心协力，老板无法把事业做大；员工没有老板用他，也没有用武之地。所以老板和员工，就是相互依赖的关系，我离不开你，你也离不开我。

我们看看，人字怎么写的？一撇一捺互相依靠，才成为一个人。什么时候老板可以随便开除员工？就是老板已经不依赖这个员工的时候。什么时候员工会炒掉老板？就是员工已不再依赖老板的时候。什么时候依赖被打破？就是一方从另外一方得不到更多好处的时候。所以建立团队的关键就是依赖，老板什么时候不再让员工依赖了，老板就出局了；老板什么时候不依赖这个员工了，这个员工就要被淘汰了。只有相互依赖，我靠着你，你靠着我，这时候人字才能形成。所以，打造团队的第一点就是建立依赖。

团队共同学习、共同进步也非常重要。如果老板在学习在进步，员工不进步，老板就很累；如果员工在进步，老板不进步，那也会出大问题。不管是哪一种情况，没有共同进步，企业就无法发展和前行。当团队一起学习的时候，心就在一起，老板和员工之间，就能够看到、听到、感受到我们大家是在一起的。

另外,我们在选择员工时,会选择什么样的员工?如果是"爱我之人我不爱,我爱之人不爱我",即我喜欢的员工不喜欢我,喜欢我的员工我又看不上,这个时候,我们就要找一个爱自己的。老板最好要找喜欢我们的、忠诚于我们的人。很多老板都喜欢找自己喜欢的员工,然后又想办法去改变他,或者为了这份喜欢将就这个员工。其实,我们改变不了任何人,更不能将就任何员工。正确的理念是:喜欢、认同我的价值观的,跟他一起发展;不认同我的价值观的,马上离开我的团队。中国有十几亿人口,最不缺的就是人。交朋友也是一样,不取悦任何人,也不得罪任何人,价值观相同就走近一点,价值观不同就离远一点。

悟:

_____

_____

建立依赖需要注意以下三个关键点:

(1)硬件。

第一就需要有硬件。那什么叫作硬件?

筑巢才有可能引到凤凰。假设你要打造团队,你跟兄弟们说,我们要创造一个多么多么伟大的事业,兄弟们问你,老大我们在哪里办公?你说我们搭个茅屋。请问有没有人跟你?没有。为什么?因为你连最基本的硬件都没有。人是环境的产物,在不同的环境中就会有不

全面布局
抢占新商业红利

同的格局与想法。比如一个员工一个月赚一两万元的工资感觉还可以，但是如果在一个高档写字楼办公，这时候他到楼下看到一个包就2.8万元，就会感觉自己好穷。那他要怎样？他就要努力工作。所以，硬件标配尽量要好，就是工作环境要好，你的公司才会变得越来越好。我们知道，五星级酒店的地面很干净，大家不好意思吐口水，但是在很脏的地方，你敢不敢吐？有时候，人受环境的影响很大。

（2）软件。

有了硬件之后就要有软件。

软件就是一种氛围。

如果你的员工每天早上都说，老爸老妈我到公司快乐去了，请问你们公司的业绩有没有可能好起来？一个企业，绝大多数的员工都是在上班，都是在工作，工作会不会赚到钱？谁说工作一定会赚到钱？这都是错误的思维，工作哪里有钱？从今天开始，我们要把它改成一件事，叫作玩。

大家看看这个"玩"字，右边有一个元，就是人民币，玩有钱还是工作有钱？从字面上看，就是玩有钱啊！做企业就应该把企业的一套机制都建成娱乐机制，像玩游戏打通关一样。现在的员工都喜欢这一套，特别是90后，公司要营造很好的氛围，员工才喜欢留在那里。

有一个做医疗器械的朋友，他问我，他们公司员工工资比较高，但是为什么离职率很高呢？我到他公司去看了一下，没发现什么特别不妥之处，直到我看到他老婆之后，就找到了问题所在。他老婆是财务人员，整天臭着一张脸，感觉所有人都欠她钱一样。每个月发工资的时候，也不给员工好脸色。如果你是优秀的业务员，在外面要看客户的脸色，回到公司还要看老板娘的脸色，你会怎样？此处不留爷，

第十一章 无中生有的六大步骤 Part 11

自有留爷处嘛！所以优秀的员工跑掉了很多。我说如果不改变你老婆的话，你的公司是没有办法改变的。后来，他老婆也改变了态度，每次发工资的时候都会说，你辛苦了，感谢你为公司的付出。其实只是一句话、一个笑容而已，但员工的感受和工作热情就不同了。所以，一个公司人气要想旺，就一定要营造一个快乐的氛围。这个氛围谁来营造？老板来营造，公司总裁、高管来营造。为什么很多公司的员工都没有激情，因为老板天天板着脸，老板板着脸，高管就不敢笑了，员工本来心情很好，上班一看到老板、高管都板着脸，就不敢开心了，然后也跟着脸臭臭的，整个公司就死气沉沉。

大家再看看世界 500 强公司，有健身房、游泳池，还有很多休闲的设施。有些老板会说，这样的话，员工都去玩了，不干活怎么办？其实根本不会。把氛围营造好了，就会把人给聚在公司，如果你的员工都是去公司玩，请问你公司的业绩有没有可能好起来？在玩的时候不知不觉就把业绩给做了。一天 8 小时，如果员工状态好，一两个小时就抵得上 8 小时，所以公司老板和高管的责任就是，要带头把氛围搞起来。

悟：

那要怎么"玩"，才能让员工一边玩着一边又把业绩给做起来呢？请看下面几张图片：

对赌与PK

a. 全体员工和老板PK

b. 某个员工和老板PK

c. 同级个人PK

d. 团队与团队PK

e. 每日PK、每周PK、每月PK

所有的PK,事先都要设定好游戏规则,奖罚明确,并白纸黑字写清楚,参与者按上手印。

既好玩,又刺激,又有激励作用,有PK的、有下赌注的,可以全员参与。

月PK(团队与团队PK)

以月为单位,设定一个业绩指标,团队冠军,额外奖励这个月营业额的1%,再奖励团队带薪假期。

周PK(红黑旗)

每周团队冠军上台领红旗并分享:冠军之师,勇不可挡。

每周最后一名团队上台领黑旗:将帅无能,累死三军。

红黑旗

最后一名的团队大声喊三遍黑旗上的文字。

目的：激发团队荣辱心。

你争我赶，好玩有趣做业绩！

每日 PK（转盘）

以天为单位，设定一个业绩指标，当天完成个人业绩指标的第一名，奖励他上台分享与转盘抽奖的机会。

领导者和管理者无能或不用心就是对团队最大的罪，发自内心成就团队，才能获得团队发自内心的跟随，真心才能换得真心。

有功自下往上奖励，有过自上往下惩罚，这是管理者应有的担当。

让基层的员工有尊严地活着

让中层的员工有欲望地活着

让高层的员工有原则地活着

（3）要件。

建立依赖的第三个最关键的条件叫作要件。

要件就是游戏规则。我们既然要玩，就要制定规则，包括晋升与加工资都是规则说了算，而不是老板说了算。让每个人心甘情愿变得更优秀，变得优秀就有好处，这样员工的能力就会释放出来；也要在公司树立榜样，榜样的成长速度也会决定公司的发展速度，任何一个行业、一个公司，第一名的发展速度，决定了公司的发展速度。想要树立榜样，一开始就要做两点：第一是立目标；第二是白纸黑字写出来。白纸黑字写出来有两个好处：第一是监督，第二是员工比较有安全感。让员工立好目标，并与员工签好协议，你干到什么程度公司就给你多少利益。如果到时候公司不给，员工可以拿着这个协议告公司，员工就比较有安全感。

那么要件要满足以下三个条件：

| 利益驱动 | 优胜劣汰 | 诚信守约 |

第一个条件是利益驱动。

很多公司为什么没有英雄？因为没有利益驱动。很多男人追求做英雄，因为有美女在面前，英雄难过美人关，所以他想表现得很英雄。你要想让员工表现得更好，必须有相应的筹码来奖励他。这就叫利益驱动。

第二个条件是优胜劣汰。

人都是自私的，所以规则要让好的人更好，还是让差的人更好？如果企业让差的人更好，就完蛋了，那大家只会变得越来越懒，所以

第十一章　无中生有的六大步骤　Part 11

公司只能保护强者，淘汰弱者，也就是优胜劣汰。

第三个条件是诚信守约。

好的是胜利者，差的必须淘汰，中间关键叫作诚信守约。

这三者是游戏规则的核心要点，也是要件的核心要点。公司不是用人来管理，应该是用规则来管理。员工害怕付出了没有回报，那我们就要让制度来保障他付出了就会有回报，要白纸黑字与员工写清楚，做到诚信守约。

悟：

---

2. 统一立场

建立团队的第二点，统一立场。

就算我们做好了软件、硬件和要件，就能解决所有问题吗？依然不能。公司不够好，一定是团队不够好；团队不够好，就一定是员工不够好。员工一般存在以下三个问题：

| 立场不够坚定 | 能力不行 | 动力不足 |

这个世界上没有好人，也没有坏人，只有是不是你的人。

为什么很多员工无法得到重用？为什么很多人在江湖上混了几十年，当有事情发生的时候，却没有一个人愿意站出来帮他？

你站在哪里，就应该有什么样的立场，说什么样的话。

举个例子：有 A 和 B 两个死敌，冤家路窄，如果你选择跟 A 成为朋友，就注定了跟 B 成为敌人；你选择跟 B 成为朋友，就注定了跟 A 成为敌人。但是很多人很幼稚，就是希望能够跟 A、B 同时成为好朋友。

请必须明白，就算表面上你是 A、B 的好朋友，但是事实上他们两个都没有把你当成好朋友。

因为，A 在想，他跟 B 的关系那么好，如果我透露太多秘密给他，到时候我就麻烦了；B 也一样，这个人是不是自己人都没搞清楚，怎么能跟他推心置腹呢？

一个员工要成功有两项能力：左手叫忠诚，右手叫能力。如果一个人很有能力但不够忠诚，基本上没有用。没有忠诚，能力无足轻重。

> 所以，一个员工在公司要想成功：
> 第一个要成为老板的心腹知己；
> 第二个要成为老板的左膀右臂，除此之外，基本上就很难成功了。

那么，如果公司员工的立场不坚定，要如何改变他的立场？改变立场的两个大方向如下：

统一员工的思想　　**统一大家的利益**

统一思想：一是靠统一培训，统一学习。这就是为什么阿里，还有世界 500 强的公司都要花费很多经费在员工学习上。二是统一公司与个人的利益，钱在哪里，心就在哪里。

那落实到工作当中，如何统一员工的立场呢？主要有以下三个方法：

统一立场的第一个方法是：统一思想。

毛主席说过，思想这个阵地，你不占领，别人就会占领。所以，公司一定要统一思想，如果员工的脑袋里装的不是你公司的思想、理念与文化，他就有可能装别人家的。

如果苹果手机里装的是安卓的系统，好不好用？肯定不好用，用起来就很不习惯。所以，你的员工在你的公司就必须装上你公司的系统，不然，就不要用了。只有这样，公司才会有凝聚力，公司的业绩才有可能变好。

而统一思想有以下三个方法：

a. 降低期望值。

假如游客去北京旅游，一到北京，北京的导游就跟游客说："真搞不懂，中国那么大，你们为什么来北京旅游，吃得不好，住得不好，景色又不好。"被导游这样一说，游客都想打道回府了，结果玩了三天，还好，没有导游说的那么惨。

1997年，香港回归时，我跟团去香港特别行政区旅游也是一样。那个香港导游一见到我们就说："真搞不懂你们这些同胞，内地那么

全面布局
抢占新商业红利

好玩,你们为什么来香港玩?香港什么都小,吃得不好,住得不好,不管是四星级还是五星级酒店,房间都特别小,躺在床上都不能翻身,如果高一点的人躺在床上脚还要挂在电视柜上。"被导游这么一说,我们的脸都绿了,结果晚上把房间门一推开,果然是好小,但也没有导游说的那么惨,可以接受。但如果他没有给我们打预防针,走进房间我们肯定骂死他了。降低期望值很重要。所以,在公司不能只跟员工说好的,坏的也一定要说,一定要吓吓他们,没有被吓走的,就表示是不怕苦、不怕累、不怕困难真心想跟着你干的;被你一吓就跑掉的,就不是你要找的人,迟走不如早走。

悟:

---

b. 降低身份感。

身份感其实是很重要的一件事情。为什么很多人在公司里都不想当官?因为当官没有好处。一个员工还不是经理的时候,你就天天叫他经理,不是某某总的时候,你就天天叫他某某总,这种称呼会害死人的,既害了公司,也害了这个员工。当你问他想不想成为经理的时候,他说我都已经是了,他就以为他自己是经理了。就像你跟一个人说100遍我爱你的时候,他就真的以为你爱上他了。所以,一个公司必须有严格的体系,员工达到什么程度才是经理,才能叫经理;达到什么程度才是总监,才能叫总监,必须有规矩。现在很多公司里面乱叫,乱叫的结果是什么呢?

举个例子,有一个公司,原来的行政前台,晋升为经理,但是随

无中生有的六大步骤　Part 11　**第十一章**

着公司的发展壮大，各个部门都有总监，行政部门是不是也要有一个行政总监，但因为这个人的能力问题，公司并没有任命他为总监，结果大家乱叫，都叫他总监，叫久了他真的把自己当成总监了。当他把自己当成总监之后，就会交总监级别的朋友，在网络上也经常进行行政总监的交流群。这些人在里面聊工资：请问你们的公司总监，一个月多少钱？然后有人说，我们公司很差，才 5000 元；另外一个人说我们公司好一点有 8000 元；另外一个人说我们公司 7000 元。他越看越痛苦，因为他在公司只能拿两三千元。为什么他只拿两三千元？因为他在这家公司的编制只是一个经理级别，但是所有的员工都叫他总监，他就真的把自己当成总监了，虽然老板没有任命，但他认为自己就是总监。他觉得老板太过分了，所有公司的总监都是 5000 元、7000 元或 8000 元，为什么自己身为总监才拿 3000 元。之后他就一直带着情绪工作，能力也一直都无法提升。这是一个很致命的问题，因为能力一直无法提升，所以，公司就空降了一个总监，他感觉自己被架空了，就离职了。所以，职位不能乱给。

> 当能力配不上野心时，是人生最大的悲哀！

悟：
_____
_____

c. 升华精神。

第三个最关键的，就是要升华员工的精神。每个人来到公司，第一是物质，就是要赚钱；第二是要学习要成长；第三是希望能够在精神上有所升华。给员工成就感，让员工快乐地工作，因为当钱给到一定程度之后，钱就没有用了。跟钱没关系的时候，就会跟精神有关。

很多时候，我们帮人家做事，人家说得好听，我们不要钱都给人家干活，就是因为我们的精神得到了满足。所以，每个公司每年一定要做一件事情，即每年年底的时候，把公司里面的优秀员工评选出来，让他走走红地毯，当着全公司人的面给他鲜花和掌声，把他所有的优点在讲台上讲出来，他就会有无比的成就感。

统一立场的第二个方法是：换人。

> 今天工作不努力，明天努力找工作。

你有没有发现为什么那些大公司一旦出现亏损，就会做大面积的裁员，就是要告诉员工，今天工作不努力，明天努力找工作。

出现拖公司后腿的员工，宁愿打破了重来。但是很多老板明明知道这个员工不合适，却没有换他，大部分老板都会考虑跟着我这么多年了，没有功劳也有苦劳，所以就这样容忍着。但一个人想干成一件事情，一定不能被情所困，不能有妇人之仁。因为你不是只为他一个人负责，你要为所有的人负责，要为你的股东负责，要为你的团队负责。

投资大咖徐小平说过："如果要看这个创始人对项目有没有信心，先看他有没有一开始找他最好的朋友来投资，第二看他有没有把他最好的亲戚朋友找到公司来上班；如果要看这个创始人能不能做大，要看他敢不敢拿他的亲戚朋友和心腹开刀。"还有一种老板，想换掉员工，但是没有人可以换，这就是公司的人才梯队有问题，机制有问题。

第十一章 无中生有的六大步骤 Part 11

悟：

统一立场的第三个方法是：改变机制。

统一立场最有效的方法，就是改变游戏规则，改变机制。比如说，如果按照我们普通公司的机制，老板手下有很多高管，然后你跟他们说：我们公司如果要发展得更好，需要引进更优秀的人才，请大家去找更优秀的人才。请问你的高管会找比他更优秀的人加入，还是找比他更差的人加入呢？你明明说要找更优秀的人加入公司的，为什么他们会找比他更差的人加入公司？因为人性是自私的，他如果找一个比他更优秀的人来，那他就失业了，所以为了保住他的位置，他一定会找比他差的，公司好不好不重要，他自己好不好最重要。这是什么原因导致的结果？人性！所以我们只有在了解人性之后，满足了他的私欲，才能满足公司的发展。教大家几个方法，就不愁没有新员工了。

> 第一个方法是改变薪酬机制。

大家有没有觉得现在的人越来越现实？员工越来越现实这是没有对错的，这是人性。员工很现实，我们就要比员工更现实，去满足他的现实，满足人性，满足人欲。

全面布局
抢占新商业红利

> **公司里面有两种人**
>
> **一种人是为公司花钱的人：**
> 行政、采购、财务、后勤保障人员（精兵简政、高薪养廉）
>
> **另一种人是为公司赚钱的人：**
> 业务人员（低底薪高提成）

如上图所示，这两种人发工资的方法不一样。一种人是为公司花钱的人，如行政、采购、财务、后勤保障人员。对于后勤保障的人力我们要少一点还是多一点？答案是要少一点，精兵简政，高薪养廉，给他们足够高的工资，他们就没有必要去做铤而走险的事情了，因为犯罪的成本太高了。然后有没有可能销售业绩越好的时候，后勤人员的抱怨就越多？当然。因为生意好时，后勤人员自然就很忙了，每个人都是自私的，所以，要做一个业绩共赢。

拿培训公司来举例：客户是销售人员找来的，然后大家在签到的时候要准备笔记本、签到牌七七八八的事情，这样的事情比较简单，如果让销售人员做这件事，是不是有点大材小用了？但如果把这件事情都给后勤的人干了，他们是希望来的人多一点，还是希望来的人少一点？少一点他们就不用准备那么多，不用那么累，对吧？所以，这边在踩油门，那边却在踩刹车。怎样才能让他们不踩刹车？那就要做利益共享。比如，来一个客户，后勤人员准备一份资料就给他1元，那他自然就希望这个月来多一点，来1000个人他就赚1000元提成，来3000个人就拿3000元提成。所以，要想大家共力，必须全员都有

第十一章　无中生有的六大步骤　Part 11

提成，大家才会把公司的每一件事都当成是自己的事情。

第二种是为公司赚钱的业务人员，低底薪高提成。业务人员底薪太高，他就旱涝保收了，反正每个月底薪都够他生活，他就没有动力了，所以大家去招聘销售人员的时候，如果一个销售人员问底薪是多少，这个业务员基本上就可以不用考虑了，找业务人员一定要看他是否问公司提成是多少，你们公司最高收入是多少，这样的人你就可以把他招进来了。销售人员底薪越高动力越差，所以，销售人员应该底薪低一点，提成高一点。

大家有没有发现基层的业务员好招，但是要招销售经理或者销售总监就太难了，因为他要开高工资。比如某公司在这个岗位的薪酬标准是 5000 元，然后老板到市场上找到一个比较合适的人，他说要给我 8000 元，没有 8000 元我不干，然后老板也觉得这个人不错，但公司所有总监都是 5000 元，他过来给他 8000 元，那其他人是不是有意见？所以这个老板就想了一个办法，表面上给他开 5000 元，再私底下给他塞 3000 元红包。有没有老板干这样的事情？这样的事情一旦被其他员工知道了，你就完了。很多时候请神容易，送神很难，在加入你公司之前，能说得天花乱坠的人很多，但是不是真正能够把事情做好的人，就要打个问号了。

其实，遇到这种你很想要他，他开的工资跟公司的工资又有差距的情况，有一个处理办法：比如说一家公司的经理或者总监岗位工资是 5000 元，应聘的人过来说要 6000 元的工资，如果低于 6000 元他就不来了，那你可以这么做，你说你这样的人才 6000 元怎么够，我觉得应该给你 8000 元。但我公司是这样算的，固定底薪 3000 元，业绩底薪 5000 元。你必须完成每月 8 万元的业绩，那就可以拿到 3000

元的底薪+5000元的提成，共计8000元；如果你完成了4万元，只完成了一半，那只能拿2500元，2500元+3000元，只能拿5500元，敢不敢赌一下？如果这个人真的有实力，他就敢赌，我们也愿意付高薪给他，如果他说不行，那说明什么？他连8万元的业绩都没有办法保证，这个人马上就可以否掉了。

悟： _____

_____

> 第二个方法是KTV制，又称伯乐机制。

大家有没有发现，现在人力资源很难招到人，招来的人也不合适，去招聘网站，去人才市场，效果也都不好，这种情况下，就可以采用KTV制，也称伯乐机制。

伯乐机制就是公司所有人都是人力资源，每个人都可以招聘，任何员工都可以介绍、推荐人到公司，只要推荐的人来公司面试合格，介绍人就可以拿到500元的奖励；如果员工介绍的人到公司成了经理，再奖励你500元；如果介绍的人到公司能够成为总监时，再奖励你1000元。也就是你介绍一个人到公司，最高可以拿到2000元的奖励。请问员工愿不愿意介绍？如果这个新人的业绩还跟推荐的员工有关，新员工赚得越多，老员工也赚得越多。那么，员工会不会把最优秀的人介绍到公司来？当然。那么到底是什么改变了？是机制改变了。所以，我们不能再按照传统的方法，只有舍得分钱给员工，员工才会与公司一起发力。

为什么传统公司做不大？传统老板创业，自己拥有100%的股份，舍不得分出去。舍得分，才容易有大发展。当然，要分得清楚，只有分得清楚，才能合得愉快。只有我们舍得分，才会有更多的人愿意跟我们合作。

> 当越多人希望你成功时，你就越容易成功。为什么别人希望你成功？因为你的成功能为他带来好处。所以，打造的利益共同体越多，就越容易成功，因为能量不一样，资源不一样。

你能成功是因为绝大多数人希望你成功，不仅是你的人品很好，更重要的是因为他可以从你的成功当中获得好处。

第三个方法是增加式机制。

先给大家讲一个小故事：有一位大姐开了一家小餐馆，主营麻辣香锅，但她做得很累，因为员工太难管了，厨师长动不动就要辞职。按传统的方法，厨师长想辞职，就给他塞一点小红包，鼓励他好好干，但这不是长久之计。后来，大姐用了增加式机制，情况就不一样了。当时，她每天的营业额都在3000元左右，生意好的时候可以做到5000元，有偶然性就代表了有必然性。房租、水电、人员工资都是固定的，如果每天都能够做到5000元的话，那么增加的部分就是利润。

全面布局
抢占新商业红利

她是怎样用增加式机制的呢？

她把厨师长、切菜工、服务员、洗碗工都叫过来，跟他们签约：如果每天营业额在3000元之内，就按照过去的方式给大家发工资和奖金；如果每天的营业额超过3000元，就把超额部分的50%分给大家。也就是说，如果一天做到4000元，就拿出1000元的50%，即500元来分给大家；如果一天做到5000元，就拿1000元来分给大家。为什么她可以拿出超额部分的50%？因为做过餐饮的都知道，餐饮的利润非常高，所以完全可以拿出50%来分。

再落到如何分的问题上，如果说平均分，大家肯定有意见，在餐饮行业，厨师长比较重要，所以她就把50%分给厨师长，洗碗的、洗菜的、服务员共同分50%，白纸黑字签好。结果，只用了半年时间，她就多赚了50多万元。这时候员工的工作积极性都上来了，切菜的发现洗碗的来不及了，也愿意洗碗；洗碗的发现切菜的来不及了，也愿意切菜；厨师长也不辞职了，还说，老板，你可以不用天天来这儿了，这个店交给我们就可以了，我弟弟刚刚从厨师学校毕业，你要不要再开一家店？

> 人最兴奋的时候不是拿到钱的那一刻，
> 人最兴奋的时候，是可以算出自己能够赚到多少钱的时候。

比如说你今天签了一笔业务，可能东西还没有发货，钱还没有收回来，但是你一算，这笔业务可以拿到20%的利润，钱还没有到手，

第十一章　无中生有的六大步骤　Part 11

你是不是已经兴奋了？这种兴奋度会一直伴随你拿到钱为止。这个麻辣香锅店的厨师长、切菜工、服务员、洗碗工每天都能算出来自己能拿多少钱，是不是每天都很兴奋，每天都很有激情？我们一定要让员工可以很清楚地算出来自己投入多少、可以得到多少，所以直接拿出营业额的一部分分给大家，员工的积极性一下子就调动起来了。这种方法就叫作增加式机制。但是，切记不要拿存量去分，第一调动不了积极性，第二分出去就是损失公司的利润。要拿增量的部分去分。

悟：

第四个方法是减少式机制。

有增加就会有减少，减少式机制就是面对亏损型的项目。最了解企业的人是公司员工，那么如何提升业绩，降低成本，员工是最有发言权的。

有一家新开的幼儿园，前几个月一直都在亏损，后来导入了减少式机制，第一个月就止损了，然后第二个月实行增加式机制，就开始赢利了。

做法如下：

刚开始的前三个月，幼儿园每个月亏损 5 万元，先导入减少式机制。老板跟员工说，这个月如果少亏或者不亏，我就把少亏部分的 50% 分给大家。原来每月亏 5 万元，第一个月就变成了零亏损，那老板就按照承诺给员工分了 2.5 万元。之后，老板又跟员工说，如果下个月我们持平或者有赢利，只要有钱赚，赚来的部分 50% 都分给大家。没想到，第二个月居然赚了 10 万元，老板依约给员工分了 5 万元。接下来，老板又说下个月超过的部分，再拿 50% 分给大家。就这样，一步一步把员工的积极性给调动起来了，公司业绩越来越好，员工也赚到钱了。他是先用减少式机制，再用增加式机制。老员工赚到钱了，招新员工自然就容易了。

> **第五个方法是按揭式机制。**

如果买房子不能按揭，需要一次性付款的话，估计买房子的人不会那么多；如果买车不能够按揭，只能一次性付款，路上的车子也不会那么多。所以，每个人都渴望用未来的筹码来换今天的回报。

其实，每家公司都可以学习按揭式机制。如果老板跟员工说，你在公司干满五年，我就奖励你一辆车。员工信不信？就算员工信，也会觉得五年时间太长了，员工希望你最好现在就把车子给我。

之前就有一个建筑公司的老板，他跟员工说，你在我公司干满五年我就奖励你一辆车。五年后，这个老板兑现承诺了，结果这个员工一拿到车就跑了，因为他害怕老板哪天把车要回去。所以，所有的奖励一定要基于未来的奖励，不能基于过去的奖励。

按揭式机制可以这样操作：比如在一个公司，经理级别，月收入 1 万元以上，公司就可以考虑帮他付首付款，按揭一定要员工自己来付。但是，如果一个员工随随便便就想买一台 100 万元的车，首付款 30%，就需要 30 万元，那公司风险太大，成本太高，所以，要设门

第十一章　无中生有的六大步骤　Part 11

槛与级别。

比如公司可以设置第一个条件，至少在公司待满一年以上，一年以上就能证明他有点忠诚度，当然，评估忠诚度很重要；第二个条件是经理级别以上的；第三个条件是在公司连续半年月收入1万元以上的。这时候他就可以向公司申请给他免息贷款10万元。那他用什么来还公司这10万元？接下来签一份协议，他贷款之后，必须在公司干满五年，如果五年后离开，那这10万元便不用还，如果干完四年他离开就要还2万元，干了一年离开就需要还8万元。

这些政策都是用来激励员工，公司接下来也要制定业绩要求。比如说三年之内，必须完成500万元的业绩，所以员工是用未来的业绩换车，只要达到条件的员工都有资格来换。

当然我只是举个例子。大家可以根据自己公司的情况，设定不同的门槛与条件。也可以先找出一个榜样，把榜样树立起来之后，很多人就会想，我要成为下一个他，这样就很容易达到激励的目的了。

悟：

> 第六个方法是婚姻式机制。

婚姻也是合作。但绝大多数人都不知道怎样去合作，看到一个人觉得不错，一结婚，结果却是痛苦的开始。那为什么结婚之后会有那么多争吵呢？主要是因为没有定好游戏规则。

全面布局
抢占新商业红利

全世界婚姻关系最稳定的国家是爱尔兰。在爱尔兰，结婚可以选择结婚1年，也可以选择结婚100年。结婚1年，可能登记费要12万到20万元，但如果结婚100年，登记费只要6元。现在婚姻最大的问题就是一结婚之后，如果感情不和要离婚的话，麻烦就很多，又是孩子又是财产。所以大家既不想离婚，又想把对方当作私有财产，于是就想方设法地要改变对方，越是这样，问题就越多。如果说我们定好契约，估计就不会有那么多争吵了。请问大家跟别人合作之前，先谈好分手，还是先谈好合作？应该是先谈好分手。所以，现在的《婚姻法》很好，婚前财产公证，先谈好离婚的时候财产怎么分，再来结婚。这样好像很不人性，感觉有点伤感情，但实际上这对大家都是一种保护。

婚姻式机制指的就是员工拿钱入股，入股之前先谈好退出机制，再谈入股。什么样的人可以进入？就像结婚不能随随便便地找个人就结婚，是不是？所以进入机制是什么呢？作为股东是来帮忙的，还是来吵架的？帮忙的对吧。帮忙的话，第一个思想上要高度统一，必须跟老板是统一立场的，并且立场非常坚定，如果不是统一立场的人，如果立场不坚定，能力和钱，两者都无足轻重。第二个，业绩要好，必须是前三名。第三个，要能够独当一面的。当然，员工入股的时间也很重要，公司一定要在最赚钱的时候让员工入股，就像上市的公司绝对不是亏钱的时候上市，而是在它最赚钱的时候上市。公司最赚钱的时候，大家就特别有信心，给他入股就是给机会，大家也会感恩戴德。

入股时，一定要设置高退出的成本。在合作的过程中，如果股东偷工减料或者吃里爬外，他表面上跟你合作，私底下又跟另外一个人合作，甚至和竞争对手合作，这样的话，会给公司招致飞来横祸。

有一个人是做安防设备的，本来他自己就经营得挺好，然后他

第十一章　无中生有的六大步骤 Part 11

一个朋友说有点政府关系，不如我们一起合作吧！他觉得对方又是朋友，又有政府关系，以后有什么事也有个倚靠，于是就轻易地让朋友入股了。他朋友说："你把河南的市场交给我，你到另外一个地方开发市场好了。"因为既是股东，又是多年的朋友，所以他就放心地到另外一个地方去开发市场。一年之后回来，发现河南的市场占有率只剩下10%，90%都被当地一家新公司抢走了，他顺藤摸瓜去查了一下，原来那家新公司的法人正是他的这个合伙人。

还有，如果股东负责采购，结果他利用职务之便吃回扣，这也会极大地损害公司的利益。针对这样的情况，一定要做出清晰的退出机制。一经发现，四个字：净身出户。投资同行竞争对手，也要净身出户……这些都要事先约定。

所有的东西都把它规定好了，大家做坏事的成本高了，也就没有人愿意铤而走险了。

还有一种情况，员工刚开始入股的时候很努力，但是慢慢赚钱之后，就不那么努力了，变得知足和懈怠。如果是这样，那公司很快就会走下坡路。所以，员工入股之后一样要有业绩指标考核，多长时间业绩达不到，就要退出多少股，还要以原价退出。事先签好退出机制，大家就不会一赚钱了就很懒散、很无所谓了，有约束就会完全不一样。

每个人头顶都要悬一把剑，稍微不小心就会掉落下来。人，没有约束是成不了事的，如果没有约束条件，到一定程度就没有动力了。当一个人没有动力的时候，他就开始走下坡路，就开始走向失败。所以必须逼着大家一起进步、一起成长，把大家逼得越来越优秀。

悟：
_____
_____

> 第七个方法是谈恋爱机制。

这世上有很多这样的事情，我们常常因为误解而爱上某人，又因为了解而分开。一开始觉得这个人很不错，结果跟他合作之后才发现不是那么回事。一开始觉得这个员工很优秀，结果把他变成股东之后，发现已经不是那么一回事了。所以在"结婚"之前要干什么？先做一个谈恋爱机制。

所谓的谈恋爱机制，就是人人有机会，个个没把握。如果把这套机制用好了，你就可以把无数的员工都变成股东。举个例子，公司每年都拿出 20% 的净利润来分给大家，假如公司去年净赚 1000 万元，拿出 20%，即 200 万元来分给大家，请问这 200 万元分给谁？

分钱是好事，但是，往往在还没有分钱的时候，大家都觉得无所谓，一旦有钱分的时候，就开始斤斤计较了，人性最丑恶的一面就暴露出来了。很多兄弟为了争老爸那一点家产，争得兄弟不睦。所以，一旦涉及与金钱有关的制度和合作，必须先小人后君子，白纸黑字写清楚，签字画押。只有事先确认清楚才不会伤害感情。公司只要制度有变，就要行文，大家必须一一签字，一有争论，就把制度文件拿出来。

比如，拿出利润的 20% 分给员工这件事，公司赚了钱是不能全部分掉的，一般只拿出 20% 的利润分红，其他 80% 要留下来维持公司次年的运作和发展。那这 20% 的利润，应该分给谁？能不能平均分？

第十一章　无中生有的六大步骤　Part 11

因为每个人的职务贡献是不一样的,而且公司里面有各种各样的人,公司的层级有业务员、经理、总监、老板。所以,这时候就是分配的艺术。下面,我给大家两种方法。

第一种方法:业务员分 35%,经理分 10%,总监分 10%,老板分 45%,也可以不分老板。这个根据每家公司的情况,其实,老板也是团队成员之一。

第二种方法,532 模型法。就是年终分红的时候,业务员分 50%,经理分 30%,总监分 20%,职务越往上是不是越少?因为越往上,人越少。越往下虽然钱多,但是人多,平均一下,上面的人分到的还是比较多的。

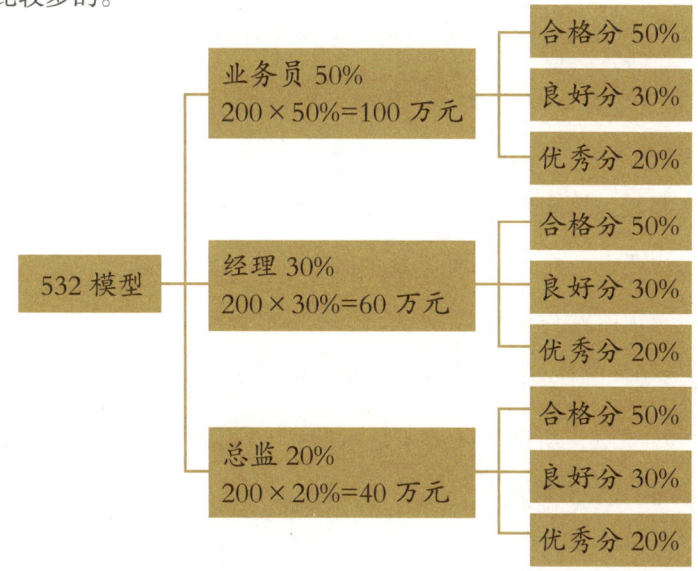

167

> 例如，业务员的业绩标准：
> 完成年业绩 60 万元：合格
> 完成年业绩 100 万元：良好
> 完成年业绩 150 万元：优秀
> 业务员级别总共分 100 万元：
> 合格的业务员：100 万元 ×50%=50 万元
> 良好的业务员：100 万元 ×30%=30 万元
> 优秀的业务员：100 万元 ×20%=20 万元

　　我们把公司的人分成了三个层次：基层、中层、高层。然后，每一层再分成三个级别：第一个叫作合格，第二个叫作良好，第三个叫作优秀。经理和总监也是一样，都分三个级别，合格的人可以分到50%，良好的人可以分到30%，优秀的人可以分到20%。一开始就要立一个标准，什么样的人能够合格？要规定什么样的业务员有资格分钱，当然是要达到一定业绩基础的人才能分钱。比如，业务员完成年业绩60万元才能达到合格；完成年业绩100万元，是良好；完成年业绩150万元，是优秀。这个合格的数据底线是怎么来的？假如公司的员工人均产出是66.67万元，那就要规定达到60万元才合格，差的人就必须淘汰掉。

　　再看，业务员级别总共拿多少钱来分？100万元。合格的人可以分到多少？50%，所以合格的人是不是有50万元可以分？然后良好的人呢？30万元。优秀的人呢？20万元。

第十一章 无中生有的六大步骤 Part 11

> **532 模型**
>
> ● 假设：
> 有 25 个业务员合格（年业绩 60 万元），
> 50 万元 /25 人 =2 万元 / 人；
> 有 10 个业务员良好（年业绩 100 万元），
> 30 万元 /10 人 =3 万元 / 人；
> 有 2 个业务员优秀（年业绩 150 万元），
> 20 万元 /2 人 =10 万元 / 人。
>
> ● 重点：
> 一个优秀业务员年终分红：
> 10 万元 +3 万元 +2 万元 =15 万元
> 一个良好业务员年终分红：
> 3 万元 +2 万元 =5 万元
> 一个合格业务员年终分红：
> 2 万元

为了方便计算，假设有 25 个人做到了 60 万元，请问一下每个人可以分到多少钱？总共 50 万元，有 25 个人达到合格，那每个人就是 50 万元除以 25 个人，一个人就拿 2 万元。

业绩做到 100 万元的是良好，可能有 10 个人，10 个人当中是不是共享 30 万元？30 万元除以 10 个人等于多少？一个人可以拿 3 万元。

有没有可能有两个业务员达到了优秀？有，那就 20 万元除以 2，一个人可以拿到 10 万元。

重点来了：

全面布局
抢占新商业红利

一个年业绩达到 150 万元的优秀业务员，他年底可以拿多少分红呢？有人说，按上面的方法计算，在优秀那一栏，他应该拿 10 万元啊！错，实际上是 15 万元，因为他同时满足合格、良好和优秀三个条件，所以是 10 万元 +3 万元 +2 万元 =15 万元。

一个年业绩达到 100 万元的良好业务员，他年底可以拿多少分红呢？实际上是 5 万元。3 万元 +2 万元 =5 万元。

一个年业绩达到 60 万元的合格业务员，他年底分红就是 2 万元。

在这样的机制下，相当于每个人都是股东，用业绩来入股，当年结算。不管你是来公司 10 年的老员工还是刚来三个月的新员工，公司不按苦劳，只按功劳，只看业绩，你加入公司三个月能够达到业绩合格，也可以拿到分红，你给公司做多少贡献就可以拿多少分红，这样合不合理？非常合理。经理也是一样。

那什么样的人可以成为正式股东？很显然，任何一家公司都要吸收优秀股东啊！那优秀股东要具备什么条件？第一，立场要坚定；第二，业绩非常优秀。

至于入多少股，要先确定公司准备释放多少股份出去，然后再按级别来分。员工入股要不要拿钱？当然要。但再次强调一件很重要的事情，必须让员工在公司赚到钱了，才能让他入股，这是个很重要的原则，千万不要让他砸锅卖铁来入股。那样的人入股，压力太大。所以我们要求员工入股必须达到一个条件，买车买房，至少经济上岸，如果连房子和车子都没有，就不能让他入股。如果明年继续很优秀，继续拼杀，又成为第一名，又可以再入一点。长此以往，有可能这个优秀的人在公司里面占的股份就会越来越多，未来也许他可以实现公司的传承。

杨元庆

联想就是这样,现任集团主席兼 CEO 杨元庆,25 岁加入联想做销售,然后就借由这样的激励机制,慢慢地有钱买股票、买股票、买股票,直至现在已经变成联想的大股东了。如果有一天老板不想干了,这个公司会不会倒闭?当然不会,因为通过这种方式,优秀的人拥有的股份越来越多,慢慢就能产生接班人了。

悟:

3. 构筑团队的核心要素

那么,构筑团队的核心要素是什么呢?请看下图:

一个公司,老板就是"驾驶员"。"驾"就是价值观,"驶"就是使命,"员"就是愿景。使命、愿景和价值观,这是任何一个公司、任何一个组织变得伟大的核心要素。

一个企业必须有一个强势的领导人,制度和规则才能强力推行。那么,关于一个公司的价值观,我做了一套容易落地、非常具体也很好理解的价值观体系。

a. 客户第一

以客户成功为荣，以客户失败为耻；以客户认可为荣，以被人投诉为耻；以主动联络为荣，以不闻不问为耻；以成就客户为荣，以忽悠客户为耻。

b. 团队合作

以热爱公司为荣，以危害公司为耻；以团结互助为荣，以损人利己为耻；以顾全大局为荣，以自私自利为耻；以坚守原则为荣，以违反原则为耻。

c. 感恩奉献

以感恩必报为荣，以忘恩负义为耻；以爱岗敬业为荣，以唯利是图为耻；以主动奉献为荣，以坐享其成为耻；以辛勤劳动为荣，以好逸恶劳为耻。

d. 积极向上

以全力以赴为荣，以懒惰懈怠为耻；以积极乐观为荣，以传播负面为耻；以战胜困难为荣，以消极等待为耻；以奋勇拼搏为荣，以半途而废为耻。

e. 迎接变化

以迎接变化为荣，以抵触逃避为耻；以主动改革为荣，以顽固不化为耻；以优化系统为荣，以不思进取为耻；以承担责任为荣，以推卸责任为耻。

f. 诚实守信

以诚实守信为荣，以见利忘义为耻；以坚守承诺为荣，以信口开河为耻；以言行一致为荣，以弄虚作假为耻；以主动沟通为荣，以背后议论为耻。

g. 结果为王

以日事日毕为荣，以拖拉懒散为耻；以拿回结果为荣，以借口解释为耻；以达成目标为荣，以吹牛浮夸为耻；以敢于PK为荣、以害怕挑战为耻。

第十一章 无中生有的六大步骤 Part 11

4. 建立团队的科学步骤

除了要制定好企业无坚不摧的价值观,建立团队也有一个科学的步骤,这样才能把事办好。

建立团队的七大步骤

第一步　领导者选人
第二步　培养团队精神
第三步　设定薪酬及奖励标准
第四步　做培训
第五步　定期检讨(修正行动)
第六步　以身作则、走动式管理、关心部属
第七步　不断重复训练"基本动作"

> 建立团队的第一个步骤:领导者选人。

领导者最重要的事情是选对人,这是一个企业成败的关键。有记者去采访海底捞的老板,问他培训员工的方法,为什么能够把每个员工的态度都培训得这么好。老板说:"员工还用培训吗?海底捞的员工不是培训成那样的,这些人天生就是那样的。有些人天生是块木头,你怎么培训都没有用。事实上是我们仔细找态度最好的人来上班,找对人,就对了。人没有选对,一切都白费了。"

做老板一定要慧眼识珠,有些人要特别重用,有些人限制使用。

因为每个人的承载力是不一样的,有的人给他的压力再大,他依然吃得很香睡得很好,什么事在他面前,都是小事,心就像太湖一样大,压力再大,无非就是填一个坑。但是有些人稍微给他一点压力,就叫苦叫累,就吃不下饭睡不着觉,心很小。所以老板一定要选有心胸、有大局观的人一起创业,与老板一起并肩奋斗的人,能力很重要,胸怀更重要。创业公司,制度不可能很完善,模式不可能很完善,有很多空子可以钻,如果一点蝇头小利都要争吵,也承受不了一点点的不公平,那就不能担当与自己一起创业的重任。所以,选人很重要。

雷军为什么能够让小米成功得这么快,因为他找对了八个合伙人,八个合伙人都是对的人,就成就了小米的今天,这是关键因素。

那,我们应该选什么样的人呢?

领导者选人要从下图所示的七个方面去重点考察。

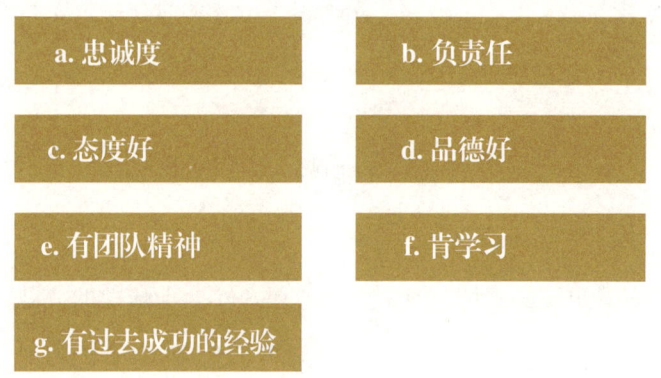

a. 忠诚度

找人的第一个关键点是要选有忠诚度的。没有忠诚,能力无足轻重。新人看他的简历,如果这个人一年换三份工作,忠诚度就是有问题的。我们看《三国演义》,交战时一方败了,将帅被抓,敌方做的

第十一章 无中生有的六大步骤 Part 11

第一件事情就是劝降，宁死不降的就是忠义之人，回来之后一定加官晋爵。但是一打败就投降的人，卖主求荣，杀无赦，不管他多么有能力。

为什么那么多人喜欢看《琅琊榜》？因为《琅琊榜》里面把忠义表现得淋漓尽致。忠诚是所有人都需要的，无论是谁，他都需要别人对自己忠诚。

所以老板选人，就要找忠诚度高的人，至少他不会背叛公司。越是重要的岗位忠诚度要求就越高，因为他知道的事情多，忠诚度不高，一旦背叛，将给公司带来严重的损失。

b. 负责任

找人的第二个关键点就是找负责任的人。

一个员工犯错了，要让他自己承担责任，敢于承担责任的人，才敢把更重要的工作交给他。一出现问题，就再三推托说那不是我的问题，那不是我的责任，从来都不愿意承担责任，这样的人绝对不能委以重任。

一个敢于承担责任的人，不是他的责任，他都敢于承担，所以，找人的第二个关键点是要找对公司负责的人。

> 对公司负责的人才能够成长；
> 对团队负责的人才能够成功；
> 对家庭负责的人才能够成熟。

有责任感的人是不会抱怨的，爱抱怨的人基本都属于不负责任的人，负责任的人说那是我的问题，其实不是他的问题，他说是我的问

题时，他就在找解决方案，这样的人值得器重。

悟：_____

_____

_____

c. 态度好

找人的第三个关键点是态度好。态度好的标准就是永不变脸。什么叫永不变脸？骂他，他永远都是嘻嘻哈哈。有没有一种员工，他做错了，你批评他几句，他还心情不好；还有一种员工，一点没如他的意，就直接耍小脾气，然后你还要哄他。做老板的要承担所有的责任与压力，已经很累了，还要去哄员工，那就算了吧。这两种人都不能用。而态度好的人容易接受意见，你就愿意教他，态度不好怎么教都没有用。态度好的人，说他两句，没关系，老板会觉得很贴心，很有安全感，看似老板经常在骂这个人，其实他心里是很喜欢这个人的。不骂你，不代表就很喜欢你，证明你还不够让他感觉很贴心，你还没有完全走进他的世界。

d. 品德好

找人的第四个关键点是品德好。其实，一个人的品德好坏跟他的家教是有关系的，有人会利用职务之便贪污，有人不会，这都跟他的家教有很大的关系。有一家公司要求每一个员工背《弟子规》，《弟子规》里有很多为人处世的道德规范。

e. 有团队精神

找人的第五个关键点是有团队精神。心在一起才叫团队，没有团队精神，心是很难凝聚在一起的，所以，团队精神很重要。

第十一章　无中生有的六大步骤　Part 11

f. 肯学习

找人的第六个关键点是肯学习。一个公司要发展得好，一定要成为一个学习型的组织，要不断地去学习，老板给了很多学习机会，员工肯不肯学习就很重要。年终总结，是衡量一个员工心态的最好的一杆秤，有些员工只总结自己这一年做出了什么成绩，丝毫不提自己学到了什么。其实，把心聚焦在学习收获上，他未来的结果才会不一样，因为他能看到别人看不到的，学习提升才是最重要的无形资产。有的员工站的维度就很高，先总结公司的平台给了他什么，自己学到了什么，再总结工作中做到了什么，先从大维度出发，从内心的成长出发，注重内心成长的人一定会越来越优秀。作为老板，看完这些总结，心中自然有了一杆秤。

g. 有过去成功的经验

找人的第七个关键点是有过去成功的经验。大企业会做人才储备，培养一个人可以培养10年，小企业做不到，小企业最好是招聘到岗立刻就可以用。

公司销售员工和基层员工可以从底部开始往上建，但是高层、技术人员、行政、财务要从顶层设计开始，一开始就要找到最优秀的人。比如说，财务部门，招一个不懂财务的人，然后手把手地教他，想把他培养成为财务总监，那是难上加难。

悟：

_____

_____

建设一个好的团队，需要如下五种人：

```
┌─────────────────────────────────────────────┐
│  a. 国内外顶尖技术专家：引进先进的技术和产品    │
│  b. 具有执行力的退役军人：学习他的执行力       │
│  c. 具有培养价值的小白兔：通过培养成为公司未来的 │
│  中流砥柱                                    │
│  d. 吃过贫困之苦的穷人：学习他的拼搏精神       │
│  e. 引进竞争对手的中坚力量：学习先进的企业管理理 │
│  念和流程                                    │
└─────────────────────────────────────────────┘
```

用人原则如下：

```
┌─────────────────────────────────────────────┐
│  决策层 = 核心圈 / 一环路：爱我的、忠诚的      │
│  高层圈 / 二环路：职业化                      │
│  中层圈 / 三环路：有数据                      │
│  基层圈 / 四环路：愿意学习、接受成长的         │
└─────────────────────────────────────────────┘
```

为了便于理解，我们把用人原则用环路来比喻。北京交通是不是一环套一环？用人原则也是一环套一环。

决策层是核心圈是一环路，一定要找爱我的。原则是谁爱我就用谁；一定要有忠诚度的，100%不会背叛；核心圈是肯定有股权的，如果不忠诚，就很麻烦，公司发展大于一切，所以，股权也是要能收能放的。

高层圈是二环路。总监级别的人一般职业化。什么叫职业化？专业能力肯定要好，绝对不会因为个人的情感、情绪以及个人的家庭状况影响工作，这叫作职业化。

第三个就是中层圈，是三环路。中层就是公司的经理，经理要求业务能力强。

基层就是四环路，要找愿意学习，愿意接受成长的。

老板的精力有限，所以要抓大放小，小的事情让大家去做，如果公司什么事情都要老板亲自去抓，就会把管理层给废了。

公司大了以后就一层一层传达。就像中央开完会以后，每个省会都要做一个学习会议，重新再落实这个会议，一层一层传达，取得共识。

再看看以下找人原则：

（1）少引进战略型人才，多引进执行型人才
（2）管理者自我培养，技术人才可以挖
（3）匹配的：
　　a. 文化匹配
　　b. 岗位要求和个人能力匹配
　　c. 个人收入和公司支出匹配
（4）有驱动力的：
　　a. 外驱动力：强调衣食住行
　　b. 内驱动力：强调使命、责任、爱
（5）爱我的：谁爱我，我用谁

找人的第一个原则是少引进战略型人才，多引进执行型人才。

什么叫战略型人才？战略型人才就是思考的，不做具体事情的人。思考的人是不是站着说话不腰疼？他就会异想天开，所以如果说你找

的都是战略型的人才,天天给你提建议,天天洋洋洒洒做文章,让他做事情做不出来,那老板会不会被累死?

在阿里巴巴,没有待满两年的员工没有任何资格给公司提任何建议。因为你对公司都不了解,你提什么建议?因为不了解,所以你提的建议都不适合。

华为也一样,曾经有一个硕士研究生,到华为面试成功之后,洋洋洒洒地给任正非写了两万多字的华为战略应该怎么做,然后交给任正非。任正非就把人力资源找过来,说我做企业那么多年,还用得着一个刚从学校毕业的人指导我怎么做,给我规划什么吗?我要去的方向只有我自己知道。不是说老板自负,是有些人的确没有资格提建议。为什么成功的人是少数?其实,真理是掌握在少数人手里的。如果团队有这样的人,老板在前面定战略,他就在背后与团队讨论老板的战略不行、思路不行,搞得团队人心惶惶,那就死翘翘了,老板是找你来干活的,不是来抬杠的。如果你的公司有这种人存在,那这个人就不适合留在公司。

公司要找什么样的人呢?公司要找实干型的人才,你给他一,他能干出十,这样的人,才是人才中的人物;你给他一,就能做一,只是能手;有些人是人渣,给他十他都做不出一,这样的人就是公司的负累。

悟:
_____
_____

找人的第二个原则是管理者自我培养,技术人才可以挖。

找人的第三个原则是要找匹配的人。

> a. 文化匹配
> b. 岗位要求和个人能力匹配
> c. 个人收入和公司支出匹配

什么叫匹配？杯子在选择水果时有条件，水果在选择杯子时也是有条件的，所以，薪酬、文化、价值观都要匹配。

第一是一定要找文化价值观一致的，不一致再优秀都不要。比如说我们公司加班是家常便饭，如果说不能接受加班，那就不匹配了。

第二是岗位要求和他的个人能力相匹配。很多老板没有岗位标尺，通常因为看上某个人某个方面的优点，就觉得挺好，但是他那个优点对你整个事业布局来说，如果按 0 到 10 分来评估，他到底是几分？他的优点要和岗位要求相匹配，岗位要求和个人能力必须匹配，不匹配就是把不合适的人放在一个不合适的岗位，这样他很累，你更累。

第三是薪资匹配，就是个人收入和公司的支出要匹配，他说老板我要月薪 1 万元，但公司的薪酬，在这个岗位上只有 8000 元，你说这个人蛮优秀的，我给他 1 万元，2000 元其实是小事，但你的老员工心里会怎么想？我跟老板这么多年，老板一直给我 8000 元，那个人是新来的，直接拿 1 万元，这时候老同事和新同事就很难配合工作。

找人的第四个原则是找有驱动力的。

> a. 外驱动力：强调衣食住行
> b. 内驱动力：强调使命、责任、爱

现在网络上流行佛系青年，四大皆空。什么四大皆空？微信、支付宝、银行卡还有钱包四大皆空；客户能成就成，不能成也无所谓；胖瘦也无所谓；有没有房车也无所谓；恋爱如何也无所谓……凡事无欲无求。很多人学佛都学歪了，学佛不是让你无欲无求，而是一种修行的道路。还有一种员工，一个月拿5000元工资，开奥迪来上班，他家里有钱，他就是来打酱油的，最好不要用。如果必须用，就要引导他，以自己赚钱为荣，以花父母的钱为耻。一个人一定要有外在的驱动力，就是强调衣食住行，要有赚钱的兴趣，还要从精神上引导，精神追求是内驱动力，强调使命、责任、爱。

找人的第五个原则是找爱我的：谁爱我，我用谁。

我们要找喜欢我们的人，对我们忠诚的人，而不是我们喜欢的人。对我们不忠诚，再有能力也没有用。

悟：

讲完细小、全面的找人原则和类型，落实到公司的人才、管理架构层面，我们再看看有什么指标可参考。

第一，参考京东公司选人指标：

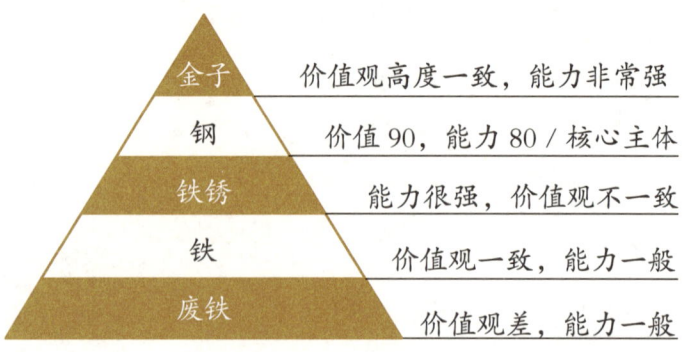

金子　价值观高度一致，能力非常强
钢　　价值90，能力80／核心主体
铁锈　能力很强，价值观不一致
铁　　价值观一致，能力一般
废铁　价值观差，能力一般

第十一章　无中生有的六大步骤 Part 11

如上图所示，在京东公司，价值观高度一致、能力非常强，这种人属于金子，金子只占20%；价值观吻合度90%，能力吻合度80%，这种人叫作钢，是公司最中坚的力量，占80%；大部分不可能完全匹配，所以，才有成长的空间，才有培养的空间。如果公司培养了他的能力，他会感谢公司培养了他，所以在公司会更加有忠诚度。能力很好，价值观不行，称为铁锈，铁锈一定会把整块铁给锈掉，所以第一时间清除；第四种，价值观一致，能力一般，价值观跟公司的吻合度是60分到80分，能力差一点，给他一次转岗的机会，人才也不会流失，这样他也会更忠心一点；如果说价值观不符，能力也很差的人，基本没用，是一块废铁。

这是京东的用人标准，全世界500强的公司都是这样。为了确保公司招到的人都是我们要的人，大家可以参考这个标准，就可以保证人才不流失，又节约很多人工成本。

第二，三级原则（ABC原则）。

①两级人事权
升职、加薪、辞退、奖金、股权
②人事部门监督

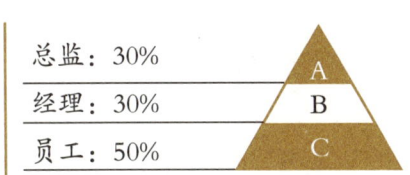

不管是升职、加薪、辞退，还是要给股权，只要上一级跟上上一级同意就可以了，当然要人事部监督。处罚也一样，员工有错处罚50%，经理处罚30%，总监处罚20%，所以也是两级。升也是两级，降也是两级，反正连带责任都是两级。

第三，8120原则。

高层管理人员一般管 8~10 个人,少则合并,多则拆分。基层管理人员一般管 20 个人。

第四,2N 原则。

每个人最多只允许带原单位一个人过来,多了就去别的部门,防止帮派情绪,防止一走全走。这点很好理解。

管理人员在一年时间内必须找到可以替代自己的人员,否则不升职也不加薪,只有培养出人才,才能够升职加薪。

这就可以防止高管因离职而使业务拖后。因为公司发展到一定规模后,不能完全依赖于人,而是要依靠系统,任何一个人进进出出对公司不能造成影响。所以公司要做这样的一个系统:任何一个重要岗位的人,只是一片叶子而已,这片叶子摘掉,另外一片叶子长出来,才能实现传承。

> 建立团队的第二个步骤:培养团队精神。

培养团队精神要做到以下几点:

第一,建立使命感;
第二,塑造愿景;
第三,设定团队目标;
第四,取得全力以赴的承诺;
第五,明确分配责任和义务;
第六,分享达成愿景的计划。

第十一章 无中生有的六大步骤 Part 11

培养团队精神的第一点：建立使命感。

使命是要为别人做什么事，就是你活着的使命。其实，每个人都是使者，到这个世间是来做什么的。

所以一个公司要有使命。使命就是一个人的爱，是一个人的方向，不是为了钱，而是为了使命，是为了爱，是为了帮助别人。如果说一个业务员仅仅是为了赚别人的钱，就觉得很没劲，但如果你觉得自己是在帮助别人，感觉就完全不一样了，就会感觉自己做的这份事业很有意义。

培养团队精神的第二点：塑造愿景。

未来我们将要变成一家什么样的公司？公司变成那样的时候，大家会得到什么样的好处？

培养团队精神的第三点：设定团队目标。

我们要不要设定团队的目标呢？我们这个公司，今年的目标是什么？明年的目标是什么？三年的目标是什么？这就是设定团队目标。

在设定团队目标的时候，宁可设定高目标，也不要设定低目标。实现目标的过程才是活着的动力和意义，目标设定得太低，一下就完成了，那就没有动力了，人活着也就没有意义了。所以，就是要设定更高的目标，不断地去挑战，不断去超越，人生过得才有意义。但也要注意，设定高一点的目标，一定要分阶段设定。

培养团队精神的第四点：取得全力以赴的承诺。

只有取得了团队全体成员全力以赴的承诺的时候，大家才会有前胸贴后背的高度紧张感，才会士气满满，信心满满。

培养团队精神的第五点：明确分配责任和义务。

员工跟老板无论在思想，还是行动上，都还是有差距的，员工没有像老板那么强的目标导向，所以，要先定好责任和义务，帮员工设定好要达成的计划。

培养团队精神的第六点：分享达成愿景的计划。

先设定愿景，再与大家分享，一步一步完成愿景的计划。

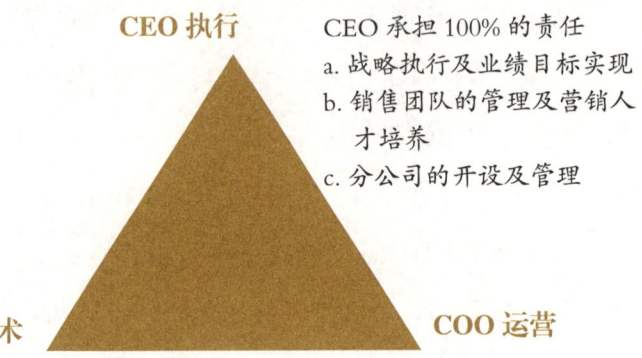

CEO 执行　　CEO 承担 100% 的责任
　　　　　　a. 战略执行及业绩目标实现
　　　　　　b. 销售团队的管理及营销人才培养
　　　　　　c. 分公司的开设及管理

CTO 技术
CTO 承担 40%~60% 的责任
a. 战略的执行
b. 技术的创新及竞争力产品的研发
c. 事业部的开设及管理
d. 技术人才的引进及培养

COO 运营
COO 承担 20%~40% 的责任
a. 战略执行
b. 内外部运营流程建设
c. 干部的培养
d. 财务的审批及审核

悟：

_____

_____

> 建立团队的第三个步骤：设定薪酬及奖励标准。

员工贡献的是他的人力资源和智慧，所以老板一定要把钱分好，要让员工创造的价值与收益成正比。这就要求公司设立科学的、有益的薪酬及奖励标准。

第十一章　无中生有的六大步骤 Part 11

> **设定目标**
> a. 保底目标：按过去 1–3 年的业绩规律的 70%–80%
> b. 平衡目标：推演出来的目标，用来做绩效考核、签订目标责任书的
> c. 冲刺目标：通常是平衡目标的 1.3–1.5 倍
> d. 对赌目标：对赌比例为 1：1.8

a. 设定保底目标。按照过去 1–3 年业绩规律的 70%–80% 来做综合，至少达到过去三年平均数的 80%，这是最低的要求。为什么要定保底目标？因为保底目标对应有保底的业绩。

b. 设定平衡目标。什么叫平衡目标？平衡目标是根据数据推演出来的，用来做绩效考核、签订目标责任书的，什么意思？比如说公司这几个月来，1 月的业绩是 10 万元，2 月的业绩是 15 万元，3 月的业绩是 20 万元，4 月的业绩是 25 万元，每个月都有 5 万元的增长，请问 5 月的时候，是不是应该根据这几个月每月 5 万元的增幅，绩效定个 30 万元？当然，因为每个月都能增长 5 万元，下个月肯定是 30 万元。有的公司每年增长 25%，有的公司每年增长 1 倍，有的公司每年增长 2 倍，当连续两年都增长 2 倍的时候，未来一年的绩效也可以按这两年的增长来定，如果定太高，员工达不到；定太低，员工又没有动力。

c. 设定冲刺目标。冲刺目标通常是平常目标的 1.3~1.5 倍。这样推演出来，公司就可以把冲刺目标定为在平常目标的基础上再加 30%~50%。

d. 设定对赌目标。也可以跟员工对赌，所以公司要设置一个对赌的目标，对赌目标的比例通常为1∶1.8。

基于以上四个目标，对应的薪酬应该怎么定呢？

> **对应薪酬**
>
> a. 低于保底目标为：基本工资
> b. 完成保底目标为：基本工资＋绩效工资 $x\%$（$x\%$是实际完成的保底目标的百分比）
> c. 完成平衡目标为：基本工资＋绩效工资＋奖金；
> d. 完成冲刺目标为：基本工资＋绩效工资＋奖金＋固定奖励

a. 低于保底目标，就只能拿基本工资。

b. 完成保底目标，那就是基本工资加绩效工资的百分之多少，百分之多少由公司定。完成50%就拿绩效工资的50%，完成100%就拿绩效工资的100%，完成5%就拿5%。

c. 完成平衡目标就给他奖金，保底工资加绩效工资加奖金，奖金有的公司给300元、500元、1000元，这个可以根据自己公司的情况而定。

d. 如果完成冲刺目标，那就是基本工资加绩效工资加奖金加固定的奖金，这个固定的奖金是5万元还是10万元，可以根据自己公司的情况而定。

> 建立团队的第四个步骤：做培训。

培训要从以下几个内容抓起：

（1）公司文化；
（2）产品；
（3）服务流程；
（4）态度；
（5）技巧；
（6）心理建设；
（7）信念。

培训的第一个内容，是培训公司文化。

文化的背后其实就是价值观，价值观背后也是一种机制，用这个机制来保证文化能够落地，文化的落地也要借助工具。比如，可以在公司设置光荣榜和耻辱墙，员工符合公司某某价值观，就可以授予什么奖励；员工违背了公司什么价值观，也可以上耻辱墙。

我们走在街上，经常看到有人随地吐痰，而在新加坡，是没有人随地吐痰的。因为如果随地吐痰的话，你要自己洗干净、擦干净，吐一次让你终生难忘。这就是文化的影响和机制的有力约束，这就是为什么新加坡人民的素质很高。所以，公司的文化不是贴在墙上的，是要有机制来约束的，行政部门要来抓文化落地。

培训的第二个内容，是培训公司产品。

业务员对公司的产品有信心，才能卖得好。所以业务员一定要相信公司，相信、认可公司的产品。

培训的第三个内容，是培训公司服务流程。

如何抓住潜在的客户、如何培育客户、如何解决客户的反对意见、如何成交客户、如何服务客户，解决这一切问题的关键，就是要打造一套系统和流程。

培训的第四个内容，是态度培训。

打造好了服务流程，还要培训员工的态度，员工最好的态度就是要有一颗平和的心。要想达到心态平和就要降低员工的期望值。

我在公司经常说，也许我不能保证你一辈子跟着简颢，但是我能保证你在跟着简颢工作期间所学到的东西将会让你受益终身。用学习的心态去面对工作，这样的心态就会很平和。马云说过，我不敢保证你加入阿里巴巴会获得高薪水、高职务，我敢保证你们加入阿里巴巴之后，一定会获得很多的委屈、辛酸、不理解、加班，态度不好的人有可能立刻就走，留下的就是态度好的人。

培训的第五个内容，是技巧培训。

培训技巧，就是培训销售的基本技巧。当然每家公司的产品不一样，培训的东西也会不一样。

培训的第六个内容，是心理建设。

另外，一定要做好心理建设。这方面可以找公司的老员工来分享，他是怎么加入公司的，他加入公司克服了多少困难，在公司学到了什么东西，增长了什么见识，取得了什么成果，如何看待公司的未来。这样对新人就会起到促进作用，心想原来公司这么好，就会对公司产生向往。

培训的第七个内容，是信念培训。

最后一个是信念。信念很重要。曾经有一个业务员，他刚加入公司时找到老板，跟老板说，老板，我刚做业务，不懂得怎样做销售，

第十一章　无中生有的六大步骤　Part 11

我没有老客户，也没有什么新客户，您能不能给我介绍一些客户？这样我比较容易出业绩。老板就回到办公室，抄了10个名单给他，说："这几个客户百分之一万都会买，但是以我对他们的了解，他们很喜欢刁难和作弄别人，所以你去拜访他们的时候，他们一定会找各种各样的理由来考验你，你一定要做好心理建设，要有好的心态。无论他们怎么说你，都只是考验你，如果你能够接受考验，你就成功了。"他说没问题，然后就去拜访客户。客户说："谁让你来的，给我滚！"然后他想，这都是考验我的。反正不管客户如何刁难，他已经安装过防火墙，认为这一切都是考验他的。结果不到一个月，这10个客户全部成交。这件事让老板都吓了一跳。他说报告老板，这10个客户100%成交，感谢老板给我的名单，请问老板还有客户名单吗？老板说恭喜你，到我办公桌上，桌上有黄页你随便抄。我上次给你的名单就是在那里随便抄的。所以，信念太重要了，你相信他会成交，就真的会成交。心理学里是这样讲的，一件事情你一开始抱着积极希望的时候，成功概率往往会很高。如果抱着无所谓的态度，结果一定不好。

悟：
_____
_____

> 建立团队的第五个步骤：定期检讨（修正行动）。

检讨的目的就是修正我们的行为。就拿开车来说，哪怕是在直直的高速公路上开，如果我们不动方向盘，车子也会跑偏，即使路很直

全面布局
抢占新商业红利

车都会跑偏，所以需要修正。公司也一样，要定期检讨与修正。假设一年算一次账，只有到年底才知道自己是赚了还是亏了。今年亏了，明年改变，那成功的机会一年就只有一次。如果说我们每个月算一次账，当月就知道是赚了还是亏了，我们下个月就可以开始改善。一年算一次账，就相当于一年检讨一次，成功的机会一年只有一个，如果一年算12次账，每个月检讨，成功的概率就高了12倍，对吧？

李嘉诚为什么能够经营这么多年，却没有亏损过？因为虽然李嘉诚的公司这么大，但他是每天算一次账，今天赚了多少？明天可不可以优化赚得更多？今天亏了就总结出今天亏的原因，有没有可能明天就不亏了。一天一次，一年是不是有365次成功的机会？所以我们要不断优化我们的系统，如何优化我们的系统，就是要不断地检讨。

悟：_____

_____

建立团队的第六个步骤：以身作则、走动式管理、关心部属。

做老板的需要以身作则，走动式管理，关心部属，因为带团队，就是带作风，企业文化就是老板文化。

建立团队的第七个步骤：不断重复训练"基本动作"。

第十一章　无中生有的六大步骤 Part 11

简单的事情重复做，不断强化训练，这就是成功的秘诀。练一万种腿法的人不可怕，把一种腿法练一万遍的人才可怕，所以简单的事情重复做，才能不断地优化优化再优化。公司系统也一样，做老板的，就是要不断完善公司系统。

那么老板也有几种类型，我们来看一下，大家也可以对号入座。

关系型通常比较感性、仗义，情怀大于规则	**机遇型**抓住了时机
技术研发型相信自己的产品，思考大于行动，在销售方面比较缺失	**系统型**往往患得患失，强调平衡各方面的事

第一种是关系型的老板。这种老板通常都是比较感性、仗义，情怀大于规则。他能够成功，纯粹是靠他的关系。

第二种是机遇型的老板。怎么成功的不知道，就是因为运气好，当初做了那个决定，大家都没有做，他做成功了。

第三种是技术研发型的老板。这种老板相信自己的产品，思考大于行动，在销售方面比较缺失，一谈到他的产品，眼睛都会发出绿光，但是只会生产，不知道怎么卖。

第四种是系统型的老板。这种老板考虑的事情比较多，往往会患得患失，想平衡各方面的事。

这四种类型的老板，都有很大的局限，要想发展，该如何改变及突破呢？我们一一给出策略：

关系型的老板：a. 要对价值主张重新做梳理，人们买东西是因为产品的价值，还是因为跟老板的关系？过去可能是靠关系、靠 KTV、天天喝酒应酬，那接下来绝对要以产品价值为主；b.请职业经理人来给企业操盘；c.企业的系统要重新构建，才可以持续走向成功，没有任何企业可以一辈子都靠关系。

机遇型的老板：a.可以找顾问，对企业进行重新定位；b.升级产品，打通公司的产品链条，然后不断进行研发，突破产品的核心技术；c.建设好管理系统，从人时代向团队时代过渡，把个人能力转变为团队能力。有很多做工程的老板，如果没有他出马就拿不下单子，所以他应该做的就是要培养很多副总裁，因为人家都要跟老板谈，根本不跟下面的小业务员谈。像京东就有200多个副总裁。找一个副总裁来谈，让客户感觉职位对等，不会让客户觉得被轻视，这样才有可能让自己实现分身。

技术研发型的老板：a.要打造好销售平台；b.可以请职业经理人来操盘；c.构建好管理系统，不能只考虑产品，还需要考虑团队和渠道。

系统型的老板：a.可以进行产品研发创新；b.梳理好产品链条；c.也可以找一些职业经理人来操盘。

悟：

五、发挥综合效应

无中生有的第五大步骤：发挥综合效应。

第十一章 无中生有的六大步骤 Part 11

> 1+1+1>3
> 个人智商 120，加入团队后智商降为 62

团队一定是 1+1+1 > 3。为什么？因为人会相互产生影响，管理的目的就是一群人影响另一群人。

在一个团队里，有些人很聪明，但是他没办法影响到别人。个人智商可能是 120，加入团队之后，就变成 62 了。最明显的例子就是在中国古代，一个和尚挑水喝，两个和尚抬水喝，三个和尚没水喝，人越多效率越低。如果团队成员变笨，我们的团队就会越来越差，我们要做的事情就是，任何人加入团队之后都能变聪明，傻瓜都能把事做好。

那么，如何才能把团队效率发挥好呢？要想发挥好团队效率，必须解决核心问题：沟通。

核心问题：沟通

1. 很多人不认真去听别人的意见，而是活在自己的世界里。

改变：会沟通的人，说占 20%，听占 80%。

2. 会上不说，会后乱说。

改变：会上敢讲真君子，会后乱讲是小人。

3. 刀子嘴，直来直去。

改变：说我想说的，以别人喜欢听的方式说出来，这就是说话的艺术。

为什么很多时候聪明人没有起到主导作用，反而会受别人的影响而变笨呢？主要就是这些聪明人不愿意认真去听取别人的说法和意见，而是一味活在自己的世界里。真正会沟通的人，说占20%，听占80%。我们只有一张嘴，有两只耳朵，意思就是让我们多听少说，才能集思广益。

有很多人会上不说，会后叽里呱啦地乱说，这种人是马后炮，这样做会影响团队建设。我们鼓励会上发表意见，会上敢讲真君子，会后乱讲是小人。

有些人情商很高，别人都喜欢听他说话；有些人就是刀子嘴，直来直去，说话让人感觉不舒服，其实很多人不太喜欢这样直来直去的人。所以，要提高情商，以别人喜欢听的方式说我想说的，这是很重要的说话艺术。

悟：

发挥综合效应还体现在需要整合有用的想法。每个人的脑海里都只有一部分想法，不同的岗位有不同的想法，但这些碎片式的想法是不值钱的，只有把大家的想法统一整合起来才会变得值钱。天下兴亡，匹夫有责，一家公司的发展每一个人都有责任。

当然，我们还要分清民主和专业哪一个更重要？专业和态度哪一个更重要？专业和性格特征哪一个更重要？

民主 VS 专业

第十一章　无中生有的六大步骤　Part 11

专业 VS 态度

专业 VS 性格特质

如果中国也像美国一样，一人投一票选举领导人，大家觉得会选出什么样的国家领导人？可能就会选出一个大家都认识的明星。所以中国是人民代表大会制度，做政治的人就专业做政治，经商的人就专业经商，做娱乐的人专业做娱乐，术业有专攻。民主必须以专业为基础，所以，由人民代表来投票选举才是正确的，合理的。

那么，专业和态度哪一个更重要？如果一个人态度不端正，有再好的专业能力也无法发挥出来。就算他在专业问题上有一种舍我其谁的态度，就算他真的能用自己的专业能力扭转局面，但是专业还要以态度为基础。做人就是态度，做事就是专业，人和事都100分，就是1万分，这时候才有可能成功。

专业和性格特征哪一个更重要？专业还要以性格特征为基础，因为很多人会有侥幸的心理，一次侥幸成功，不代表下次还能成功。

所以做企业还是要有基本的系统支撑，做事要有次序，管理也要有秩序，才能把团队的综合效应发挥好。

发挥团队的综合效应要做好以下几个关键点：

1. 主动积极地倾听
2. 相信坚定的直觉
3. 爱与支持说事实
4. 保持适当的弹性
5. 同意所同意的事
6. 给予相对的压力
7. 表达适当的愤怒

详细解析一下：

一是主动积极地倾听。一个人口才好不好，不在于他到底会不会说，而在于他是否愿意说。要做到主动积极地倾听，在听别人说话的时候我们要点头、微笑，要给予对方一些回应，所以要花一点心思来听，在学会听的同时，再学会说。但是，只要开口说话就要对别人有帮助，如果对别人没有帮助，就不能吸引大家的注意力，那就是失败的，那就不如不说。

二是相信坚定的直觉。对自己的直觉不够坚定，就是不够自信。

三是爱与支持说事实。有些人一说话就把人拉近，有些人一说话就把人推远，所以说话要表达自己想说的，叫爱以支持说事实。

四是保持适当的弹性。有些人一就是一、二就是二，不会有弹性。大家看台风过后，最容易被折断的就是树，因为树没有弹性。所以上善若水，水利万物而不争，作为一个优秀的领导者是没有性格的，在什么样的场合就要扮演什么样的角色，就是要保持弹性，这是很关键的事情。

五是同意所同意的事。大家会上同意的事情，就要100%坚决执行，绝对不可以会上说了同意，会后又乱讲，开会讨论的时候可以拍桌子，但是绝对不可以会上同意了，会后又去唱反调。

六是给予相对的压力。

七是表达适当的愤怒。有些员工屡教不改，就要行必要的霹雳手段，再怀菩萨心肠就是大错特错。该柔的时候可以很柔，但是该施压的时候必须施压，该骂的时候一定要骂，这叫作表达适当的愤怒。因为你不表达愤怒，他以为你可以接受，所以这也是发挥团队综合效应的关键。

第十一章　无中生有的六大步骤　Part 11

悟：_____

_____

_____

那么说到团队，还要有不可或缺的精髓，只有具备了这些精髓，才是一个有温度、有活力、有创造力的优秀团队。这些不可或缺的精髓如下图所示：

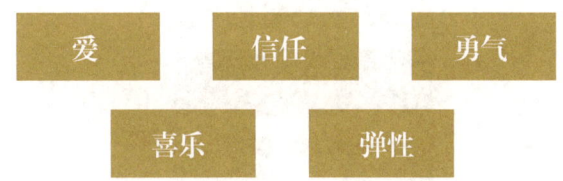

一个团队首先要有爱。一个老板如果真心爱员工，希望员工成长，希望他变优秀，哪怕打他、骂他都是对的，但是一定要让员工感觉到你是在爱他。所以，不抛弃、不放弃也是一种爱。

其次，团队当中最核心的东西叫作信任。如果团队当中没有信任，老板怀疑员工，员工怀疑老板，这样的团队肯定搞不好，一个团队要合作得好，老板和员工就必须彼此信任。

第三是要有勇气。胜不骄，败不馁，失败了要有勇气去面对，这世上很少有一次就能做成功的事，但世上无难事，只怕有心人，所以，要有勇气。

第四是喜乐。只要员工有一点点小小的成绩，那就是值得骄傲的事，就应该庆祝，这样团队的氛围才会越来越好。比如，某个人签单了，拿个鼓敲一下，恭喜某某签单成功，这是什么感觉？可能一个人本来在公司开小差，但是不断有喜悦的信息传来，他就会受到鼓励，所以，喜乐的氛围很重要。

第五是保持适当的弹性。

团队建设中，老板还要做好对下属的授权工作。授权做得好，才能把自己从琐碎的工作中解放出来，才能让老板、副总经理、总监、经理、员工各尽其职，最大限度地施展自己的才华，这样，才能发挥好团队的综合效应。做好授权，主要有以下六个步骤：

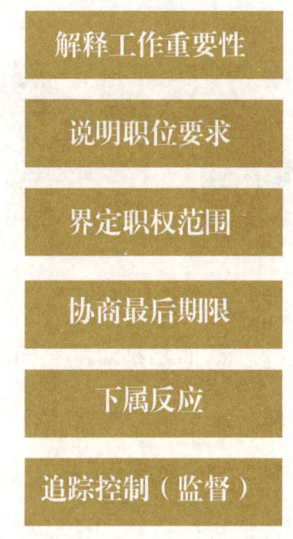

授权的第一个步骤就是要解释工作的重要性。当一个人意识到做这件事情的重要性时，心态就会完全不一样，这是关键因素。很多老板经常说不要问为什么，先这样干，结果做出来并不是自己想要的，然后又去骂员工，所以第一步老板一定要解释清楚工作的重要性。

第二步要说明职位的要求。

第三步要界定职权的范围。什么事你该管，什么是员工要承担的责任。

第四步要协商最后的期限。通常老板跟员工协商的时候，老板给了一个期限，然后从员工回应的时间和期限就能感受到员工是尽力而为，还是全力以赴，这是完全不一样的。

第五步还要观察下属的反应。

最后要追踪控制，就是做好监督，这是第六个步骤。

所以授权不能是把工作安排给员工就不管了，要经常问问进展，询问有没有碰到困难，需不需要协助，所以授权不等于弃权。

上面说到了团队建设中老板要做好授权的工作，那么身为老板的下属，员工也要做好个人的职场修炼，这是职场进阶的基石。我们总结为职场七原则：

第一，汇报工作说结果。因为结果才是最重要的，有员工喜欢跟领导说过程，其实就是为了淡化结果，但领导最关心的就是结果，而非过程。

第二，请示工作要说方案。优秀的员工绝对不会给领导出判断题，他一定会让领导做选择题，清晰明确地弄出方案A、方案B、方案C，并且会把每个方案的优点和缺点都列出来。大家有没有发现优秀的设计师，他的设计都会是几个方案供选择，菜鸟就只给你设计一个方案。

第三，总结工作说流程。我是如何操作的，把这个流程说一遍，这个工作流程总结也是很有意义的。

第四，布置工作说标准。怎么做是对的，怎么做是错的，直接说标准。

第五，关心下级要问过程。

第六，交接工作要讲职业道德。员工离开公司，无论职位高低，都要把工作上的文案资料全部交接得清清楚楚，不可以带走公司的任何资料，这是道德问题。道德好，到哪里都混得好。道德差，到哪里都混得不好。

第七，回忆工作要说感受。这个时候要感性，结合实际工作情况说出自己真实的感受。

悟：_____

_____

_____

六、资源整合

无中生有的第六大步骤，是资源整合。

> 资源整合就是善用彼此资源，创造共同利益，只要你能为越多人提供服务，你就可以创造越多财富。
>
> 人一生中最值钱的是资源，资源包括资金、人际关系、经验。资源可以产生价值，所以整合的目的是为了更好地利用，利用是善用彼此资源，创造共同利益，所以要

第十一章　无中生有的六大步骤 Part 11

> 学会善用资源。
>
> 这个时代是竞合时代,既竞争又合作。竞争的目的是可以把品质做得更好,合作的目的是可以把市场做得很大。

前面讲过,企业自动运转的五大条件的核心关键就是最大限度地整合资源。一个人不可能拥有需要的所有资源。国家那么强大,为什么还要和他国进行对外贸易?因为国家没有办法拥有要发展的所有资源,所以只能跟别人进行交换。你的资源,如果只攥在自己手里那也是有限的资源,是死资源,只有跟别人进行资源整合才会产生作用,所以不妨主动多跟别人进行资源的交换和整合。别人为什么愿意把他有的东西给我,因为我也有他想要的东西,也就是说,我们要想办法与别人共享利益,只有满足别人的需要,别人才会满足我们的需要,接下来问自己愿意付出什么代价来换取我想要得到的。如果能够把这个思维搞透了,所有的资源都可以为你所用。

来看看进行资源整合的六大关键问题:

> 1. 我有什么?
> 2. 我缺什么?
> 3. 我缺的东西谁有?
> 4. 别人为什么要把他有的东西给我?
> 5. 我愿意付出什么代价来得到我要的?
> 6. 我如何找到他?

所以问问自己，我有什么？

我缺什么？

我缺的东西谁有？

别人为什么愿意给我？

我愿意付出什么代价得到我要的？只要你愿意付出足够大的代价，别人一定会心甘情愿把他的资源拿出来为你使用。

我如何找到他？

想明白以上问题，就基本掌握了资源整合的关键，接下来就是实践和操作了。那么，再强调一下"我缺什么"这个问题，就是有两样东西不能缺：一是缺德，二是缺信用，这是所有合作的基础。

未来的生意如何做得更大，就是要看能否整合到更多的资源。

所以未来的领导者就是整合者，谁有这个思维，谁可以整合所有的一切，谁就可以掌控未来。

悟：

第十二章
以小博大的七大杠杆

时代发展到今天,给予了商业战场新的特征并提出了新的要求,要想在这片新商业战场上赢得红利并且屹立不倒,我们必须善用杠杆。

下面介绍以小博大的七大杠杆,用好了这七大杠杆,我敢保证大家一定会立于不败之地,弱者会变强,强者会更强,生意会做得更好,绝对会取得巅峰成就。如下图所示:

> 杠杆一 战略选择(不是人有多大胆地就有多大产)
> 杠杆二 市场调研(不懂收集市场信息注定失败)
> 杠杆三 客户定位与管理(不是所有的客户都是好客户)
> 杠杆四 产品价值创新(不是好产品就一定有好结果)
> 杠杆五 定价策略(不懂定价的老板不是好老板)
> 杠杆六 赢利模式(不是所有的模式赚钱一样多)
> 杠杆七 品牌战略(不懂打造品牌永远赚不到钱)

杠杆一:战略选择。

不是人有多大胆,地就有多大产,所以选择比努力重要。

杠杆二:市场调研。

不懂收集市场信息注定失败,所以,要做市场调研,要知己知彼才能百战不殆，利益比胜利更重要。

杠杆三：客户定位与管理。

不是所有的客户都是好客户，所以一定要找精准客户。每家企业都只能为部分人服务，所以要懂得选客户，客户没有选好再怎么努力都没有用。

杠杆四：产品价值创新。

不是好产品就一定有好结果，这是客户想买的还是我们想卖的？正确的商业思维是卖我们想卖的，以客户想买的方式卖给他，所以要站在客户的角度来研发产品价值。

杠杆五：定价策略。

任何产品出来之后都是要定价格的，不懂定价的老板不是好老板。

杠杆六：赢利模式。

产品价格定好之后，接下来就要选择一种赢利模式，产品是1，模式是0。

杠杆七：品牌战略。

模式选好了之后，还要把品牌打造好，品牌打造好就是让顾客不买的时候记住我们，想买的时候就想到我们，付钱的时候就指定我们。不懂打造品牌永远赚不到钱。

下面对这七大杠杆进行详细的解析。

一、战略选择

杠杆一，战略选择（不是人有多大胆地就有多大产）。

第十二章 以小博大的七大杠杆 Part 12

核心：活着（资源匹配）

目的：远离竞争　　　　终点：追求幸福

1. 商业模式

> a.人，不是有能力就能赚到钱，而是你有什么样的模式才能赚到钱。
> b.企业家就是战略家，战略家就是选择家，"选择比努力更重要"。
> c.企业家管未来的事情，职业经理人管当下的事情。

战略的核心是商业模式，之后是赢利模式，再次是营销模式。商业模式、赢利模式、营销模式是不一样的，商业模式是顶层设计。

为什么很多企业家之前能赚钱，今天赚不到钱了，因为这个时代新的工具出现了，而他们又不懂，这就是所谓的长江后浪推前浪，所以我们必须持续不断地学习，才能懂得和掌握新工具，不然就只能成为别人利用的工具。

现在企业的战略转型，过去是服务经销商，现在是直接面向消费者。现在客户的需求跟以前的需求也不一样，原来的经销商考虑这个东西能不能赚钱，利润有多高；现在的消费者考虑的是产品对我合不合适，需求点不一样。所以如果思维没有转型，在这个时代就不行了。

我们天天都在讲战略升级、消费升级，消费升级就是走个性化与高质高价的路线。时代变了，做生意的模式也变了，我们再继续按照过去的思路生产产品出来卖，是没有出路的。未来谁有终端消费者，谁就是老大，所以为什么微商赚钱那么快，因为微商都是直接链接终端消费者。当然，有能力把C端消费者抓在手里，继续做自己的生产制造和渠道代理都没问题。像小米就是先找到终端消费者，再根据消费者的需求来做手机。所以，人不是有能力就能赚钱，而是用什么样的模式，你才能赚到钱。

另外，企业家管未来的事，职业经理人只管当下的事，所以我们要有企业家的思维，战略模式这个顶层设计千万不要输掉，未来的顶层设计就是要把终端客户抓在手里，最好的工具是互联网，而互联网最好的工具是移动互联网。

2. 战略选择

战略选择共有如下三个选择，每种选择又有不同的方式。

战略选择一

三大模式

战略选择一共有三种模式：过路费、入场费、停车费。最好的生意也就是这三大模式，只要用好了这三大模式，就可以千变万化出所有的模式。其实市面上所有的商业规则在系统思维里面都有了。

第一种模式，过路费。

什么叫过路费？比如在古代的时候，"此树是我栽，此路是我开，

第十二章 以小博大的七大杠杆 Part 12

要想在此过，留下买路财"。这就是过路费。

如高速公路。

现在和古代的方法不一样了，高速公路基本上是所有上市公司里最赚钱的公司，你看到提示——前方一公里收费站，它收的是过路费，所有的车子经过都要交钱，因为无法掉头，也不会跑掉，逆行的话罪名更大。所以最好的商业模式就是收过路费。

沃尔玛

3 元进的货，卖 4 元或者 5 元，中间过路一下，只要从我这里过，我都收一点钱，因为我这个路口四通八达，所有人都可以上，但是出来你也要经过它的关口，这就是所有商业模式最好的模式，收过路费。

悟：
_____
_____

第二种模式，入场费。

什么叫作入场费？就是为了能够取得这个资格，你必须先交一笔钱才可以入场。比如歌星要搞演唱会，要买门票才可以进，这叫作入场费。但入场费并不好收，要求你的场里面要有非常极致的东西。刘德华的演唱会一场就可以卖掉八万张票，但前提是里面要有足够吸引人的东西，人家才愿意交钱进来，所有办会员卡才能入场的公司，用的都是这种模式。

麦德龙

沃尔玛主要收过路费，麦德龙就要求必须办过会员卡才能入场买东西，麦德龙的模式是收入场费。即麦德龙主要是赚会员费，为什么很多人愿意办卡？因为办了卡之后，东西的确很便宜。

第三种模式，停车费。

什么叫停车费？大家都知道，车子停在停车场是按小时计费的，一小时多少钱，两小时多少钱，停的时间越长，交的钱就越多。

所有的商业模式基本上都在这三个模式当中进行转换。什么钱最容易收？过路费最容易收。什么钱最难收？入场费最难收。什么钱最持久？停车费最持久。

淘宝网

在淘宝之前很早就有一家叫 eBay 的全球性购物网站，但在目前的中国市场，其名气和市场使用率，相比淘宝，可谓是微乎其微。当时，eBay 收的是入场费，就是商家只要把东西传到它的网站上卖，必须先给钱。后来，淘宝来了，马云知道如果他也收入场费，怎么也敌不过 eBay，所以淘宝一开始就是免费，相当于入场费为零。一免费，自然就有很多商家去淘宝上注册网店。卖东西的人越来越多，买东西的人也越来越多。然后商家一多，竞争自然就来了，每个商家都想脱颖而出，所以就需要投放广告，以吸引更多的顾客。这时，淘宝就开始在首页卖广告位，广告是按照时间计费，租一天或租一小时多少钱，这个叫作停车费。然后马云又推出支付宝，那么多商家在上面开店，

第十二章　以小博大的七大杠杆　Part 12

所有的钱都要经过支付宝，流水会不会很大？流水越来越大之后，支付宝开始限额，超额部分收 5% 的手续费，这个手续费就叫过路费。马云用了完全与 eBay 相反的策略，却把 eBay 在中国的市场份额几乎给抢完了。eBay 靠收入场费赚钱，淘宝就反过来，免入场费。

> 如果我们想超越竞争对手，一定要把竞争对手的核心价值变成我们的附加价值，变成免费。

不过，后来淘宝又提出要收费，商家无法接受，淘宝被迫宣布再免费三年，与此同时，另外做了一个天猫。那么，天猫是什么模式呢？

天　猫

第一，先收入场费。在天猫注册一个店铺首先就有一个要求，必须要有商标。在中国，要申请到商标，至少需要一年半或两年的时间，中国企业的平均寿命是两年半，能够拿到商标，说明这个企业已经过了死亡期。而且要求 10 万元的保证金，能够交得起 10 万元保证金的商家才能在天猫开店，这就是入场费。而且商家交了 10 万元保证金只是开始，每年还要交技术服务费，服务费是根据营业额的大小交，从 1.8 万元到 6 万元不等。这个每年要交的技术服务费就叫停车费。另外，在天猫上所卖出去的每一件商品还要交 5% 的促销费，这就叫作过路费。所以，天猫什么钱都赚到了，入场费、停车费、过路费。

全面布局
抢占新商业红利

春秋航空

春秋航空，机票很便宜，即入场费很便宜，那它通过增加过路费、停车费来赚取利润。先从行李托运开始收费，春秋航空规定，算上手提行李，只能免费托运15公斤，超出便要收费；第二，如果你想要快速登机的话，走VIP通道，加钱；第三，春秋航空没有头等舱，要坐前面的位置，加钱；第四，飞机上不提供任何餐食和饮料，需要的话给钱，而且卖得很贵；第五，在飞机上推销商品；第六，压缩成本，减少人力支出。但是，春秋航空很快就在众多航空公司中脱颖而出。

悟：

要超越竞争对手，首先在模式上颠覆别人，在同一个维度是不可能超越对手的，所以，要超越对手就必须变换维度。

比如说，一只老鹰和几只猎狗同时围捕一只兔子，兔子在前面跑，老鹰和猎狗都在后面追，老鹰不会与猎狗比谁更努力，而是换一个维度在空中就把兔子给逮了，所以要超越对手就必须变换维度。假如有人做入场费已经很成功了，你就不要用同样的模式跟他竞争了，你换一个模式，收过路费，或者换收停车费。

第十二章 以小博大的七大杠杆 Part 12

我们来变换维度重新认识几个行业——

> 酒店不是服务行业，酒店是房屋租赁业，按天租赁。
> 百度不是互联网公司，百度是广告公司。
> 天猫不是互联网公司，天猫是房地产公司，卖的是网络空间。

酒店是什么行业？如果你认为酒店是服务行业，你就光在服务上做文章，那就错了，酒店是房屋租赁业，按天租的。

百度是互联网公司，但它的主要收入来源于广告，所以它本质上是广告公司，互联网只是它的手段而已。

淘宝不是互联网公司，它其实是房地产公司，在天猫上开个店，就要交"房租"，它卖的是网络空间。

战略选择二

战略选择二要在时间和金钱这两方面进行分析。

 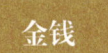

利用时间价值，"发行货币"，赚取金钱。

作为一个企业，如何能够做到"发行货币"，赚取金钱呢？

现在人们开车都愿意走高速公路，不怎么走国道了，虽然高速公路收费贵，但走高速公路，速度更快，节省了时间，更好走。国道弯弯曲曲可能要花费更多的时间，油费要耗掉更多，所以高速公路是帮我们把道路变得更好走、更安全、更省油、更省钱，更重要的是为别人创造了更多的时间价值。所以，为别人创造的价值越多，赚的钱就越多。

理发店充卡模式

以前开理发店，假如先投入20万元，接下来要靠洗剪吹，30元、20元、10元一点一点地收，就算生意很好，一天有50个客人进店，一天做到1000元的营业额，要赚回投入的20万元，也需要200天。即使200天能够做到这20万元，除掉员工的工资、房租水电，那20万元的投资还是没有收回来，要想真正赢利，是一个相对漫长的过程。

现在理发店基本都采用了充卡模式。同样的一天有50个客人进店，有10个人办了卡，以1000元为办卡的最低金额，那么1天就收回1万元，20天就可以收回20万元的投资。20天，一个月的房租都还没付，员工工资都还没发，20万元就到手了，这20万元到手之后，有没有可能用这20万元再开第二家店？假设速度很快的话，用这20万元再去开一家店，也是同样的方式，1000元的卡，一天能够办10张，是不是又用20天收到20万元？加上第一家店，第40天的时候，共计收回40万元。如果是原来的200天呢？按照这个模型，200天就可以收到200万元。请问这个钱是谁的？这个钱是客户的，客户的钱预存到店里，还没有消费，还不能算是收入，所以理发店只是发行了1000元的"货币"——充值卡给客户。

预存话费

预存话费，最早的时候100元还有一张挺漂亮的卡，后来100元的卡变成一张纸，现在连纸都没有了，直接变成在淘宝上充、在微信上充、在交费易上充，是不是相当于发行了 100 元"货币"给你，然后你打一次电话扣一点钱，发一次短信扣一点钱，这叫"发行货币"，赚取金钱。

有一些公司还规定你多长时间内必须把这个钱花掉，如果没有消费完，就会作废。游戏公司大多都是采用这样的方式。盛大网络经营不善的时候，资金储备只够发两个月的工资，眼看都要倒闭了，所以盛大的老板就找新浪说要采购一大笔服务器，但是我不知道你的服务器性能如何，先给我试用一下，试用好了，我就大量采购。结果新浪给他试用一个月，他给顾客只试用几天，如果顾客要继续玩游戏，必须先充值。顾客充了游戏卡，盛大就先实现了收入，之后顾客每打一小时的游戏就扣掉一点钱。

地铁

一公里地铁的造价至少需要 2 亿元人民币，那么要修一条 10 公里的地铁，就需要花费 20 亿元，假如地铁公司投入 20 亿元去修一条地铁，接下来你坐一站 3 元，坐两站 5 元，请问这 20 亿元要收回成本，要收到猴年马月？那修建地铁 10000% 是亏的。

那么修地铁是怎么修的？地铁公司通常不一次性修完 10 公里，他们先开通地铁 1 号线，假设 5 公里，2 亿元乘以 5，是不是需要投资 10 亿元？地铁修建完成、开通前，地铁公司就会发行一个成本不到 1 元的磁卡，顾客购买这张卡要多少钱？最早是 30 元，后来改为 20 元，有的地方甚至是 50 元。以 20 元为例，20 元的卡，假设卖出 1000 万张地铁卡，20 元乘以 1000 万有多少钱？2 亿元。但是，这 2

全面布局
抢占新商业红利

亿元还只是开始,因为你办了这张卡还是不能坐地铁的,你还需要储值,有人充1000元,有人充100元,有人充50元,以充值100元计,用1000万张卡乘以100元,就是10亿元,加上办卡的2亿元,地铁公司收到现金12亿元,之后再用这12亿元去修2号线或者是延长线。这也是属于"发行货币"。办卡就等于"发行货币",快速实现资金回笼。

房地产

房地产怎么做?地产商先圈一块地,设计好楼盘模型和沙盘,就开始卖楼收钱了,然后用收到的钱盖房子,或者用收到的钱去还银行的贷款,所以最后买单的是谁?都是终端的消费者。这就叫作"发行货币"。

所以做任何一个行业,都一定要去思考:如何能够提前把钱给收回来,并且要把它给绑定,因为客户的钱在我这里,他就会继续来我这里消费。

这就是生意的最高境界,也叫作类金融。永远有花不完的钱,也有还不清的债。每一家企业都是"银行",银行是不是把客户的钱拿进来,然后贷出去,中间赚一个过路费?我们存进去有3个点的利息,他贷给别人要收5个点的利息,中间就赚2个点。那么我们也要把我们的公司变成这种模式。这就是商业的最高模式,提前收款。

支付宝 | 余额宝

在淘宝上开店也好,消费也罢,资金都是在支付宝上走,支付宝为了把商家和消费者的钱都留住，就推出了一个余额宝，客户的钱可以存在余额宝里，就像客户把钱存在银行一样。大家计算一下，去年双十一，淘宝做了2135亿元，这2135亿元如果放在余额宝的账上一个月，2000亿元按照现在的流动利息2%来计算，那就是40亿元。

微信有10亿用户，如果其中的5亿用户每个人的账上有100元，100元乘以5亿，那就是500亿元。500亿元现金存到银行，假设2%利息，一个月就是1个亿，这是净赚利息的钱。你要提现，微信就收你1%的手续费，你不提现欢迎买理财，买理财钱还在它的账户，总之就是逼着你把钱放在它那里，永远在它那里，要出来就要收费。我们现在做生意也要学它们的，因为新生代所崛起的大公司都是这种模式。

战略选择三

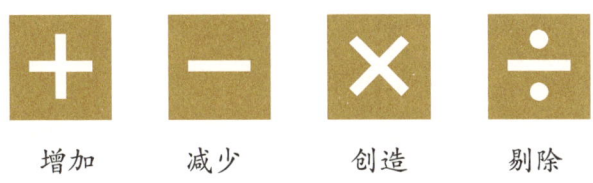

增加　　减少　　创造　　剔除

战略选择三主要有上图所示的四大方法：增加、减少、创造、剔除。

比如携程网投资的如家、汉庭，是怎样运用增加、减少、创造、剔除的方法，快速打造两家上市公司的？

如家

携程旅行网，订机票订酒店，对不同类型顾客的需求非常了解。他们发现商务出差住酒店的频率是最高的，出差的人要么是老板要么就是商旅人士。老板出差一般是住豪华酒店，但商旅占的比例最大。

全面布局
抢占新商业红利

而大部分酒店基本都有豪华的大堂、游泳池和健身房，但做到这些都需要巨大的成本投入和运营投入，这个成本谁来支付？自然是羊毛出在羊身上，因为酒店是房屋租赁业，所以成本肯定会加在每一间客房的费用里，那么酒店的价格肯定是高的。

于是，携程做了大量的调查，他们了解到，出差的商旅人士根本没有时间游泳和健身，他们最需要的是洗一个热水澡，睡一个好觉，要能够上网，要能够吃一顿早餐。早餐要不要很贵的自助餐？当然不要。他们需要的就是我们平常在家里吃的稀饭、鸡蛋、馒头或者油条，简单方便快捷。另外，一般的酒店有淋浴又有浴缸，但真正使用浴缸的人很少，而且，一个床有4个枕头，还有抱枕……其实这些都是多余的，成本又很高。

所以他们就砸掉浴缸，减少枕头，把房间变小，然后把KTV、健身房、游泳池统统去掉，前台也变小，因为节省的空间又可以多做几个房间。这时候客房是不是变得更多了？如家创造了新的酒店形态，增加了宽带上网，减少了枕头，删除了浴缸，把房间变得更小，给客户一个比旅社干净、整洁、卫生，性价比更高的商旅居所。

最早的时候，这些酒店并不叫如家，叫某某旅社。但在消费者心中，旅社既不安全又不卫生，所以，他们把房间重新布置好之后，做成如家连锁酒店。如家是我某某地方的家，统一黄色的标志，给人感觉非常好，如家的定位一下子就出来了，生意也很好，很快就上市了。

汉庭

汉庭跟如家的区别是，汉庭是在别人做好的酒店基础上增加汉庭的标志，这样可以节省一大笔装修成本。他们还发现有一部分商务人士喜欢阅读，所以就增加了商业杂志和经营管理类的图书。商务出差一般是一个团队，闲下来的时候可能在房间开个小会、休闲娱乐一下，那汉庭就做到了让住客在汉庭的房间里就能获取需要的东西，如扑克牌、一次性毛巾，各种吃的喝的。而且，这些日用品和书籍的利润都非常高。

所有的商业都是这么变化来的，我们的客户要什么，我们就在客户的核心价值上把它放大，客户不要的我们就把它删掉或者减少，专注创造我们独有的东西。

悟：

接下来我们了解一下现代企业经营的三种模式：

> a.OEM 模式：永远利润最低。
> b.ODM 模式：ODM 出设计，但没有自己的品牌。
> c.OBM 模式：品牌＋运营模式（这是未来最大的出路）。

三种模式中 OEM 模式就是来料加工，就相当于靠天吃饭，别人给我一个大单我靠那个大单就能够活着，这就是靠天吃饭。但是有些时候没有大单，可能连小单都没有，这就很危险。但是如果我们有自己的品牌，就随时都可以卖自己的产品。

21世纪留给我们最后的机会是OBM模式,就是品牌+运营模式。任何一个小企业有一天都有可能会变成一个品牌,品牌除了广告之外,更重要的是客户的口口相传,因为真正的品牌是知名度+美誉度+忠诚度三者合一,当然做品牌是不能急的,没有哪个品牌是一天能做起来的,都需要日积月累。

> OBM 模式
>
> 是以品牌为中心,以赢利模式和产品价值创新模式为基本点。
>
> 市场竞争的终极竞争就是品牌的竞争。21世纪留给我们最后的机会就是 OBM 模式。
>
> 十年内,OEM 在中国就会消失。因为 OEM 对环境的破坏太大,不利于提高中国的国际形象。如果你做的就是 OEM,赶紧想办法把这个企业卖掉,然后再做一个新企业。

悟:

二、市场调研

杠杆二,市场调研(不懂收集市场信息注定失败)。做市场调研,主要有以下几个核心:

第十二章

以小博大的七大杠杆 Part 12

> 第一、看政策法规：谁会不让做；
>
> 第二、看竞争对手：谁会和我抢饭吃；
>
> 第三、看产品：我做什么，为什么做。
>
> 第四、看客户：客户是谁？他要什么？

第一，要看一下政策法规。如果说政策法规不允许做这个行业，就不能进入，不然企业就会走入死胡同。比如现在政府重点打击高度污染的产业，如果投入这个产业，风险就会很大。

第二，要看竞争对手。要看谁跟你抢饭吃，竞争对手越大的行业，市场就会越大。比如说新能源行业，特斯拉已经是巨无霸了，比亚迪已经是巨无霸了，国网南网是国企的巨无霸，互联网大咖也纷纷投入新能源产业，竞争对手越大，就代表着市场越大，就代表着在消费者层面已经接受了这个行业。

人家问你公司做什么的，新能源，不用介绍，人家就会觉得很厉害。所以竞争越激烈的行业，可能是越好的，再激烈的竞争，也会有空白处，我们一定要找出那个空白处。

1. 为什么要做市场调研

做市场调研有其重要意义，具体如下：

（1）全世界所有做得好的企业都是关注竞争对手的。企业家的第一思想应该是战争思想，情报最重要，有情报就可以取得胜利，没情报就容易失败。

做企业跟打仗其实是一样的，推荐大家读一下《孙子兵法》。全世界所有500强的老板都在看《孙子兵法》，能把《孙子兵法》看懂，大家的思维绝对会上一个台阶。这些潜移默化的东西一定会成为我们的商业底蕴。

（2）我们的目标不能是"超出客户期望"，因为顾客是没有办法满足的，顾客永远不会满足，这就是人性。今天我们能做到十分，明天他就要十二分，所以不能把所有的服务、所有的绝招一次用完。做企业是万里长征，进步要持续，不管你怎么做，顾客永远有抱怨，不要进步太快，否则顾客对你的要求只会更高。

（3）顾客是最喜欢对比的。没有对比你就没有价值，顾客的忠诚来自他对比后，除了你没有其他选择。

营销的本质就是永远比竞争对手好一点点，并不需要好一百步，否则你会很痛苦，因为你无法做到持续提供给客户新的满足感。

（4）合作背后的本质问题是互补。在产业链上能做到互补的企业才能合作，同一产业链上只有对手没有合作，合作永远只能建立在能力互补的基础上，能力不互补，就只有竞争，要竞争就要有情报。

（5）商业模式是竞争对手的利器。没有竞争就不会有好的商业模式。中国大多数的企业成功在满足了顾客需求，失败在忽略了竞争对手。

（6）复制好的企业，跟随、模仿。复制的成功率为44%。集所有竞争对手的优点于一身，把自己变成强者。

比如知名电器公司美的，就是集所有竞争对手的优点于一身，在控制成本方面学格兰仕，在做客户服务方面学海尔，在打造产品品质

第十二章 以小博大的七大杠杆 Part 12

方面学格力。

模仿也是成功的基础。所有的成功都要先找到榜样，不断地给自己找榜样，然后不断地努力超越。

因为格力的能力很强，海尔的服务非常好，成本控制格兰仕是一流的，所以美的就潜心学习、钻研它们，并把它们的优点融为一体。腾讯，也是一直在吸收别人的优点，融会贯通为自己所用。所以我们要找到更多的榜样来学习，然后把别人的优点全部吸收过来，变成属于我们自己的优势。

悟：

2. 市场调研的内容

做市场调研，主要做好以下几个方面：

（1）政策法规调研。

> a. 法律法规；
> b. 产业政策（"三农"、高新、节能减排等）；
> c. 税收政策；
> d. 金融政策。
> 高税区体现成本，低税区体现利润。

（2）竞争对手调研。

知己知彼，百战不殆

a. 分清谁是敌人、谁是朋友；
b. 找榜样：向标杆企业、成功人士学习；
c. 学习他：一抄二改三研四发；
d. 超越他：防止商业间谍；
e. 规避他：建立防火墙。

绿茶 ｜ 冰红茶 ｜ 老坛酸菜

华裔日本人安藤百福在1958年发明了方便面之后，随着生活节奏加快及旅行需要，方便面成为现代生活不可或缺的简易食品之一，市场需求量巨大。毫无疑问，在中国市场上，康师傅是最早被人熟知的方便面品牌，而统一就是真把康师傅当成了"师傅"，康师傅出什么面，它就出什么面，同一维度盯紧了跟上；康师傅出绿茶，它就出冰红茶，换一个维度来参与竞争。后来，康师傅的影响力下滑，统一却借势开发了一个老坛酸菜牛肉面，这碗面是不是很多人喜欢吃？结果重新定义了方便面，现在大家都快忘记康师傅了，统一方便面就是这样在模仿中突击而出的。

拿赛车来比喻经营企业，因为在直线时大家的速度都很快，要超越别人是很难的，但是弯道的时候大家都会减速，如果你已经掌握了规则和娴熟的驾驶技术，那就有可能在他人减速的时候实现加速超越。但是，当我们做得很优秀的时候，就要防止别人来学我们了，所以还

第十二章　以小博大的七大杠杆　Part 12

要防止商业间谍。很多大公司都有间谍，我们把商业间谍叫小蜜蜂，专门收集各种情报线索的。像现在的手机市场，很多手机都做得越来越像苹果，就是因为有间谍。公司大了都会有间谍，所以，要规避它，我们就要建好防火墙，防止别人抄袭。

悟：

_____

_____

做好竞争对手调研，可以成立情报部。

> 成立情报部：每两周提供一份最新的竞争对手调研报告。
>
> **直接对手：**
> ——相同产品、相同客户
> ——相同区域、相同性质
>
> **间接对手：** 以上有一项不同

朱元璋能够管理国家，是不是有一个锦衣卫？做企业也一样，也要有这样的部门，专门收集各种各样的信息。所以我们要区分谁是敌人谁是朋友，是敌人只能跟他竞争，朋友可以合作。但是，间接对手可能有一天也会变成直接对手。

> 没有永远的朋友，只有永远的利益。
> 也只有永远的利益，才会有永远的朋友。

225

我们都知道，现阶段微信和淘宝这两个产品是互相隔离的，为什么，因为是竞争对手，所以肯定要把它给规避掉。但是作为企业家，马化腾和马云本身是没有恩怨的，私底下还可能是好朋友，只是商业是商业，要分得很清楚。

竞争对手调研，该调研哪些内容呢？

> a. 对手优、劣势；
> b. 组织架构；
> c. 核心人才（核心团队）；
> d. 产品状况（研发、主营/非主营产品）；
> e. 管理手段（绩效、激励）；
> f. 营销手段（价格、渠道、广告）；
> g. 客户资源（大客户、核心市场）；
> h. 最新动态（以上七点的变化情况）；
> i. 成功经验；
> j. 财务数据（每月营业额、直接/间接成本、费用、毛利率、税后利润）。

第一要知道对手的优势和劣势，要做对手的分析。

第二要调研对手的组织架构，他的公司核心人员。

第三要调研对手的核心团队是谁，有没有可能把他的核心人才给挖过来。

第四是调研产品状况，主营什么产品，非主营什么产品，要做到知己知彼。

第五是调研管理手段，他用什么样的绩效考核方法？用什么激励机制？有什么发工资的方法？

所以，我们要做系统最快的方法，就是找到同行中最好的，先模仿再超越你就有优势了，你不用战败所有人，你只要战败他就可以了。

第六是调研营销手段，他用什么价格、用什么渠道来卖？他用什么广告方式？如果说我们知道竞争对手用什么方法来卖的，我们就可以学习他，进而就有可能抢了他的生意。但是渠道一定要藏起来，无论怎么赚钱都不要让人知道你的渠道。我们为什么要打造产品线？因为入门产品不赚钱，竞争对手觉得不赚钱的东西没人会做，但是我们可以运用我们的渠道，用我们的系统慢慢追销，我们就可以赚到钱，而别人永远不知道我们的内部情况如何。

第七是调研客户资源，他的核心市场在哪里？他的大客户是哪些？有没有可能把他的核心市场给占领了，或者把它的大客户给挖了？

第八是调研新动态，就是要关注以上七点情况的变化。

第九是调研成功的经验，竞争对手有什么成功的经验。

第十是调研竞争对手的财务数据，财务数据是绝密的东西，怎么能够拿到手？对于上市公司倒不难，上市公司的所有报表都要公开。但是对于那些小的公司，就要多种渠道齐下手了。

那么我们在哪些渠道可以调研到竞争对手呢？

> a. 对手网站；
> b. 媒体的报道；
> c. 对手的员工（特别是辞职的）；
> d. 扮成顾客去对手处体验；

> e. 对手的顾客；
>
> f. 对手的上、下游供应商；
>
> g. 行业协会；
>
> h. 市场调研公司；
>
> i. 律师事务所；
>
> j. 对手熟人或亲属；
>
> k. 厂家博览会或展会（可以最快的速度了解所有竞争对手的情况）。

（3）产品调研

产品调研要做好以下方面：

> 市场容量分析：总量、速度、趋势
>
> 产品细分：
>
> 行业——大众、小众
>
> 市场——小市场、次市场、主市场
>
> 功能——用户需求
>
> 消费档次——高、中、低档市场
>
> **市场是群体，用户是个体，企业只为部分人服务**

（4）客户调研。

客户调研就是调研谁是你的客户，他们的需求是什么。细分为以下几个方面：

以小博大的七大杠杆　Part 12　第十二章

> a. 地理区域：省、市、区、县；
> b. 人口细分：年龄、性别、家庭、教育；
> c. 行为细分：购买时机、环境、购买方式；
> d. 消费心理：个性、收入、生活方式。
> ● 老板 30% 以上的时间都应花在客户身上。

悟：
_____
_____

三、客户定位与管理

杠杆三，客户定位与管理（不是所有的客户都是好客户）。

1. 目标客户

> （1）自然特征
> （2）价值观
> （3）行为方式
> （4）决策 VS 使用
> **目标客户的定位决定了：产品、价格、渠道、推广方式**

做客户定位与管理，首先就是要了解目标客户：

229

一是他们的自然特征是什么,男女老少都是自然特征;

二是价值观,有钱人买东西和没钱人买东西思考的点不一样,有的人要买品牌,有的人要买便宜,价值观不一样;

三是行为方式,有的人买东西喜欢自己一个人买,有的人买东西喜欢找别人给自己做决策;

四是最关键的一点,决策者和使用者,一定要弄清楚。

史玉柱当年想盖巨人集团的珠海总部大楼,后来觉得房地产不错,就违背了初心,转而要盖广东第一高楼,要超过白天鹅宾馆。后来又一想,超过白天鹅宾馆不如超过上海经贸大厦。所以原本只盖四五层的总部大楼,变成要盖100层,那地基就完全不同了,但人倒霉的时候喝水都会被呛到,当他往下挖的时候发现,他买的那块地刚好属于地质活跃地带,没法盖高楼,没办法,又不能转移地方,只能硬着头皮往下干。原来要盖总部三五亿早就够了,现在盖100层的地基还没有建好,三五亿就没了,结果资金链断裂,一下子巨人集团就倒了。据说他最穷的时候找柳传志,柳传志送他三句话:

> 第一,不赚钱的事情绝对不能做;
> 第二,不赚钱,为了面子,这样的事不能做;
> 第三,赚钱,钱不够也不能做。

第一,不赚钱的事情绝对不能做。我们做生意,应该是赚钱还是赚面子？当然是赚钱。

第二，不赚钱，为了面子，这样的事不能做。

第三，赚钱，钱不够也不能做。比如说，现在的房地产非常有前景，很赚钱，但是如果你没有那么多钱搞地产，那借钱投资是不是死定了？所以哪怕一个事情是赚钱的，但是你自己钱不够也不能做。

这三句话很经典，所以我们应该把这三句话作为商业信条来约束自己。

悟：

在决策VS使用层面，还有一个重要的法则，逆向营销。

脑白金

当年，史玉柱做脑白金的时候，每天早上都到公园里背毛主席语录。公园里晨练的多是老年人，他就问老人家有什么困惑，很多老人家说最大的痛苦是晚上睡不着觉，史玉柱就把自己研发的脑白金送给老人喝。

因为脑白金里有褪黑素，可以促进睡眠，老人家喝了以后，睡眠得到了改善，效果确实不错，再说，吃人家嘴软，拿人家手短，天天免费喝就有点不好意思了，老人们就问史玉柱："这个脑白金在哪里能买到？"

其实，当时市场上根本就没有人卖。史玉柱说："你去药店买就可以了。"结果，就有一拨接一拨的老人跑到药店，问有没有脑白金卖，第二天又换了一拨来问脑白金……一连几天，药店看到好几拨客户问脑白金。这时候，药店会怎么想？他们当然会想，最近有个脑白金怎么这么火，要是有脑白金卖，那就赚大了。

正在很郁闷的时候，脑白金的业务员出现了，"我是脑白金的业务代表……"请问药店会要吗？肯定要哇！

史玉柱就是运用了一个很高级的营销思路——逆向营销。我们普通人的思维是先把产品做出来，再拿着产品找经销商卖，但史玉柱是先造势，因为只有产品有迫切的市场需求，才会有更多人愿意卖。

结果一段时间之后脑白金的销售不太好，史玉柱又去跟老人家聊："最近怎么不买了，是效果不好吗？"老人家就回答说："效果挺好的，就是有点贵。"

史玉柱又在想，使用者是老人，但他们一辈子俭省惯了，会舍不得买，更有些老人可能真的没有那么多钱。那么购买者可不可以不是老人？能不能把使用者和决策者分开？所以，他就换了一种诉求：孝敬爸妈，送脑白金。

这个产品一下子就变成了孝心的代言，我不买就好像我没孝心，现在子女都在外面拼搏，大部分都没时间陪老人，回家的时候送爸妈两瓶，很有孝心。这样，销量马上又起来了。所以脑白金热卖了20年。现在脑白金的广告语是"今年过节不收礼，收礼还收脑白金"。一个产品卖20年依然在卖，说明掌握好使用者和决策者很重要。

在做客户调研时，我们要做好以下10个问题，以明确我们的客户：

（1）客户购买的好处是什么？

（2）客户在何处购买，何处使用？

（3）客户在何时购买，何时使用？

（4）客户对价格的承受度。

（5）客户对品质的期望。

（6）客户对服务的期望。

（7）购买时是单独或与他人一起？

（8）购买频率如何？

（9）客户购买的传播诱因。

（10）未来三年，以上问题会发生怎样的变化？

每一个做产品的公司都要好好地研究客户，站在消费者的角度回答这些问题。

2. 为什么要做客户定位与管理

> （1）改变思维模式
>
> 价值观体系要以客户为导向，不要从自己出发，要从客户出发。
>
> （2）中国未来十年，中产阶级的容量会越来越大，未来的中高端市场会有无数的品牌产生。

未来中国的中高端市场会有无数的品牌产生。为什么这么说呢？

因为人们的消费在不断的升级。所谓的消费升级就是，从下层可能升级到中层，从中层可能升级到高层，消费升级就是与时俱进，客户要升级了，我们也要对产品做相应升级。

比如说吉利汽车，以前很便宜，三万元就可以购置一辆，一开始给人的感觉就很低端，所以后来不管如何升级外形、升级配置，都感觉吉利没什么水准。可是吉利收购了瑞典汽车品牌沃尔沃之后，相对高端一点,赚的钱也会多一点。海尔也一样,大众的产品线给人感觉比较便宜,都是低端产品。可是去海尔总部参观的时候,会发现海尔有另外一个品牌,比海尔高端很多,价格也贵很多,但别人不知道是海尔的。所以要做客户升级,需要用另外一个品牌满足客户新的需求。再比如奥迪汽车,再好的车型也只能定位为中端,而同公司旗下的兰博基尼,走的就是纯正高端路线,同属一家公司,只是不同的牌子而已。网上流行一句话:"穷的时候买大众,稍微有钱买奥迪,再有钱买劳斯莱斯。"但不管怎样,你有钱、没钱都在他规划的用户框架之内。

悟:

_____

_____

3. 客户定位

那么我们如何来做客户定位呢?

三句话进行总结:

(1) 锁定高端客户,利润来自高端;
(2) 锁定低端客户;
(3) 细分市场:在低端里找高端。

所以,我们做任何行业,首先都要选择有溢价能力的行业。定位顾客如选股票,追高不追低,只有能够溢价的行业,才能创造奇迹。其次是一切都要以利润为导向,必须锁定中高端顾客。

任何一个企业持续成功，在定位客户的时候，一定是以中端或中高端或高端客户为主，除非你成为制造业大王，拥有极为庞大的OEM体系。但是，有更好的选择为什么要选择更差的？在这个市场上，正是20%的中高端顾客创造了80%的营业额。

4. 切高端客户背后的原理

（1）高端客户对价格不敏感，对价值很敏感；低端顾客对价格超敏感，对价值不敏感。如果你的公司95%的客户是低端顾客，你能力再好也要倒闭。

（2）高端客户介绍的也是高端客户，低端客户介绍的也是低端客户。你跟什么样的人在一起就会吸引什么人的能量，你就会变成什么样的人。

（3）你的生意为什么做起来那么累？因为你公司的低端客户太多了。切低端客户切久了，品牌形象是很难改变的。这就是切低端付出的代价。

（4）不同的客户才会有不同的利润。挣老板的钱才最容易。对于高端客户，只要提升一点，价格就可以溢出。

（5）全世界的企业都在升级，从低端走向高端，抢占制高点的那20%的顾客利润。

悟：

5. 客户如何管理

管理客户，要先了解客户的心理需求：

> （1）客户只有被区别对待才会有不同的利润。
> 如果公司缺少了对顾客区别对待的措施，就会失去高端客户。
> （2）人只愿去这样的地方消费：
> 熟悉的地方；
> 受尊重的地方；
> 办了VIP给打折的地方。

当然，不同的客户自然有不同的客户管理方法。通常情况下，一共有四种客户类型，第一种是木头客户，第二种是黄金客户，第三种是钻石客户，第四种是铂金客户。VIP特征是：买得多的、买得高的、重复买的。所以我们最后总结为：砍掉木头客户，提升黄金客户，留下钻石和铂金客户。

悟：

_____

_____

四、产品价值创新

杠杆四，产品价值创新（不是好产品就一定有好结果）。

能做到以小博大的第四大杠杆就是产品价值整体创新。产品价值的整体创新，产品必须相互配合，相互声援。我们先来看下图所示的两个概念：互替和互补。

产品必须相互配合，相互声援

互替	互补
A1——低价吸引人 A2——接近 A3 A3——高价 如：苹果 64G、128G、256G	入门——升级——升级 如：打印机——墨盒

那么什么是互替？互替一般有 A1、A2、A3 三种产品，A1 就是入门产品，把人吸引进来，A3 基本上就是高价产品。苹果的产品就是这样，同一型号产品做三种配置，第一种产品叫作好的，第二种产品叫作更好的，第三种叫作顶级的，如 64G、128G、256G。

互补就是你卖一个入门产品给客户，那只是生意的开始，接下来就是无限的消费。比如说我们卖一个喷墨打印机给客户，接下来客户要不断地消耗墨盒，这就是属于互补的。卖奶粉也一样，把奶粉做成几个阶段，0 到 6 个月，6 个月到 12 个月，12 个月到 24 个月，24 个月到 30 个月，30 个月到 36 个月，等等。分段给人的感觉更专业、更有针对性，客户一旦接受了第一个阶段，再接受第二个阶段和第三个阶段相对来说就是比较容易的。所以，我们在设计产品的时候不是用点的思维而是用线的思维，在产品线上布局，可以设置向上的销售，向上销售就是越买越贵。

综上所述，我们做产品要么做互替的，要么做互补的。

那么，我们为什么要进行产品价值的创新呢，产品价值创新可以为我们带来什么？

全面布局
抢占新商业红利

> **为什么要进行产品价值创新**
>
> 最辛苦的人永远是最穷的人。
> 我们天天在工厂生产的东西是最不值钱的。
> 例：星巴克既无好服务，又无好装修，也不比别的咖啡好喝，价格也不便宜，它卖的是品牌文化，卖的是它的核心价值观——"小资生活"。

不可否认的，最辛苦的人永远是最穷的人，我们天天在工厂生产的东西是最不值钱的。为什么？因为这些产品是物质层面的东西，物质层面是可以算出成本的，而精神层面的东西是算不出成本的。比如星巴克就是定位在精神层面，虽然它既无好服务，又无好装修，也不比别家的咖啡好喝，但是它的价格却不便宜。其实，星巴克所销售的并不仅仅是那一杯咖啡，它销售的是品牌文化，卖的是它的核心价值观——"小资生活"，它创造了一个生活形态，叫作第三空间。

这就是我们要进行产品价值创新的原因。

悟：

任何企业要存活下去，都需要让自己的产品具备以下三大杀手锏：

第一要么是最贵的，要么是最好的，要么是最高端的；第二是最便宜或者是最实惠的；第三是最具有特色的。拥有以上三点中的任何一点，都可立于不败之地！

第十二章 以小博大的七大杠杆 Part 12

比如有企业在淘宝上卖一款锅，一夜之间就成了天下皆知的品牌。这款锅卖多少钱？450万元。客户买这个锅可以送劳斯莱斯，还可以送货上门，所以这款锅往淘宝上一放，大家就纷纷截图、晒图，然后一夜之间大家都知道这款锅了。其实企业并不是想让人知道它这个锅多贵，因为它接下来就开始卖19万元的锅了，客户就觉得买这款锅很有阶层优越感和格调，因为我的锅是450万元那款锅的姐妹款。过一段时间企业又推出一款。

悟：

做好产品价值创新，主要从以下六维度出发：

1. 产品品质

一个品牌，要想立于不败之地，关键还是要不断提高产品品质。那如何提升品质呢？

> a. 一把手工程,扫楼梯从上而下;
> b. 抓态度;
> c. 抓信念;
> d. 抓作风,价值观;
> e. 高标准,严要求。

提升产品的品质,第一就是要实行一把手工程,这个品质必须是老板亲自抓,才能够抓得出来。如果老板都不认真抓,这个品质肯定是做不好的。第二是抓态度。第三是抓信念。我们相信可以做到就有可能做到。第四是抓作风和价值观,必须从上到下训练企业员工的价值观——顾客的满意就是我们的追求。第五是追求高标准严要求,高品质是基于严要求出来的。

2. 产品功能

谈产品的功能,首先要记住一句话:产品的功能只占五分之一。

> a. 很多传统企业家钻到功能里去了
> 你认为功能很重要,你就会注重研发、生产。
> "我的竞争对手产品比我差,却卖得比我好。"
> b. 功能满足基本需要就可以了
> 21世纪的企业家,必须从产品思维转向精神需求思维。
> c. 时代在变,顾客的需求在变,价值观在变
> 一个时代很难去理解另一个时代。任何人都无法改

以小博大的七大杠杆　Part 12　| 第十二章

> 变这些，你只有遵从才会成功。
> 　　d. 高端的手表不准：根本不是产品质量，而是独特性，是它的品牌形象

如何理解上面这几句话呢？详细解析一下：

很多传统企业家都钻到研发产品功能里面去了，这是不正确的。你认为功能很重要，就会注重研发和生产，但现实的情况通常是，你的竞争对手产品比你差，却卖得比你好。

比如手机的主要功能就是打电话和发短信，但是现在客户买苹果手机仅仅是为了打电话这个功能吗？当然不是。再比如说现在有很多人买手表，手表的主要功能是拿来看时间的吧？但人们为什么要去买钻石表，因为天天看到手表就看到钻石了，就告诉自己赚得多，自己是个有钱人。本来穿衣服是遮羞防寒的，但是现在有没有人穿衣服纯粹是为了吸引眼球？布料越少越贵，如比基尼……

也就是说，现在大部分的产品已经丧失了之前的功能需求，所以如果你继续围绕在功能上做文章，没有去了解人们真正的需求，这是不行的。人们现在购买的已经不是物质本身，而是这个物质带来的精神，就是感觉。买劳斯莱斯只是为了开吗？那是一种很成功的感觉。买苹果也是这样的感觉，抽中华烟也是这样的感觉。

所以做产品要了解人们的精神需求。时代在变，一个时代的人很难去理解另一个时代的人，我们都无法改变这些，你只有遵从每个时代的特征、顾客需求和价值观，才会取得成功。高端手表其实是不准的，

因为它卖的根本不是产品质量，而是独特性，是它的品牌形象，像伯爵手表是机械表，基本上每天都要上一次机械条，而且走24小时会慢一分钟，那客户为什么还要买它呢？纯粹是因为社交的需要。

悟：

3. 产品包装

产品包装是企业整体形象的包装。包含以下几点：

> a. VI设计：logo
> b. 行为设计：服务流程
> c. 理念设计：价值观、使命、愿景

我们小时候都听过一个买椟还珠的故事：商人本是来买珍珠的，但是看到包装盒实在精美，就把珍珠还给人家，把包装盒拿走了。所以产品包装非常重要。

其实，你现在的产品有人买，那就说明产品的品质没有问题，价格也没有问题，那为什么卖得不是很好呢？原因就是包装不够高大上。什么叫高大上？高端大气上档次。这就是对产品核心的需求。

包装能带来多少价值？包装能带来60%的价值。所以，当产品卖得不好时，我们就要看看是不是因为包装不够好，包装不好，消费者是看不出价值的。现在的化妆品包装盒都做得很是大气，漂亮的外包装盒，里面又是丝绸衬垫又是泡沫底座的，虽然价格昂贵，但你觉得这么大一罐，很值得哦。但是实际上它的内芯就只有小小一瓶，里面真正的东西很少，只是包装让人看起来很大。

由此，我们总结出：

> （1）对于中小企业，应该适当减少产品功能研发的资金投入，把有限的资金放在产品的外包装、市场开发上。开始不要研发，学习就可以，有钱了再开研发部。
>
> 例如：三星早期无研发部。
>
> 服装业最成功的 ZARA，一年 600 亿元的销售额，也不搞研发，因为学习的成本最低。
>
> （2）包装要放在战略高度。
>
> 如果你没有钱做品牌，就先做包装。"当你看到这个产品产生视觉效果的时候，你就产生购买欲望。"

包装是直接产生杀伤力的购买行为，有时候通过包装就可以决定要不要买，产品好不好是买了之后才知道的，如果包装不吸引人，消费者肯定是不会买的。

再说人的包装。一个人是否成功要看有多少人喜欢你，喜欢你的人越多，你成功的速度就越快。一个人要被他人喜欢也需要包装。

未来的企业最好的形象代言人就是老板自己。如果老板足够让人喜欢，就会有很多人加入你的团队，就会有很多客户慕名而来，为了结交你这个朋友而与你合作。所以公司老板就是公司的形象代言人，也是一种品牌。

个人成功靠包装，产品成功也靠包装，包装是产品品牌外最重要的核心,是重点中的重点。有一句话叫佛靠金装,如果一个菩萨没有镀过金,就叫作泥菩萨,就没有人朝拜,镀过金之后就会有人朝拜。这是很重要的事情,也就是说,包装是建立信赖感的第一重点。

悟:

4. 产品名字

> 名字是心智资源
> 产品成功的一半
> 节省30%广告费
> **取名方法:卖点、功能、名人效应**
> a. 好的名字是成功的一半。好的名字能在第一时间抢占客户的心智资源,降低传播成本。
> b. 成功的公司名字大多是有特定意义的。

产品名字也至关重要。不同的文字给人带来的能量是不一样的,有的名字是正能量的,带来正面的感觉;有的名字是负能量的,带来负面的感觉。

好的产品名字朗朗上口,广告费会省掉30%以上。一本书,好的书名可以带来60%的销量,书的名字没有取好,书写得再好都没有人想看。所以大家做产品,要先把产品的名字想好,让人一看到这个名字就想拥有。演艺界的绝大多数明星都改过名,有些人没改名时

第十二章 以小博大的七大杠杆 Part 12

籍籍无名，改名之后就成了当红明星。比如说成龙原名叫陈港生，成龙就比较像大哥的名字；刘德华原名叫刘福荣，叫起来不响亮，又有点土气，刘德华就感觉比较高大上。起一个好的名字，是可以加分的。

给产品取名，有三个方法：第一，可以根据产品的卖点来取名。比如排毒养颜胶囊，一听名字就知道这个产品是干什么的，很容易被记。第二，可以根据功能来起名。第三，可以根据名人效应来取名。之前有个产品是卖止泻药的，叫作"泻停封"，不过，后来国家新广告法出台，不可以用名人的名字来给产品命名。那么，好的产品名字，要从产品的功能或者卖点出发，相对来说能够持久一点。

来看看房地产行业的产品命名术：

> 最贵的地叫地王；　　　起个洋名叫欧式；
> 最贵的房叫楼王；　　　命名中文叫古典；
> 建得最晚的叫绝版；　　又大又贵叫府邸；
> 建得最高的叫地标；　　又小又贵叫豪宅；
> 在老城区叫传承千万人脉；精装修叫"给你五星级的家"；
> 远离市区叫生态奢华；　　毛坯房叫"创意空间"。
>
> **东西好不好主要看名字，名字取对了产品就好卖！**

悟：

5. 产品服务

这里的服务主要讲贸易方面的服务。贸易服务的概念是个人或社会组织，为消费者直接或凭借某种工具、设备、设施和媒体等所做的工作或进行的一种经济活动，是向消费者个人或企业提供的，旨在满足对方某种特定需求的一种活动和好处。其生产可能与物质产品有关，也可能无关，是对其他经济单位的个人、商品或服务增加价值，并主要以活动形式表现的使用价值或效用。

光看概念还是有点生硬，那我们用简明扼要的方式讲解一下。

> a. 卖产品不如卖服务
> b. 产品同质，服务有差异
> c. 产品会过剩，但服务是稀缺资源
> 　　　一流企业卖标准
> 　　　二流企业卖服务
> 　　　三流企业卖产品
> 　　　四流企业卖苦力

服务是产品的一部分，有句话说得好：卖产品不如卖服务。产品同质，服务有差异化。同为餐饮行业，主营火锅类别，海底捞就是纯粹做到了服务差异化。产品会过剩，但好的服务是稀缺的资源，正所谓："一流企业卖标准，二流企业卖服务，三流企业卖产品，四流企业卖苦力。"所以高端的服务要收取服务费，比如豪华酒店都是要收取服务费的。

第十二章 以小博大的七大杠杆 Part 12

> 21世纪是一个产品过剩、服务不足的时代。所以服务在同质化时代是最大差异化。
>
> 如果产品很难做战略，很难做文化，很难溢价，很难创造精神享受，那就只能在服务上下功夫，靠服务的精神享受溢价，让客户产生持续购买力。

6. 产品卖点

> 卖点是消费者非买不可的理由！
> USP法则：独特的销售主张。

产品的卖点，就是我们有独特的销售主张，让消费者有非买不可的理由。

绝大多数的企业在销售产品的时候，消费者都会说三个字：太贵了！那么消费者觉得太贵了是真的贵吗？其实并不是，消费者说太贵了的意思是请给我一个理由，为什么你的产品值这个价钱。所以我们的产品不好卖的原因是我们的卖点不够好，没有给消费者一个非买不可的理由。如果这个非买不可的理由很充分，那消费者是不是觉得买到就是赚到了？所以产品卖点很重要。在这里先讲什么叫作产品的卖点，USP法则。

USP法则，就是独特的销售主张。

消费者拒绝的不是产品，拒绝的也不是你，他们拒绝的是你的成交主张。比如说有一个人卖小狗，他说我的小狗50元一只，卖出去概不退换；另外一个人说我的小狗 100 元一只，卖出去之后，不满意可以退回来；另一个人说我的小狗您可以先拿回去养，养三个月不满意我负责上门把小狗接回来，还会把您家打扫干净，另外这三个月的狗粮由我提供，如果养得满意，我们再谈价格。无数的人都要买第三种，因为没有风险，就把他的小狗带回来养了，结果三个月之后他就上门了，要把小狗接走，可是这三个月，小狗已经跟你家的小主人关系很好了，它已经变成你的家庭成员了，能留下家庭成员，付多少钱都是值得的。这就是所谓的卖点。

顾客买的是你的成交主张。
顾客不是拒绝你的产品，而是拒绝你的成交主张。

产品卖点，一般有以下几个特征：

（1）独特
（2）给消费者好处（客户有需求）
（3）竞争对手没有
（4）支持点：单一而精准

第一是独特；第二是要给消费者好处，因为顾客都有需求，你得满足顾客的需求；第三是竞争对手没有你的产品某些方面的特质，如果竞争对手也有，你就不独特了；第四是单一而精准的支持点。什么

叫作支持点？有证明就不需要说明，你说你的东西好，要不要拿出一个东西来证明一下？能证明就是有支持点。

所以这个销售主张，首先是客户有需求，假设客户没有需求，你喊破喉咙都没有用，你要给的刚好是对方要的，这个卖点就称之为定位。我们可以超越竞争对手，打败竞争对手，同时又是客户要的，对手没有只有我们有。

达美乐比萨

国外有一个比萨品牌，叫作达美乐，它就一个独特的销售主张，只要你下订单购买达美乐，30分钟之内一定会送货上门，30分钟没有送货到家，本次比萨免费。消费者都觉得这个比萨制作、送货都太快了，30分钟新鲜出炉，30分钟送到，这怎么可能？还有人想，现在是下班高峰期，30分钟送到绝对是不可能完成的任务，我保证他30分钟到不了，所以就下了一个订单。结果就在29分59秒的时候门铃响了，"叮咚，比萨到了"，付钱！

这家公司就是因为这个独特的销售主张，业绩好得不得了，他们现在还研发了无人飞机来送比萨。达美乐真正做到了客户非常需要，竞争对手不愿意做，做不到，做得没有它好的地方。

悟：

全面布局
抢占新商业红利

联邦快递隔夜送达

快递就是要强调快，联邦快递的卖点就是隔夜送达。什么叫隔夜送达？即今天下午5点之前下单，明天早上5点之前快递会送到客户面前，如果明天不能送到客户手里，这笔快递费免单，这就是给了客户零风险的承诺。请问隔夜送达是不是消费者需要的？当然是。所以联邦快递就提出了这个独特的卖点。再请问别的竞争对手能不能做到？不能。

那联邦快递最早的时候就做得这么好吗？也不是。它刚成立的那一天，自己的飞机只寄出了6件东西，并且这6件东西还是自家的员工寄的。生意惨淡，老板自然是愁眉不展，后来老板去找了一个营销大师，大师就跟他说要做一个与众不同的定位。竞争实在太激烈，如何让我们的产品跟别人的不一样呢？别人做快递我们也做快递，我们要怎么样才能跟别人不一样？后来，他们发现客户有寄重的东西，有寄轻的东西，而重的东西有没有可能第二天就能送达？答案是比较难。所以他们就做了取舍，重的东西不纳入隔夜送达的范畴，只寄轻的文件就确保第二天送达。这也就意味着联邦放弃了一部分的市场，只做一部分的市场，保证第二天送达，结果就成功了。

顺丰也在模仿他，部分城市可以做到次晨达，大部分的城市最迟三天送达。

苹果和蛇果

同样都是苹果，苹果比蛇果好吃多了，但蛇果卖得比苹果贵。蛇果以前也不叫蛇果,因为蛇果不好吃,只是好看,卖不出去,所以最早就用来它喂鹦鹉。后来,有个营销大师做了个策划,先给这种苹果起了一个名字叫蛇果,为什么叫蛇果呢?因为《圣经》里有一个故事,亚当和夏娃在伊甸园内受到了蛇的诱惑,偷吃了禁果,后来被神赶出了伊甸园。亚当和夏娃因为偷吃了这个苹果,从而孕育了第一个孩子,他们也从此成了人类的祖先。从此之后蛇果就成了爱情的象征。现在,平安夜有很多人都送苹果,美其名曰平安果,高档一点的就送蛇果,比苹果贵多了。就是因为有一个故事来做它的支撑点,起了一个新名字,所以蛇果就卖得非常好。所以说卖点非常重要。做产品设计和做营销的目的是什么,就是要把同样的产品卖出不同的特质来,在产品同质化越来越严重的今天,更需要我们把相同的产品卖出不一样的特质来。

卖点就是给顾客更高价格购买的理由。如果没有理由,顾客只能选择低价。

例:蒙牛"每天一杯奶,强壮中国人",健康就是它的卖点。

初级阶段:通常把产品的卖点做成广告语。一旦有了文化,一定要把品牌的核心价值观做成广告语。

"每天一杯奶,强壮中国人",所以蒙牛是不是卖健康?其实全中国最好的奶源是在福建南平,南平有一个牛奶品牌叫长富牛奶。南平的地势跟新西兰非常相像,那里牧草丰盛,牛奶的品质是中国最高的，但是为什么蒙牛和伊利却卖得很好而长富牛奶的名气却鲜少被人知道呢？

因为蒙牛和伊利的公司都在呼和浩特，呼和浩特很靠近内蒙古大草原，天然的牧场确实容易让人产生好感，加上强势的广告宣传，让它们声名大噪。

在一个品牌的初级阶段，通常会把产品的卖点做成广告，就是脑白金做的方式，他们把卖点直接变成了广告语。一旦有了文化内涵，就一定要带上品牌的核心价值观，比如"怕上火喝王老吉"，怕上火就是卖点，是一个行动诉求，好的广告都有这样的功能。"今年过节不收礼，收礼只收脑白金"，好的广告语一般都是有动词的。

再次总结一下产品的六个维度：产品品质必须做到很好，品质好了之后要有功能，功能有了之后要有包装，包装好了之后要有名字，名字好了之后要有服务，然后要把这些东西都包装成一个卖点。把这六个维度结合起来，才有可能打造一个完整的产品，把产品打造好了卖点又突出，就好卖了。

悟：

五、定价策略

杠杆五，定价策略（不懂定价的老板不是好老板）。

定价是利润最大的杠杆。

具体策略如下：

1."薄利多销"是错误的观念

因为顾客根本不知道你产品的成本。你卖多便宜顾客都认为你挣钱，得不到顾客的承认。尤其是你越把成本告诉顾客，顾客越说你是假的，绝对不会相信你。

2. 在商场上有两个傻瓜

> 一个叫定价过低，一个叫降价自杀。

（1）无数人都是以价格确定商品价值，如果你定价过低，就是自信过低，是对自己的品质不认可的表现。

（2）降价会让顾客失去对你公司的信心，认为不行了才会降价。如果真的卖不动，把旧产品换个商标，推出新产品降价。

3. 定价方法

> 第一，高开低走定价法

（1）如果一开始定低价，以后就很难涨了。建议高定价，但推广期打折优惠，让顾客觉得占便宜，以后涨价顾客也可以接受。记住，"顾客不是买便宜，顾客是占便宜。"

（2）有些老板想把最便宜的东西卖给顾客，定会先倒闭。因为薄利的企业请不起好的人才，建立不起好的服务，没钱搞研发。企业要有竞争力，必须有钱。

（3）饥饿心理学：顾客认为稀有的产品就是高值的产品、高贵的产品，而高贵就是高价，所以企业要适当制造饥渴。

（4）顾客追高不追低，你越涨价他就越买，你越降价他就越不买。顾客根本不了解产品的内在，只会以价格看产品的价值。

（5）消费心理学：高价＝高值；低价＝低值。一个不懂心理学的人是做不好管理和营销的。

（6）千万不要期望顾客同情你。顾客永远不会同情弱者，他只会支持强者。

我越强，顾客越支持我！我越弱，顾客越离开我！

第二，目标客户定价法

（1）目标想卖给什么样的人就定什么样的价。老头老太：低价；高端：高价。

（2）新的营销理论：一切从顾客角度定价，考虑顾客能够承受的最大价位，而非传统的以产品为中心的"成本利润"定价。

（3）只有以顾客为中心的营销才是真正成功的营销。如：LV定价"不要告诉我成本是多少，只告诉我顾客能够承受的最高购买价格。"

第三，差异化定价法

你能够找到产品和产品之间的差异的时候，你就可以定不同的价，找到利润的更大源泉。例如，根据包装的材质不同、大小不同，可定价不同。理发店可根据技师水平不同定不同价格。

第四，小数点定价法

99.8 元比 100 元定价更合适，因为顾客的心理承受能力就增强了。

第五，价值定价法

用你的产品、服务和产品的综合价值定价，对企业持续增长有利。

提升价值：创新、品质、功能、服务；

塑造价值：名字、包装、卖点、宣传；

贩卖价值：信心、广告、精准的客户。

第六，傻瓜式定价策略

（1）成本加成定价法，即成本 + 利润。

（2）目标利润定价法，即确定目标产品的利润。

（3）需求导向定价法，即先了解客户愿承受的价格再限制成本。

（4）竞争导向定价法，以竞争者的价格为基础制定高或低的价格。

（5）产品线定价法。

4. 调价时期

（1）新产品调价。

（2）老产品改良。

六、赢利模式

杠杆六,赢利模式(不是所有的模式赚钱一样多)。

> 赢利模式即如何把钱收回来的模式。

赢利模式,主要有以下几种:

1. 免费模式

> 开始给顾客免费体验,降低顾客进入门槛。或始终有一些免费的项目,使顾客有舒适、愉悦的心理感受。

(1)顾客不买产品,不是因为他们不想买,而是他们不够了解你、信任你,因为你的门槛太高了。先让他免费进入,了解、认同,才能购买、成交。

(2)开始免费,后来收费。让人一步一步走进去,再也走不出来。

2. 学习模式

> 文化层次低的企业学习的只是产品的功能,高层次的企业还学习产品的战略和营销模式。

学习模式,学内在是最难学的,这叫画龙画虎难画骨,所以外行

第十二章 以小博大的七大杠杆 Part 12

看热闹，内行看门道，聪明的人是看别人做什么，有智慧的人是看别人怎么做。

一起来看看，ZARA 是如何用学习模式，取得了巨大的成功的。

（1）学习一线品牌的方式：

a. 面料

b. 设计

c. 销售模式（如 LV 制造产品短缺的饥饿销售法）

d. 选择店面的方式及大小

高层次的企业学习产品和营销模式，就是全方位一起学习的，你要学别人就是要学到比他本身还要深入，做得比他本身还要好。ZARA 一年能做 600 亿元的营业额，靠的就是学习一线品牌，给人感觉既是大品牌，又不是很贵。它从以下几点学习一线品牌：第一，面料，顶级品牌用什么面料它就用什么面料。第二，顶级品牌用什么设计风格，它也用什么设计风格。第三，销售模式，向 LV 学习，每款产品的数量都是有限的，要多了没有，一个款式售完也不再补货。另外，奢侈品店开在哪里，ZARA 就开在哪里。跟大品牌开在一起的店，自然给人感觉就是大牌。

为什么很多人开连锁店开得不成功？可能某一分店很成功，但另外一家分店生意就不好，为什么？因为，他们选址都是随机的。而大公司的选址有一套庞大的参考数据，它可以算出每天店门口有多少人流量，每天会有多少人进店，进店的人会消费多少钱。通过这些数据，就可以估算出这家店每天的营业额是多少，进而就可以估算出利润，同时就可以算出这家店的店面到底应该多大,太大了就会亏损,太小了客户进来太挤。品牌店选址的地方绝对是稳赚不亏的,人流量是足够的,所以ZARA直接借力,把店开在LV旁边,开在大牌旁边,就不用去计算、推理,又可以保证稳赚。ZARA后来者居上,就是踩在大品牌的肩膀往上飞跃的。

（2）学习终端产品：

> a. 工业化制造：一线手工制造太贵,采用中端便宜的工业化制造。
> b. 中端产品的价格。
> 综上,ZARA不是简单的学习,它是一线品牌与终端品牌的融合品。

当然,ZARA可不是简单的学习,它是一线品牌与诸多品牌的融合品。第一,别人是手工定制,它是工业化制造,成本比较低。第二,别人卖的是高端的价格,它卖的是中端的价格,品质各方面都跟别人一样,但是价格卖得比别人低,这样顾客就会感觉物超所值。

所以,我们总结出两点：

> 第一,大企业才去搞研发,小企业应该减少研发。
> 第二,中小企业要把所有的资源聚焦在品牌营销上,集中所有资源打歼灭战,做最有杀伤力的事情,产生最大回报。

第十二章 以小博大的七大杠杆 Part 12

比如蒙牛起步时是租赁设备，营业额做大了，还是租赁设备。

牛根生说，要把所有的资金聚焦在品牌营销上。我的子弹拼不过你，人力拼不过你，也没有钱搞研发，那我就想办法卖东西，设计包装、搞品牌营销，搞渠道建设，让利给渠道。所以蒙牛只用了两年半时间就上市了，很多人就说一头牛跑出了火箭速度。

可是蒙牛刚创业的时候，伊利已经很有规模了，蒙牛没有办公室，没有工厂，没有品牌，没有市场，那它是怎么起来的？蒙牛做了一个事情，先做市场调研，然后根据市场调研的情况，根据消费者的需求去做营销，然后一夜之间，蒙牛乳业成为内蒙古乳业的第二品牌。当时蒙牛做了整条街的广告，还打通了所有的媒体，一波又一波地造势，产品还没进入市场，就先进入了消费者的脑袋。炒作好几天之后，突然一夜之间很多广告牌被砸了，然后舆论就开始猜是谁砸了蒙牛的招牌，是不是竞争对手害怕它而做出的极端举动？一个弱者跟一个强者挑战，舆论都是同情弱者的，所以当时所有的矛头都指向了伊利，这时候它再进入市场就相对容易多了。这样一炒作，消费者立刻就知道了蒙牛乳业，蒙牛乳业就进入了消费者的心智。

品牌打出去了，请问是不是要生产牛奶了？可是建工厂要不要钱？接下来，牛根生又用了一个很重要的策略。当时全中国有很多牛奶厂，都是半死不活地经营着，一年也赚不了多少钱，他就把别人的工厂收过来。比如一个牛奶厂，原本一年赚100万元，他就给牛奶厂保底，至少一年给他们赚100万元，如果销售好了，还有可能赚200万元，但是所有的牛奶都必须用蒙牛乳业的包装。从此，牛奶厂的老板都为牛根生打工了。

然后，包装机器由利乐公司免费提供，只要买他的包装材料就可以免费使用。但是对于蒙牛来说,用别人的人、用别人的资金、用别人的工厂、用别人的牛、用别人的奶厂,这就是最好的资源整合。他把别人的资源都整合过来,包装上都是蒙牛乳业。

接下来,把牛奶运到市场上去卖,就需要运输,所以牛根生又开始整合物流。如果买20辆车,50万元一辆,那就要先投入1000万元,还有管理成本。当时他根本就没有那么多钱,所以他开始整合别人的车队。你的车子上面只要写上蒙牛乳业四个字,你做我的车队成员,我给你2万元,我保证你一天24小时都有工作。所以牛根生花200万元就拥有了100辆车的运输车队,一下子就让人感觉蒙牛有几千万元的雄厚资产,给人的信赖感很强,蒙牛就这样快速发展起来了。

这是一个很成功的经典案例。一切资源都为我所用,把所有的资金聚焦在品牌营销上。所以,中小微企业要想办法把资金聚焦在品牌营销上。

悟:

3. 第三方支付模式

即由顾客以外的第三方单位来支付顾客的运营费用,而顾客是免费的。

例:观众看电视免费,电视台靠广告费赚钱,属第三方支付模式。例:谷歌,百度,所有上网、搜索都是免费的,由企业、广告商支付费用。

4. 直销模式

a. 方式：电话、网络、杂志、报纸、会议营销、人海战略（安利、雅芳等）、电视直销。

b. 未来的 10 年，70% 的终端会被直销所消灭。未来的 20 年，80%-90% 的终端会被消灭。

c. 会议营销：所有的行业都可以用，批发式营销，有一种带动性，现场的磁场会推动销售。

d. 网络：杀伤力最强。网络会取消终端，与时俱进，这是未来的趋势。

5. 渠道模式

a. 企业有三个无形资产：人、品牌、渠道。

b. 渠道就是现金流，就是利润。你可以不向银行贷款，但你不要忘了向渠道融资，因为它有无限的融资功能。

做渠道模式，要领会以下建立渠道的步骤：

（1）先做样板市场
（2）广告造势
（3）参加广交会
（4）邀请优质客户

(5)举办招商大会

(6)制造大品牌形象

还有一种借渠道方法，又叫傍大款模式，即是借另外一个公司的渠道合作，代销自己公司的产品。越是客户端共同的渠道，越容易整合。

悟：

七、品牌战略

杠杆七，品牌战略（不懂打造品牌永远赚不到钱）。

想打造一个品牌，需要从以下几个方面做起。

1. 品牌的商标战略

单品牌策略是大型企业使用最多的商标战略。单品牌策略即企业根据客户端的不同类，把产品细分成很多商标。明明是一个公司出产的，顾客却感觉是不同的公司。你不买这个也买那个，企业做到一网打尽。

例如全球最成功的案例——宝洁公司，潘婷、海飞丝、玉兰油、沙宣、飘柔，都是宝洁生产的，但是又用了不同的品牌商标。

又如百丽公司，百丽、思加图、真美诗等十多个品牌的鞋全部是百丽旗下商标。

2. 品牌的文化战略

（1）品牌文化战略的第一点就是品牌故事。

第十二章 以小博大的七大杠杆 Part 12

> 品牌故事：顾客凭故事记住你，因为人都喜欢听故事，越有历史，意义越大，所以一定要去挖掘故事。

顾客都爱听故事，不喜欢听道理，产品要好卖，一定要有故事，故事容易被记住，故事也容易被传播，传播久了，就会起到很好的广告作用。可很多产品就爱讲配方，这是没有用的。所有的名牌和收藏品都有故事。

美国为什么给人很强大的感觉？因为美国有一个全世界最大的宣传机构，就是好莱坞，好莱坞的大片拍出来都是世界第一的。比如电影《第一滴血》，一个人就可以把一个国家给干掉，这就给人美国太强大的想象，一个士兵都可以抵得上一个国家的部队。

（2）品牌文化。

品牌文化就是品牌的核心价值。

> 品牌的核心价值就是品牌传播的核心价值观，它通过顾客为什么买这个产品，通过顾客的需求来判断，来提炼。

百事可乐

百事可乐的品牌文化就是售卖激情，因为百事可乐主打"新一代，年轻人的可乐"，所以年轻人最喜欢。

全面布局
抢占新商业红利

> 耐克

耐克卖的是什么？是激情和能量。

> 阿玛尼

"潇洒的男人就穿阿玛尼。"阿玛尼卖的是潇洒。

> 农夫山泉

农夫山泉"我们只做大自然的搬运工"，它卖的是健康。

"一个人为什么会有朋友？"
一是自己有核心价值观。
二是朋友认同和支持他的核心价值观。

品牌为什么没有消费者，没有粉丝，没有支持者？就是因为没有个性，没有核心价值观。有了就会吸引和你有同样价值观的人。支持你核心价值观的人越多，品牌营销的速度就越快。

3. 品牌的战略高度

> 品牌可以通过文化战略，即语言、文字表达抢占客户的心智高度，让顾客在第一时间对你们公司产生尊重感。

第十二章 以小博大的七大杠杆 Part 12

品牌的战略高度有如下三种表达方式:

(1) 规模表达:规模代表实力,实力代表信任。

> "顾客总是认为规模越大的公司就是越好的公司。"
>
> 一个很懂营销的人一定会在第一时间介绍规模先抢占客户心智。
>
> 注意:介绍结果去抢占,不要先谈历史,要先谈成果!

> 规模表达主要有四个方面:
> a. 从员工数量表达
> b. 从营业额表达
> c. 从公司数量表达
> d. 从厂房规模表达

(2) 速度表达:没有规模就表达速度。

> 顾客和员工永远都会选择支持强者,银行永远都是嫌贫爱富,速度制胜导致资源富集。

速度表达一可以吸引员工,二可以吸引顾客,三可以吸引供应商,四可以吸引政府。

265

在顾客心里，他认为速度最快的就是最好的，中小企业唯一的发展方式就是速度。

（3）领导表达：不断地告诉你的顾客我是领导品牌，或者告诉你的顾客我就是第一品牌。

消费者喜欢第一，所以第一是建立顾客信任感最直接的方式。一定要告诉顾客你是第一，没有第一也要造出个第一。

例："中国门业二十大品牌"——这是典型的自杀行为。

如果你确实不是第一，那就找差异化。例："中国榆木门业第一名"。

如利郎西服的领导表达，"商务西服第一"。

4. 差异化战略

所谓差异化战略，就是从以下几个方面进行调研、分析和总结，进而确定差异化战略的。

（1）找到产品不同角度的优点，聚焦到极致，然后塑造价值给顾客，将相同的产品卖出不同。

我们无法改变产品，但是我们可以改变对产品的看法。看到的角度不同，结果就完全不同。

第十二章 以小博大的七大杠杆 Part 12

我们都听过盲人摸象的故事，每个人对大象的理解都不一样，因为他们摸到的点不一样。其实，客户对产品的认知也只是一小部分，就像盲人摸象一样，有人摸到大象的尾巴，就说大象像绳子；有人摸到大象的腿，就说大象像柱子；有人摸到它的耳朵，就说像扇子。每个人只能看到一面，如果只单一地进行这一面的表达，那么缺点永远都会存在，所以我们要展示产品，就要展示产品的全部优点。我们改变不了大象，但是我们可以改变看大象的角度。

（2）世界上根本没有不好的产品，只是你根本不知道发掘它的优点，塑造它的价值。

> 营销大师就是引领别人的思想，把缺点变成优点，把优点发挥到极致。

进行差异化战略有如下两个方法：

（1）营销差异。

> 相同的东西卖出不同。
> 改变认知：名字、包装、服务、卖点、品质。
> 认知＝事实
> 顾客外行，需要卖家引导！

所谓营销差异，就是相同的东西卖出不同。

全面布局
抢占新商业红利

如何改变认知？通过名字、包装、服务、卖点、品质等，来改变消费者的认知。因为认知＝事实，顾客是外行，需要卖家引导。所以把相同的东西卖出不同，就是前面讲过的把苹果分成普通苹果和蛇果，虽然是同一类，名字改变了一下，包装改变了一下，卖点就改变了，给人感觉就不一样了，就让人们改变了认知。所以，认知＝事实。

悟：

（2）产品创新。

> 旧元素的重新组合

产品创新是进行差异化战略的又一方法，也是基于旧元素的重新组合。创新的定义是创造新维度，换了一个不同的维度。

> 营养快线：牛奶＋水果

比如娃哈哈旗下的营养快线，运用了牛奶＋水果的成分组合，这个叫作创造新品类，所以它比其他饮料都卖得贵。

那么如何进行差异化呢？

（1）进行差异化的方法是聚焦差异：固化差异。

第十二章 以小博大的七大杠杆 Part 12

> 从某一角度找到、赋予产品的某一差异。将这一差异放大、放大、再放大，重复、重复、再重复。当差异被重复到一定程度，就在顾客的心智中产生质变，形成了产品的唯一优点。

舒肤佳聚焦"杀菌"

比如舒肤佳聚焦"杀菌"这个卖点。杀菌这个卖点非常好，马上抢占消费者心智。在品牌的世界里，根本就没有真正的品牌，只有顾客对品牌的认知，就是品牌带给消费者的一个印象。

关于固化差异，有以下几点要了解。

> a. 不断地塑造它的差异，抢占消费者心智。
> b. 在品牌的世界里，根本就没有真正的品牌，只有顾客对品牌的认知和认可。什么是品牌？品牌就是顾客认知。例："怕上火，喝王老吉。"
> c. 顾客为什么觉得你的产品贵？因为你没有给顾客赋予它更高价值的理由。

做产品差异化主要从以下几个角度出发：

第一是从原材料的角度找差异。

强调原材料的品质能够给顾客带来信任感。特别是生活用品，如有机、绿色。

第二是从生产过程(制作方法)的角度找差异。

顾客认为制作的过程越复杂,产品的结果就越好。如乐百氏饮用矿物质水,就是从生产过程的角度找差异:通过27层过滤。

第三是产品的功能差异化。

任何一个产品都有综合的功能,但是凸显其中一个功能,能收到事半功倍的效果,找出这个产品独特的功能优势,然后聚焦、放大。如海飞丝的功能是去屑,飘柔的功能主打柔顺。

第四是从历史的角度找差异。

在人的思想体系里,会有某某产品是哪个国家做得最好,是哪个历史年代做得最好的传统心理。如北京同仁堂就是从历史的角度找差异。

第五是从地理的角度找差异。

顾客永远从过去的历史来判断今天产品的品质。所以,产品在哪里生产不重要,但是品牌属地非常重要。如黑人牙膏,20世纪30年代在上海创立,产品远销海外,顾客就非常信赖。

第六是从感性的角度找差异。

任何人都有感性的一面,尤其是中国人,强调感性能增强顾客对产品的信任感。

> 威力洗衣机:献给母亲的爱。
>
> 娃哈哈:我的眼里只有你。
>
> 雕牌:妈妈,我可以给你做家务吗?

以上这些产品都是强调打情感牌,可以打动人的内心世界。

第七是从成功的角度找差异。

找不到诉求点就以"用我的产品就成功"来诉求。比如"××中的劳斯莱斯",就给人感觉这样的产品代表成功形象,越用越成功。用我们产品是不是成功的条件?所以你要强调我是某某中的劳斯莱斯,这就代表着优秀。比如,很多培训界的讲师说:"我是劳斯莱斯级的教练。"

第八是从环保的角度找差异。

与顾客直接接触的产品统统可以从环保的角度找差异。

第九是从专家的角度找差异。

如"某某方面的专家"。

成功由差异造就,而非完美造就。在顾客心里面,你这点做好了,他会认为你所有的都做好了,这叫"光环效应"。

悟:

(2)全球思想。

做好差异化的第二点是要有全球思想。

什么是全球思想?全球思想要从以下五个方面去分析和理解。

a. 一个人成不成功,跟他的能力没有很大关系,跟他的思维有很大关系。

b. 从未来看现在才能成功,要掌握超前的资讯。

c. 从世界看广州和从广州看世界完全不一样。马云当年在美国接触了互联网，才有了现在的阿里巴巴。企业家应该有全球化思维，应该站在世界看中国。

d. 很多产业在中国切高端根本切不进去的。因为中国人不认可，在中国注册品牌想成为 LV 根本不行。如果做服装，就应该把商标注册在意大利，把设计师放在意大利，然后由国外的公司授权中国生产。

e. 英雄跟着时势走，这个世界上只有时势造英雄，英雄永远要寻求规律，在规律面前任何人都是渺小的，战略型企业家就是按照规律办事的人。

所以英雄也要随时势，要跟着时代走，基本上每隔十年就会有新的东西出现。比如说最早的是 QQ，后来是淘宝，淘宝之后是微信，微信下一个可能是抖音。但抖音之后下一个是什么？谁也不知道，但是肯定会有新的东西横空出世。

5. 终端战略

终端就是跟顾客直接接触的地方。

制定终端战略有以下几个方面：

（1）位次战略。

所谓位次战略，就是在哪里卖。位次战略又有以下两点：

a. 你跟什么样的人在一起，别人就会认为你是什么样的人。与谁同行很重要。

比如"真功夫"所有店面的位置选择，都是在麦当劳和肯德基的旁边，给人造成的印象就是"真功夫"是中国第一快餐品牌，和国外来的麦当劳和肯德基是同等位次的。

再比如一家新的蛋糕店，如何能不花一分钱就让别人认为你是国际化品牌？很简单哪，就开在哈根达斯旁边。

b.定位高端，名字、商标一定要国际化。

（2）关系人战略。

所谓关系人战略，就是谁来卖的问题。

> 任何一个品牌，终端销售人员的素质、形象、档次必须配合公司的品牌形象，符合品牌的定义、精神。
>
> 高端产品一定要高端人才配置，你才高贵，这叫"第二次高贵的塑造"。
>
> 如果香格里拉的服务员有一天全生病了，从拉面馆找来五个人顶替当服务员，顾客会有什么感受？

（3）广告怎么投？

一个家喻户晓的成功品牌，是离不开广告的助力的。那么广告五说，就浅显地告诉你广告应该怎么投。

> a.对谁说？目标客户；
> b.说什么？卖点；
> c.如何说？创意；
> d.在哪里说？说多少次？
> e.说后的效果如何？

悟：_____

第十三章
业绩暴涨的八大策略

没有任何一家企业，是不希望业绩暴涨的。业绩暴涨才能推动企业的快速发展，才能不断加大品牌在市场的占有率。那么在竞争如此激烈的今天，我们要如何实现业绩暴涨呢？请看以下八大策略：

一、前端打平，后端赚钱

这一原则适用于前期开发困难期，重点是要计算客户的终生价值。

1. 无数企业没有进行客户挖深，一个优秀的公司拥有良好的终生服务客户的能力，不好的公司则是销售人员把生意接下来，后面的人就把生意扔掉了，所以优质的公司必须挖深顾客。

2. 两种让利法：

（1）让利给员工：奖励方式要设定在让销售人员把精力多放在新客户开发上。

（2）让利给顾客或经销商（如娃哈哈：让利给经销商）。

前端打平，那就意味着一开始我们的产品基本上不赚钱，仅仅是为了获得一次跟客户见面的机会，那我们要什么？我们要客户的终身价值，所以必须要有一个思路，像踢足球一样，有人踢前锋，有人踢后卫，我们的产品也一样要做这样的布局。

二、风险逆转（零风险承诺）

将顾客的风险转嫁到自己身上，这是临门一脚，在顾客犹豫那一刻使出来，让顾客无后顾之忧。

如承诺：多少天不满意，随时退货（其实，退的概率不高）。

注：但要对产品品质有信心才可使用。

三、聚焦明星产品

1. 任何一个公司都有很多产品，顾客会无从选择，所以让顾客直接选入门产品，即明星产品，明星产品价格不要太高，否则会吓跑顾客，而且要物超所值。

2. 顾客信任感的提升有逐步上升的过程，顾客不是逼出来的，是主动购买来的。不要把顾客一棒子打死，通过购买明星产品，让顾客慢慢吃成胖子，一步步信任你，先认可了这个，就可带动一个系列。

3. 没有重点就没有力度，没有力度就没有杀伤力，要聚焦100倍的力量销售明星产品。

4.如果有10个产品,准备用100万元广告费,不要平分,因为没有轰炸效果。应该把100万元广告全放在一个明星产品上,一个卖好了,顾客对这个品牌的信任感提升,其他产品就好卖了。

四、增加营业额的三种方法

重要的公式:$1×1×1=1 VS 1.1×1.1×1.1=1.331$

以上三项每增加10%,结果就增加了33.1%。

五、体验式策略

一个公司必须有馈赠产品、体验式产品、明星产品、利润产品和战略产品。各类型产品按如下比例进行配置。其中馈赠产品和体验式产品可用于体验策略的执行。

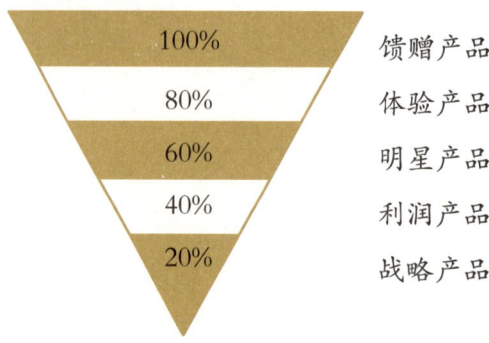

六、证据策略

你说你的产品好,但只凭说顾客是不相信的,要用证据来说话。证据可以从以下三个方面来表达:

(1)图片化

(2)文字化

(3)视频化

七、赠品策略

> 卖产品的时候附加送个小礼物。
>
> 有礼走遍天下,
>
> 无礼寸步难行!

赠品策略,即是卖产品的时候附加送个小礼物。

都说"有礼走遍天下,无礼寸步难行!"所以很多会做人际关系的人,车后备厢里随时都备有礼物,见到客户打开后备厢拿出一个礼物,客户不买就有点不好意思;去拜访客户,也会拎着一个见面礼。

在卖东西的时候,很多人会加送一个小礼物,这个小礼物就会促使别人还会来买。你会发现很多情商高的卖菜阿姨,你买了她的菜,她就加送两根葱给你,其实我们也不差那两根葱,但是感觉这人有情有义,下次不来都感觉不好意思。

八、异业联盟策略

满足同一类顾客的不同需求,形成策略联盟。互相享受优惠,刺激双方消费。

例:30种不同行业,30家店铺客户端为同一类客户服务。全部组织起来,形成同一联盟,然后每一家的会员卡后面都打上其他29家店的名称,会员卡通用,打8.8折;每家店的易拉宝同时挂上其他公司的易拉宝,一家店干的事情,就有30家为你干了,大家相互成就。

悟:_____
_____
_____

第十四章
永续经营的九大要素

要让企业做到永续经营,就要让企业具备以下九大要素:

- 一、客户(谁付你钱?)
- 二、价值(有什么好处?)
- 三、营销(如何让客户掏钱?)
- 四、渠道(如何将价值送达客户?)
- 五、主要任务(你如何做?)
- 六、资源(你缺什么?)
- 七、合作伙伴(谁能帮你?)
- 八、产品线(有多少种赚钱方式?)
- 九、成本结构(要花多少才能赚到钱?)

第十五章
立于不败之地的十大趋势

立于不败之地的十大趋势,也是未来中国的商业走向,具体如下:

一、消费层次高端化

中国正在发生一场举世瞩目的消费大升级,从功能消费,向精神消费转变。

二、消费主体年轻化

从家长给予的被动消费,向自主消费转变。

三、消费体验人性化

从物质消费,向泛娱乐消费转变。

四、消费场景碎片化

移动互联网时代,从固定场所消费,向随机消费转变。

五、消费动机感性化

从我需要消费,向我喜欢消费转变。

六、互动沟通精准化

必须将你的客户和潜在客户的需求放在第一位,而不是把你要卖什么东西放在第一位。

七、一专多能分子化

用核心竞争优势,形成生态圈。

八、产品人格化

接下来将是高品质的、带情感元素的好产品的时代,营销不是关于你"卖什么",而是你代表什么。不仅要塑造公司品牌,还要塑造个人的网络品牌,卖感觉而不是卖产品。

九、产品高端化

已经富起来的中国人民不再只需要低质低价的商品,而是蜕变为追求高质高价的产品。高质不是仅仅包括商品本身的品质,还包括了服务、体验、运营效率等外延。

十、公司平台化

未来经营事业的趋势是合作,谁能与最多人合作,谁就能取得最大的成功。你能与多少人合作,决定你能获得多大的成功。

1. 跟员工合作(团队共同体);
2. 跟客户合作(利益共同体);

3. 跟同行合作 (趋势共同体)；

4. 跟异业合作 (资源共同体)。

悟：_____

_____

_____

第十六章 老板系统

公司如何设计商业模式？如何才能建立整个产业链系统和生态？前提是先建立老板系统。

什么是老板系统？

无论是企业遇到问题，还是人生遇到问题，究其根本只有一个问题，那就是支配的资源不够用。当你所支配的资源足够用的时候，人生和企业就都不会有问题，资源能为你带来很大的安全感。

那么如何获取更多的社会资源，让更多的资源为你所用呢？一个答案：必须建立老板系统。

先看看创始人的 DNA：

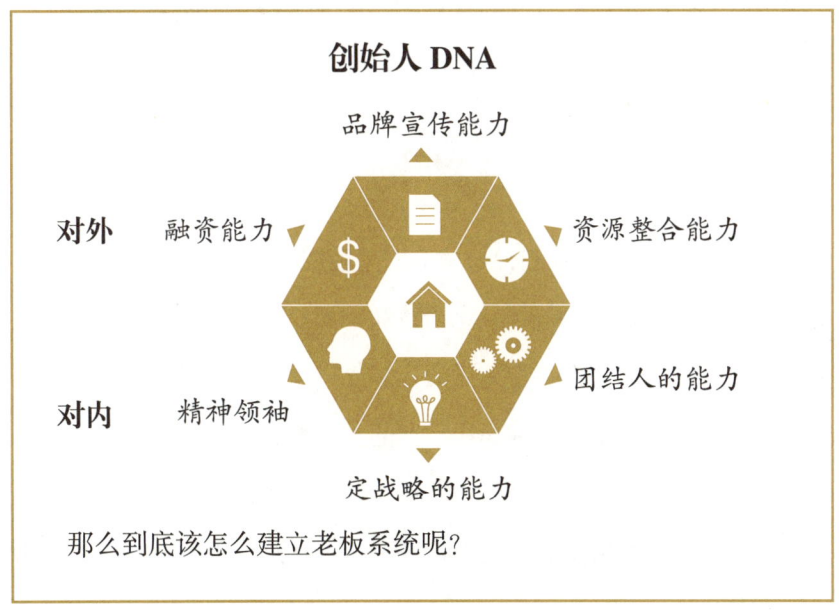

那么到底该怎么建立老板系统呢？

一、老板系统一：破层

什么是破层呢？大家都坐过飞机，飞机起飞时是不是很难受？起飞与降落是坐飞机最危险的时候。在起飞的时候，飞机加大油门，往上冲，发动机噪声非常大，让人感觉很不舒服，而且在云层下面还可能有狂风暴雨、雷鸣电闪。但是，突破云层以后就能看到蓝天白云。所以人生就是这样，要不停地去破层，进入更高的层级。

> 人的一生，就是在不断地破层。今天，层级不破，生意很难做，因为不到那个层级，你根本看不到那件事情。
>
> 不穿过云层，怎么可能看到一望无际的蓝天白云。在层级下面全是狂风暴雨，穿过云层就不刮风不下雨，因为雨是由云层往下走的，不会往上走。
>
> 破层是人生当中最重要的一件事。破层只有两个通道：第一，换圈子；第二，学习。

当我想明白这件事的时候，我就一直在学习，而且是进入更高端的圈子去学习。请问，一百万元学费和一万元学费的学习，大家接触到的人、学习到的知识、学完后的成果能一样吗？绝对不一样。环境对人的影响，你根本看不到。在我们的生活中，有一句叫"龙生龙，凤生凤"，贵族生下的孩子都有贵族气息，这就是环境对人的影响。

在简颢集团的资源广交汇上过课的人，在这方面就有很深刻的感受。通过学习,大家就会发现,再回去与以前的朋友聊天,会觉得他们说的有一点点小儿科,慢慢地与他们就缺少共同语言了。

学习是战略性投资,经过学习,你的思维模式会改变,你说话、做人做事的方式都会潜移默化地改变。人生破层,就是要进入另一个圈子、另一个层级里边,所以,破层最快的通道就是换圈子或者学习。

> 人生就是如此,层级越高越安全,层级越高视野越开阔,层级越高航行速度越快,发展得越快,做企业也就是在不停地破层。

> 一个人要破层,一个家族要破层,一个企业更要破层,飞机破层时,全力以赴往上飞,油门不敢松,一松就掉下来了。一个企业破层时,必须踩住油门全力以赴,不能有任何一点私心杂念,只有这样企业才可能真正破层。

悟:_____
_____

二、老板系统二：建立共同的价值观

> 老板系统首要具备的能力就是建立共同的价值观，没有共同的价值观根本不叫系统。通过建立共同的价值观打造有契约精神的利益共同体。

要想把企业做大，老板应该抓的是精神层面，而不是管理层面，即老板必须抓价值观的建设，价值观的建设是公司的基石，这是公司最大的事。建立在正确的价值观基础上，公司才能稳健发展。

你见过有大年三十开除员工的公司和老板吗？

答案是有，马云就在大年三十那一天开除了高管。因为这个高管违背了阿里的价值观。

三只松鼠的老板章燎原，在苏州南东店开业三天的时候把店给砸了。为什么装修那么好、生意那么火的店开业仅仅三天就被老板给砸了？因为供应商给高管送礼，腐败，拿回扣，违背了三只松鼠的价值观，所以章燎原把店关了。所以，任何一个成功的企业，老板都是在抓价值观。

所谓"道不同不相为谋"，价值观不同早晚得闹翻，早晚得分裂，还不如不合作，所以合作与共事就必须价值观相同。

建立共同的价值观有以下六个步骤：

三、老板系统三：全局观

请看做局的步骤：

谋局　布局　做局　结局　格局　破局

1. 谋局

老板要花 80% 的时间谋局，成功都是给准备好的人准备的、是给谋好了局的人准备的。

利可共而不可独，谋可寡而不可众。

一人可安邦，一人可定国。所以，有时候，真理是掌握在少数人手里的。

> 找谋士（策划人）：
> 能激发你的闪光点的人！

一个企业的 DNA 首先是从老板的 DNA 开始的，好的谋士应该从老板的 DNA 出发开始策划。谋士有以下特点：

| 思想独立 | 经济独立 | 阅历丰富 |

2. 布局

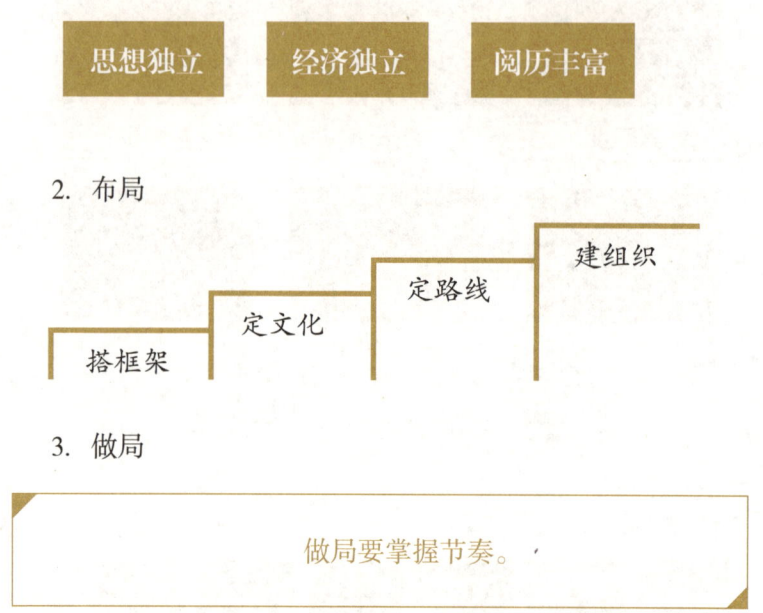

3. 做局

> 做局要掌握节奏。

最重要的就是做局。做局要掌握节奏。

如《三国演义》，诸葛亮六出岐山都未果，司马懿就用一招"守"破了诸葛亮的局，诸葛亮一死，司马懿马上向曹丕告病、回家养病，防止被曹家看出野心，被灭口，所以隐藏野心，最终取得天下。

诸葛亮在排兵布阵上排第一，司马懿在战略上排第一，曹操在用人上排第一。

一个企业一定要掌握好发展节奏，不要跟别人比，不能被诱惑，一定要根据自己企业的 DNA 稳步朝前走。

4. 结局

做好了前面三步，好的结局是自然而然的事。

5. 格局

有了好的结局,老板还要有大格局,舍得给员工、经销商甚至是顾客分钱。

6. 破局

又可以跳出局外,重新破局,以此循环。

那么,局又有哪些特征呢?

(1)局是阶段性的。

(2)目标清晰。

比如大家看看中国共产党的十七大、十八大、十九大,每五年一规划。咱们的企业也一样,每年、每个阶段都要有清晰的规划。

当然做局也要有原则和底线,如下图所示:

做局的原则:有可为,有可不为,必须有底线。

做局的底线:一是戒;二是定;三是慧。

就像三鹿公司出现的三聚氰胺奶粉事件,就是没有底线,没有原则。

我们详细谈一下局的底线。

第一,戒。

戒分为戒律、割舍和边界。

（1）戒律（规则）

戒律，就是要有清晰的游戏规则，要有原则。中国共产党的历史上有三大纪律八项注意；一个僧侣要遵守三百多条戒律……这个世界上最懂规矩的人，都是有信仰的人。

（2）割舍

割舍，懂得割舍的人才能更成功。一棵树每年春天都要修整，要剪枝，才会长得更茂盛，生命力更强。而有些树不修枝就长不大。有时候多就是少，少就是多。

（3）边界

> 很多美好的事情，一旦跨出边界，很容易好事变坏事。经营企业最关键的点就是找到自己的节奏，不受外界干扰，根据自己的节奏走，不跟任何人比。

有时候，我们最容易犯的错误就是跟别人比，经不起诱惑，一比，就看不清远方和要去的方向了。

电视剧《西游记》里有很多镜头，是孙悟空去找食物的时候，就用金箍棒画了一个圈，让唐僧坐在圈里。然后妖怪就变成各种人物来引诱他，唐僧受不住诱惑跨出边界，结果就被妖怪抓走了。

当我们有远大梦想的时候，也一定要设定好边界，不是看到这个赚钱就做这个，那个赚钱就做那个。这样最容易走向失败。

第二，定。

第十六章

> 定，就是坚守，坚守原则、坚守道德、坚守底线、坚守行业、坚守初心。

> （1）定力是第一战略；
> （2）定力就是在资源匹配不够时能放弃肥肉；
> （3）定力就是能等待对手出错时奋而发力。

其实，当我们不在乎眼前利益的时候，就能承载更大的财富。财富的规律是越吐越多，越要越少，但很多人不懂这个规律。

第三，慧。

> 有智慧，就能看得到全局。

这个智慧是什么？我们先解读一下"慧"字：把一座大山压在自己的心上，才能做局，才能获得双丰收。意思就是，有了神圣的责任与使命，自然就会开启智慧。一座大山压住自己的心，指的就是责任与使命，有了责任与使命，智慧之门自然会开启，就能看到全局。

悟：　_____

　　　_____

四、一个优秀的指挥官最重要的能力

那么,一个优秀的指挥官最重要的是什么能力?

一个优秀的指挥官,最重要的能力是选择战场的能力。古代为什么有很多以少胜多的战争?或者是天时,或者是地利,指挥官把天时和地利变成优势,就有可能以少胜多。

一个企业的领导者,就是一个指挥官。如何才能成为一个优秀的指挥官呢?

要清楚以下三件事情。

| 你在哪里? | 要去哪里? | 如何去? |

你在哪里?优势

做领导的人首先要搞清楚自己在哪里。要么是目标导向,要么是资源导向。两者都有当然最好。所以我们首先要知道自己手上有什么资源,自己的优势在哪里。做领导的人最忌讳的是没有方向,如果领导自己都没有方向,员工就会更加茫然了。

要去哪里?使命

其次就是要搞清楚你要去哪里,你的使命是什么,你要为社会解决什么问题。

第十六章

老板系统　Part 16

当唐僧把去西天取经的大旗竖起后，走着走着孙悟空就出现了，走着走着猪八戒就出现了，走着走着沙僧就出现了。一旦有了使命，核心团队就会慢慢出现。

> 如何去？方法和信心

最后是如何去，就是有什么样的方法和信心。

什么样的人能够成为领导者？相信大家都看过灾难片，在面对灾难的时候，大家都惊慌失措的时候，有一个人站出来说，大家跟我来，这个人就成了领导者。所以，什么样的人能够成为领导者？是在大家都没有方向的时候，他已经有了方向，大家都没有办法的时候，他依然有办法，而且胸有成竹、信心满满，碰到再大的困难，他都能想出办法。

如何才能胸有成竹、信心满满，永远有办法？这就需要修炼内功。所以，领导者要将自己修炼成为一个有正能量的人、能解决问题的人，而不是抱怨的人。喜欢抱怨的人是不可能变得优秀与杰出的。

大家想一想，无论在全中国、亚洲还是全世界，无论是政界还是商界，能不能找出一个喜欢抱怨的、不具备正能量的人，还能成为真正领袖的？没有。换句话说，凡是能够成功的，都是有正能量的人。从另外一个层面来讲，所有不成功的人，一定都是喜欢抱怨、不具备正能量的人。那凡是有正能量的人就一定能成功吗？不一定。但是你不具备正能量，你就一定成功不了。一个领导者除了要有正能量之外，还需要有方法，就是解决问题的能力，也需要有担当。

全面布局
抢占新商业红利

悟：_____

_____

_____

> 一个老板最重要的能力是要学会使用别人的能力。

一个老板最重要的能力是要学会使用别人的能力。但是绝大多数企业家都犯了一个错误，都在使用自己。所有成就大业的人，都需要借助别人的能力，光靠自己肯定无法成就大业。所以，一个成功的企业家一定要学会使用别人，而不是使用自己。

生活中很多能力很强的人往往都在给别人打工，能力很弱的人反而成功了。很多人能力并不怎么样却成了老板，能力很强的人往往没有成就大事业的，为什么？主要有三点原因：

第一，能力很强的人很容易找到好工作，很容易就把自己变成了员工，而能力很弱的人找不到好工作，被迫当老板。所以绝大多数当老板的人都是被迫的，没有选择，才当了老板。

第二，能力很强的人，通常都比较自负，他说以我的能力，随便找几个阿猫阿狗跟我混都可以混出名堂，所以他不会去找比他更厉害的人。而能力弱的人，他说以我的能力无论怎么混都混不出什么名堂，所以如果我要成功的话，一定要找比我更优秀的人为我所用，所以他懂得用比他更厉害的人。

另外，请问能力强的人好不好伺候？假设老板能力很强，手下能力也很强，说不定哪天因为某件事情两个人意见不合就较上劲了，较上劲之后，能力强的人通常会说不干的话，如果老板能力也很强，就会说那就给我滚！能力强的人觉得，此处不留爷，自有留爷处，就走了，对吧！那么他在这个老板身边那么多年，对行业也了解，离开这个老板，他只有两种选择：第一种是跑到竞争对手那里去，第二种是自己开了一家跟原来的老板一模一样的公司。无论何种选择，对原来的老板来说，都增加了一个对手。但是，如果老板能力弱的话，他还要靠这个部下，就会担心万一跟他闹掰了，他不干了我就死定了，他就只能忍着，所以，老板的胸怀就是这样被委屈给撑大的。这时候能力强的人在想，以我这个臭脾气，看来这个世界上，除了老大就没有人能够包容我，算了，我还是为老大工作吧！

悟：
_____
_____

刘邦 | 项羽

刘邦和项羽都是中国历史上杰出的政治家和军事家。大家觉得刘邦比较成功，还是项羽比较成功？刘邦能力强，还是项羽能力强？

从个人能力而言，十个刘邦都比不上一个项羽，但是最后刘邦成功了。为什么？因为他懂得用人。

当时刘邦被项羽围攻，韩信作为他的手下，手握20万大军，就在50公里之外居然不救刘邦。如果你是刘邦，你会不会觉得心里很凉？最后，刘邦死里逃生，也没有怪罪韩信没有来救他，只是说了一句话："大将军很会带兵啊！"然后就把20万大军给带走了，只剩下 2000 名士兵给韩信。这时候基本上算是闹掰了,但是,韩信的能力很强,后来又发展到 20 万士兵,很快就要把齐国给攻下来了,这时候他需要立足之地,就写信给刘邦,说老大,我已经按照你的旨意把齐国打下来了,但是齐国这个地方地势上易攻难守,民风也很彪悍,很难管理,我现在名不正言不顺,你能不能给我封个称号,叫作假齐王,假表示代理的意思。刘邦看到韩信又来讨封赏,当场就想发飙,这时候旁边的谋臣张良踢了他一脚,刘邦反应非常快,立刻就说,要封也要封真齐王,结果他就给韩信封了一个齐王,然后利用韩信把项羽给打败了,最后,再来收拾韩信。

如果老板不了解人,是不可能把企业做大的,因为所有的事情都是人做的。要想把企业做大做强,首先要研究人。

所谓企业,就像企业的"企"字的写法一样:一个"人"、一个"止",如果说没有"人"就变成了什么?没有"人"就变成了"止"业。一个公司要做大做强,必须研究人还是研究事情?绝大多数人都在研究事,可研究事就走错了方向。纵观上下五千年,所有取得伟大成就的人都是最懂人的人。这个世界上很多能力很强的人通常都没有取得很大的成就,往往那些能力看起来一般但是很懂人的人,结果成了很伟大的人。

第十六章

> 经营企业就是经营人。

"经营企业就是经营人。"时代不断在变,人的心也不断在变,为什么你的员工越来越少?为什么你的客户越来越少?只有一个原因:时代变了,你没有变。我们的企业不管从事什么行业,本质上都是在跟人打交道,我们的员工是人,我们的客户是人,要想把企业做大,就要让你的员工越来越多,客户越来越多。所以,究其根本,本质上我们所有的人都在从事人际关系的行业,我们都在从事人的行业,所以以后再也不要说我是建筑行业,也不要说我是餐饮行业美化行业的,都不是,所有的行业都是什么行业?人际关系行业。

> 本质上,所有的人都在从事人际关系的行业!

把人搞懂了,事情就搞懂了。而我们做企业的目的是什么?做企业的目的是不是为了能够赚到更多的钱?大家觉得是钱比较重要,还是人比较重要?有人说我有钱了就会有人。错!有钱不一定会有人,但是有人却一定会有钱。比如说你口袋有2000万元,而我有2000个忠心耿耿的兄弟,大家觉得哪一个好?假设现在是乱世,你这2000万元是谁的你应该很清楚。只要有人就一定会有钱,所以,我们做企业就要研究人。

悟:

那么，企业里面都有哪些人呢？请看图示：

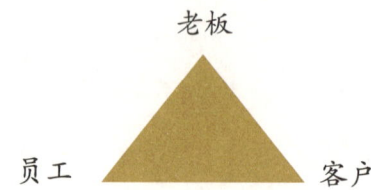

企业里面有三种人：第一种人叫作老板，第二种人叫作员工，第三种人叫作客户。

企业为什么做不大？

企业做不大的一个原因是，是老板留不住员工和客户。

员工初进公司的时候能力很强还是能力一般？可能只是一个菜鸟，被我们招入公司之后，不断地培养，越来越厉害，有一天，培养到一定程度，他翅膀硬了，就跳槽了，跑到同行那儿去，或者选择自立门户。其实，很多公司就是这样为自己培养了很多竞争对手。所以，我们企业要做的事，就是要想办法把一个新员工变成老员工，把老员工变成公司的经理，再把经理变成总监，总监变成总经理，最后变成我们的合作伙伴。

还有，开发新客户容易还是维护老客户容易？大家都觉得维护老客户很容易，开发新客户很难，对吧？但是，我们花了很多心血，把这个新客户给开发出来，结果只和他做了一单生意，他只买了一次，然后这辈子就老死不相往来，我们就没有办法再卖东西给他了。这种情况其实很多见，很多公司可能开发了无数的新客户，但是也损失了无数的老客户。

无法让我们的客户一直跟着我们，也无法让我们的员工一直跟着我们，所以我们的企业才难以发展，才永远都只是那么大。

第十六章

那么，企业要如何做才能取得大的发展呢？第一就是让这个员工从菜鸟开始就跟着我们，一直到成为我们公司的左膀右臂。随着加入公司的人越来越多，公司就越来越大。第二是让一个客户跟着我们之后，这辈子都只跟我们买，还给我们介绍更多的客户。那么我们公司的客户和我们公司的员工就越来越多，公司自然而然就会持续赢利和壮大。

可是，问题是有没有员工永远忠诚于一家企业呢？有没有客户会永远忠诚于一家公司呢？

正所谓"男人无所谓忠诚，忠诚是因为背叛的筹码不够"。

有没有老板希望员工对他感恩的？有，99.99%的老板都希望他的员工感恩于他。

举个例子，这个员工开始找工作的时候，找了很多家公司，但他什么都不懂，能力也不强，在外受了很多挫折，最后来到我们公司。我们手把手教他，开始的时候因为他从前找不到工作，所以他忠心耿耿，他说："老大，有点生活费就够了。"但是，随着他的能力慢慢变强，成为我们的左膀右臂，甚至有可能我们的一半江山都是他打下来的，你还是只给生活费，够吗？这样的情况下，有一天他说："老大，我要自己去做一点事情了……"然后，很多老板就会觉得，你怎么可以这样呢？要不是因为我当初收留你，你现在还不知道在哪里。

时代在变，人的心也是不断在变化的，所以如果说我们期待员工感恩我们，那是我们还没了解清楚人性。他为什么会离开我们？是人性。人性是自私的，因为你给他的还不够。如果他自己出去创业一年可以赚到100万元，但是在我们这里，只能赚到50万元，请问他走不走？他不走就对不起自己，也对不起他的妻儿老小。如果说他出去

全面布局
抢占新商业红利

最多只能赚 50 万元,但是我们能够轻轻松松地给他 100 万元,甚至给他 200 万元,那他走不走?他就不走了呀!

所以为什么员工会跑掉,就是给的还不够。这时候你说他没良心,请问这样有没有用?没用!

不要用道德来衡量别人,我们要研究员工为什么跟随我们。员工之所以愿意跟我们,是因为他用他的能力在我们公司换到的钱,比他到外面换到的更多而已。

客户为什么愿意跟着我们?是因为客户在我们这里花 10 元,可以买到 100 元的东西。如果他花 10 元在别人那里最多只能买 10 元的东西,他会把钱给谁呢?

所以,如果我们比其他同行给到客户的附加价值更多,客户就一定会选择我们。

客户选择你是为了物美价廉,员工跟着你是为了名利双收,这些人之所以愿意跟在我们身边就是来获利的,做老板的人就是要让别人占便宜,被别人利用的。

愿意给别人占大便宜的人,才有可能成为真正的企业家。聪明的人喜欢占别人的便宜,有智慧的人有便宜给别人占。

因为,他不断有便宜给别人占,就会有很多人围绕在他身边,最后离不开他,反而为他所用。

> 不要害怕被别人利用,行走江湖的每一步,都是筹码的延伸,人生的不如愿,只有一个原因,是因为你手上的筹码不够。

第十六章

> 没有永远的朋友，只有永远的利益；只有永远的利益，才会有永远的朋友。每一个人都是为了最大的利益，每一个利益的背后都是筹码的延伸。
>
> 要别人围绕在你身边，就要增加自己的筹码，满足别人的需求，别人才会围绕在你身边。

> 老板之所以没有让员工继续跟你，是因为你手上的筹码不够；公司之所以无法让客户继续跟你，也是因为你手上的筹码不够，所以，人生要让自己变得更有筹码。

悟：

很多企业无法做大的另外一个原因，是老板天天都说天下无马。左看右看，觉得员工都是笨笨的。请问多发工资给员工，员工会不会努力工作？答案是：不一定，但是少发工资给员工，员工肯定不努力工作。所以，我们要先照顾好我们的员工，只有照顾好员工，员工才能照顾好客户，最后客户才能照顾好公司。

做老板有以下三项重要的事情要做好：

第一，用好身边不如你的人；

> 第二，要让身边不如你的人变得更强；
>
> 第三，让更厉害的人为你所用。

第一件事情是要用好身边不如你的人。一个老板如果连身边不如自己的人都用不好，那还有什么资格用比你更厉害的人？

第二件事情是要让身边不如你的人变得更强。

第三件事情是让更厉害的人为你所用。

举个例子来说，我们公司要做大，要不要招进更多的员工？想招进更多员工，老板要不要对外做招聘广告？招聘广告上会不会打出很多好福利？那么，请问一下，新员工入职之后，跟老板交流得多还是跟老员工交流得多？当然是和老员工交流得多。通常新员工来了之后就会问老员工："听老板说我们公司很好，福利也很好，有没有这回事？"如果老员工说："别提了，老板说话不算话，我有三个月都没有拿到工资了。"那这个新员工第一时间就跑掉了。老板不断在招人，老员工不断在撵人。所以，企业家们必须思考这三个问题。

公司没有人才只有以下两个原因：

> a. 真的没有人才；
>
> b. 使用人才的人不是人才。

给大家举个例子，有个老板开了一家餐厅，对于餐厅来讲，厨师长是很重要的角色，所以老板就规定他的厨师长每个月要出一道新菜，几个月后，厨师长说做不到，我已经江郎才尽了。这个老板就做了一下机制的调整：出一道新菜加 100 分，积分到年底，100 积分可以兑换 100 元。这个制度宣布的当天，厨师长一夜没睡，出了五十几道新菜。所以公司表面上没有人才，是因为缺乏能够激发人成为人才的机制。

还有一家美容院出了一个产品套餐，售价 1980 元，卖一套产品给员工提成 300 元，可是一年时间下来，才卖了 30 多套。后来，美容院重新做了调整，把产品价格涨到 2980 元，卖一套产品给员工的提成涨到 1000 元，结果第二天就卖出 3000 多套。员工业绩不好的原因是什么？是钱的吸引力不够，那一点钱不值得员工努力和拼命。

其实市场根本没有淡季和旺季之分，只是我们的思想认为是淡季而已。有一个办法，确保淡季的时候业绩比旺季还要好。那就是淡季的时候加大销售提成，平常只有 5%，淡季就加到 10%，业绩一定会好。因为员工会说，抢钱的机会，可以不用睡觉的。利益驱动是一切的原动力，所以，我们要了解人，了解人性。

悟：

第十七章 15个颠覆式营销模式

颠覆式营销一共有15个模型。案例多,各行各业的案例都有,里边出现了很多免费模式,其实,这也是一套免费模式。

免费是一种思维模式,站在别人的角度上思考,站在消费者的角度去思考。

免费模式是一种利他的吃亏的思维方式,把这种思维方式运用到企业的经营活动中,能够达成更多领域的合作,从而完成利润指标。

第十七章 15个颠覆式营销模式 Part 17

免费模式就是纯粹的给予。这个年代,不利他,事情就做不成。要成功,就要大胆地吃亏。当你敢吃亏的时候,你的事就成了。

接下来,我们具体解析一下颠覆式营销的15个模型。

一、体验模型

> 让顾客体验,但不满足他。

定义:让顾客免费体验,通过体验激发其购买欲望,让顾客觉得你能满足他的需求。

如滴滴最初都是给消费者免费体验三次。苹果、小米手机的专卖店,也是有很多的机型给消费者免费体验的。

好处:让客户了解产品性能,从怀疑到相信,激起顾客的购买欲望。

原理:让客户免费体验你的产品和服务,从观望到了解,从怀疑到相信,从陌生到成交,激发顾客的购买欲望。

体验模型的设计核心

| 必须与产品性能挂钩 | 必须与效果挂钩 | 必须与时间挂钩 | 客户定位要精准 |

举几个例子:

直播平台罗辑思维

比如直播平台罗辑思维,先给用户免费听半年,每天1分钟。半年后,平台说,如果你喜欢我就供养我吧!结果有人给3元、有人给5元、有人给8元,平台一天就收了800万元。用户又听了一年,主播又说,如果你喜欢我就供养我吧!结果,平台一天收了3000万元。(体验模型必须与时间挂钩,显现产品的性能与效果)

卖按摩床

十几年前,有个卖按摩床的企业,规定员工前三个月不准销售。但是,三个月后,投资的40万元,一天就赚回了90万元。他们是这么做的:

(1)先免费体验:每人每天免费体验30分钟。因为是免费,所以来体验的老人很多,每天都需要排很长的队。后来大家为了来店门口排队占个好位置,都争相早起,但是门店8点半才开门,所以,有些老人要排一小时的队。

(2)因为都是很早起床来排队,很多人都没有睡醒,按摩床又是温热的，在体验时就想睡觉。厂家经过测算，37 分钟就会让人陷入深度睡眠状态，所以体验时间就设置为 37 分钟，等体验时间一到就去叫醒，在幸福中被叫醒，老人会非常舍不得起来，但也只好依依不舍地起床，因为旁边还有人在排队。等体验 10 天后，顾客问多少钱、想买一台时，厂家却跟客户说不卖，但可以继续免费体验。

（3）就这样，老人们每天都来体验，家里人看到老人每天这么辛苦去排队，就想给老人买一台，但这个时候店里还是不卖。紧接着店里又推出一款净水机，酱油、尿液、污水倒进去，出来的都是可以马上喝的纯净水，售价 5000 元，这时又有很多人想买这个净水机，但店里还是不卖。

（4）老人体验了三个月，出效果了，高血压降下来了，糖尿病的也好多了。这时厂家再放出风声去：按摩床开始限量售卖，只有 200 台，12 800 元一台，买一台按摩床送一台净水机。结果开放购买当天大家纷纷来抢购，一天就卖出去 200 台，厂家一天就赚了 90 多万元。（体验模型必须与时间挂钩，显现产品的性能与效果）

美体减肥仪（丽福健）

市面上的各种美体减肥仪产品可以说是数不胜数，竞争非常激烈，很多品牌"未出征就已先阵亡"。而丽福健只用了四年时间，就拥有了 1000 多家连锁店，10 000 个员工。实现这样的发展，丽福健就是使用了五套免费模型。

先给用户免费体验一个月，经过测试，使用一个月必有效果，等出效果后，用户有三种选择：买一台减肥仪回家，16 800 元/台；

全面布局
抢占新商业红利

要么进 VIP 包厢，VIP 可以一对一治疗和躺着体验，两个月的价格是 1200 元；不想买仪器，又不想进 VIP 房，就给店里介绍两个客人来体验（这样再也不愁客源），就可以再免费一个月。店里平时严禁推销，只是不断强调、灌输产品的功效如何好，让用户不断体验。（体验模型必须与时间挂钩，显现产品的性能与效果）

悟： _____
_____
_____

旅游景区骑马

某旅游景区，为了吸引游客，引进马战表演，马战结束后，游客可以花钱骑马，30 元骑一圈。当时，骑的人寥寥无几。后来，景区改为免费骑马，结果一年赚了 500 万元。景区是这么做的：马战表演结束后，给游客免费体验骑马，除了老人小孩和穿裙子的女人，其他游客几乎都去体验了。在这个过程中，景区还设计了一个环节，为了保护游客的安全，会有一个人在前面牵马，当一圈快要结束时，牵马人便开始引导，问你想不想体验英姿飒爽的感觉，就教你用脚踢马肚子，刚"驾"的一声，才开始感觉爽的时候，一圈却骑完了。这个年代，拍照是刚需，照片没拍到那是多大的遗憾哪！你想拍照，好，第二圈开始收费，30 元一圈。人的心理状态是，一般第一圈有点紧张，第二圈时开始放松了，拍照也自如了，又给你配一些武器道具，让你很容易就拍出英姿飒爽的感觉来。最后景区统计，60% 的人会去体验，50% 的人骑了第二圈，20% 的人骑了第三圈。

这就是免费模式的体验模型。

体验买房

某房地产商开发了一个新楼盘，刚开始时楼卖得不好。普通卖楼都有沙盘，售楼人员通过沙盘介绍楼盘外环境，再带客人看样板间，通过样板间介绍室内环境。看样板间的时间一般不超过10分钟，售楼人员就拼命向你推销房子。但是怎么推销都没用，客人签单率很低。后来，地产商就改为样板间体验模式：把售楼部的沙盘拆了，把样板间改为让顾客吃住玩体验，售楼人员不推销房子，就是陪客户聊天，结果不到半年全部卖完了。

顾客在样板间里坐一小时、三小时、五小时，哪怕一天，都没人赶你走，售楼人员还会给你切点水果，陪你聊天，甚至你约朋友在样板房谈事都可以。书房、餐厅、卧室都可以使用，就像客户在自己的家一样。房子的设计风格也很轻松，很温暖，不豪华不拘谨。售楼人员陪着你在花园里散步、聊天，顺便介绍一下邻居，这位是某某领导，这位是某某上市公司老总，这位是某某画家。体验完了以后，让客户有一种什么感觉呢？就是"我的家就得这样，我就得过这样的生活"的感觉。人都是有占有欲的，好的东西自然想拥有。去体验过三次的客人，几乎都买了，除非没能力买。（体验模型必须与时间挂钩，显现产品的性能与效果）

体验模型必须与时间挂钩，显现产品的性能与效果。我不断在强调这一点，因为这个因素很重要。

全面布局
抢占新商业红利

悟：_____
_____
_____

KTV

正常来讲，KTV最赚钱的就是酒水，而这家KTV，酒水免费喝，到处都是酒，到处写着免费喝，连卫生间都摆着酒，随便喝，不要钱，不但免费喝还免费唱。我们去别的KTV唱歌一般几个小时？至少两小时以上是不，但他们免费一小时。去KTV一般有三种情况：客户应酬、情侣约会、同学朋友聚会。一般情况下，一小时之内，还比较拘谨，一小时后才开始放松，开始放得开。所以，一小时后才开始收费。

试乘试驾

一般4S店提供3到5公里的试乘试驾，整个过程十来分钟。在体验一辆新车时，你不熟悉车的性能，旁边还坐着一个陌生人，一般都是很紧张的，而试乘试驾的目的是了解车的性能，短短的十来分钟，还是在紧张的情况下，是很难了解这辆车的性能的，这种体验是没有意义的。所以某4S店就提供了30到50公里的试乘试驾，可以体验半小时，10分钟熟悉车，10分钟了解车的性能，10分钟刚进入驾驶乐趣时，时间到，靠边停！当客户很想再开时，不给他开了。好！当他进入下一家4S店体验时，只有10分钟的体验时间，如若是同一性能的车，客户觉得是10分钟的体验感好，还是30分钟的体验感好？

所以,这家 4S 店的车卖得非常好。

体验模型的三要素

必须与时间挂钩,显现产品的性能与效果

体验模型的总结

体验模型必须与时间挂钩,才能显现产品的性能与效果。在你设定的免费时间内,你的产品或服务的效果必须能够显现出来(但不能把效果完全释放),才能足够吸引到人。

那么,我们该如何把体验模型运用到我们自己的公司呢?

悟:

二、第三方付费模型

你的东西由别人买单。

定义：羊毛出在"猪"在身上，"驴"来买单。

资本运营是一门发现的学科而不是一门发明的学科，要善于用资本思维去发现价值链或产业链中隐藏的机会。

好处：通过第三方付费，降低成本，吸引大量顾客，让顾客产生价值。

第三方付费模型的设计核心

必须有海量的顾客	你的顾客，谁比你更需要	让这些人创造价值	客户必须能转化为用户
	找到"驴"：买单的人	这些人会跟顾客发生在哪个点→产业链上？	

我们来看一些应用举例：

某园林工程

某园林，有一年春天有200亩地需要种树，需要找几十名农民工来种,需要的费用也非常高。后来老板一想,植树节快到了,很多家长也会带着孩子去体验植树,要体验植树,家长是不是要找地方,要找树苗,还要找工具?老板就在微信里发了这样一条朋友圈:"亲爱的朋友,为了美化我们的祖国,为我们的祖国添砖加瓦,现在已是春暖花开植树的好时节,在3月12日植树节来临之际,本人已准备好了树苗,准备好了土地,订好了铁锹。欢迎愿意美化祖国的爱心人士来接龙,义务植树。"

一小时后,老板接到一个电话,对方说:"你马上把微信朋友圈删了,你的树,我们包了。"这个电话是一个机关单位的办公室主任打来的,他们刚好要组织集体植树活动。所以,他就做到了不花一分钱,种下百亩树。机关单位每年都有植树的任务,他们也需要找地方、找树苗、找工具。到了第二年,还问他有没有树。(所以,羊毛出在"猪"身上,"驴"来买单。)

某饭店

某个饭店,生意一直不好,都快要倒闭关门了。后来,饭店老板稍微改变了一下,生意却发生了翻天覆地的变化。这个策略是什么呢?就是一句话:走前门全价、走后门半价。生意一下子火了。

他们是怎么做的呢?他们在店里的后门开了一条长长的过道,在这长长过道的两边再做两面二维码墙,让吃饭的客户微信扫码加关注,每个人扫10个二维码就能免单。这些二维码都是第三方的厂商广告,饭店提供给食客扫,厂商给饭店付广告费用。每扫一个码厂商付店100元。最后,扫二维码比饭菜还赚钱。虽然有些客户扫了码加了关注也可以删掉,但是,用户的数据已经沉淀下来了。

全面布局
抢占新商业红利

卖油

某品牌油,开始时生意不好,团队积极性自然也不高。后来,厂商使用免费模式:消费者买一桶100元的油,给他价值300元的东西。就是在柜台旁边再放上两个旅游景区二维码,注明:扫二维码,买一桶油,即送两张价值100元的景区门票。错开黄金周,对于景区来讲,进100人和200人是没有什么区别的,山还是那样的山,水还是那样的水,景区也很乐于用这样的方式招揽游客。这是三赢:油卖掉了,给景区带来了人流,消费者买100元的油,给了他价值300元的东西。后来,厂商在旁边的牌子上又印上合作的餐馆的代金券,给餐馆带来客流,又给了消费者实惠,后来,油卖疯了。所有人都赚了。

打火机厂

有一个打火机厂遭遇同行价格战,本来一个打火机卖1元,同行直接降到7角,直逼到成本线,生意实在做不下去了。这个厂家就找到国内某知名香烟厂,因为电视、户外广告等传统媒体是不准做香烟广告的,所以打火机就成了香烟最好的载体,他们就在打火机上印了这个香烟的广告,每个打火机上的广告,烟厂付3角,相当于抵销了打火机的部分成本,这样每个打火机的成本降为4角(原成本7角),卖6角一个,还能赚2角。

悟:
_____
_____
_____

第十七章

15 个颠覆式营销模式　Part 17

德国免费公厕

变常规收费公厕为免费公厕，厕所内外做各种广告赚钱。

公厕革命，这是刚需，这也是巨大的商机。

双层巴士

郑州市有个商人包下繁华线路，购置多辆双层巴士送给政府，他只有一个要求，就是在巴士上开辟广告位，然后找投资商来投放广告。繁华线路再加双层巴士，广告费翻倍，这个商人赚翻了，政府领导也高兴得不得了，免费引进了双层巴士。他充当了政府的第三方，广告商又充当了他的第三方。

建超市

有一个安徽人，承接了一个项目。那是政府为了帮扶革命老区军属创业启动的一个项目，要建1000个超市，每建一个超市政府补贴10万元。后来，政府补贴的这一个亿，他一分钱都没花，净赚了。他是怎么做的呢？

他拿到这个项目后，就去找伊利、蒙牛、农夫山泉、娃哈哈、王老吉、加多宝等企业来投标，谁来建超市，外墙和室内就用谁的广告，谁的货就摆在最显眼的地方。

电视媒体

其实，第三方付费模式一直都存在于我们的生活之中，无处不在。

电视媒体，如《中国好声音》，电视剧，所有节目，都是免费给观众观看，他们赚的是海量收视率带来的巨额广告费用。还有所有网站、电子媒体（百度、微信等），都是免费给用户使用，他们就通过聚集巨大的流量来卖广告。还有报纸二十几年前就是这么做的了，订一年的报纸才一百多元，印刷费都不够，还送自行车、雨伞、米等等，报纸靠广告赚钱。

第三方付费模型的三要素

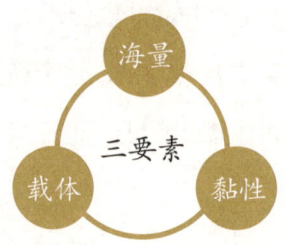

具备海量的客户，且有黏性，才能成为第三方的载体，第三方才会买单。

第三方付费模式的四个核心步骤

a. 你的公司你的产品更容易成为谁的载体？你的客户谁比你更需要？

b. 你的产品更容易成为谁的载体？按照先易后难的顺序，列出来，通过准确的定位，让产品的价值充分展现，达到最优的价值效果，顾客就一定会买单；

c. 找到这些人达成战略合作；

d. 定出合作细节，如合作期限、合作分成、目标等等。

15个颠覆式营销模式　Part 17　第十七章

悟：
_____
_____

三、主产品免费

定义：主产品免费，带动其他产品消费。

好处：让顾客不可抗拒成交（抵抗不了免费产品的诱惑，而最终成为你企业产品的用户）。

主产品免费的设计核心

| 通过免费把顾客带到一个特定的环境、场景或布局系统中 | 创造边缘产品赢利，边缘产品必须可控 | 精准定位目标顾客 |

接下来，看一个非常经典的案例。

忆江南餐厅

忆江南餐厅的生意开始的时候并不好，几乎快要倒闭了。后来，他们采用了主产品免费模式，一下子就反败为胜。

辽参或者河豚在一般饭店是高端菜，是按位卖的，价格大概在

全面布局
抢占新商业红利

198元/位，然后忆江南就送辽参送河豚，其他所有菜品全部涨价。一个月后，忆江南不仅把投资的350万元收回来了，还赚了350万元，还不算客户充卡的钱。看看他们的具体做法：

客人进店老板先套近乎，每人送上一条辽参，再敬一杯酒，一条辽参198元，10个客人一共1980元，相当于免费送出去了2000元。等客人吃完饭后，老板又热情地来问味道好不好，然后再说，因为我们是朋友，你的朋友再每人送10条辽参券。

你会不会很感动？这个餐馆又是在山东，山东人讲义气呀，以后，你和你的朋友每次来消费，每次都送你和朋友每人10条辽参，用如此方法类推，就相当于10的N次方，比传销裂变还厉害。你和你的朋友不断带朋友来，不断回头，不断裂变。10个人迅速裂变成100个人，一星期以后，饭店天天都要排号安排客人用餐。我们再来算算赢利情况：

（1）结账时，服务员轻轻地说，今天有充值优惠政策，充10 000元送3000元，充30 000元送10 000元，充40 000元送20 000元，很划算哦！只要是在周边工作或者家在周边的，几乎都充了，因为刚刚白吃人家2000元，那么给面子，又这么优惠，在场的客人70%都充卡了。

（2）辽参的成本20元一条，先投资50万元送辽参，50万元可以送25 000条，按最保守的算1000人充卡，按10 000元的最低标准充值，就是1千万元。

悟：

第十七章 15个颠覆式营销模式 Part 17

北方某品牌大型面馆

北方某品牌大型面馆,有20家连锁店,每家面馆需要投资100万元,常规的经营模式下,每个店需要两年至两年半的时间收回成本。但他们使用了主产品免费模式,两个月就收回了成本,生意火爆。

以前,一碗面卖18元,后来改为一个人充卡2000元,免费吃面一年,一年后2000元退回给客人。北方人特别爱吃面,又是品牌大型面馆,当然很多人来充值了,一家店有1000人来充值的话,2000元/人,就是200万元。

我们来推演一下:假如一个人一年能吃100碗面,就是说,一个人一周吃三次面,一碗面的成本是6元,那么一个顾客一年的成本就是600元,客户充了2000元,按资金成本一分的利息来计算,2000元的利息就是200元,600 - 200 = 400元,也就是说面馆的支出成本是400元。另外,如果你是充卡客户,你有这张卡,你会不会经常叫朋友一块儿去这个面馆吃饭,其他人是不是还要掏钱,是不是相当于面馆一年花400元请了一个业务员。你到哪里去找400元一年的业务员呢?其实,真正最会卖的还是顾客。还有,除了吃面,客人会不会吃凉拌黄瓜、海带等其他小菜,还会不会喝饮料、啤酒、吃羊肉串?是面赚钱,还是这些赚钱呢?后来,生意火了。

这就是主产品免费模型的魔力。

某温泉

某温泉,早期经营不善,已濒临倒闭。后来,他们采用主产品免

全面布局
抢占新商业红利

费模式，把门票188元免了，泡温泉是主产品，用来免费，赚里边其他项目消费的钱，餐饮、住宿、游戏、美容美体……生意一下子就火了。其实，100个人泡温泉和200个人泡温泉，成本差不多。门票免费了，其他生意火了，连营销人员都不需要了。

奥凯航空

奥凯航空公司，是世界第二大国际航空公司，把主产品机票50%免费送，50%让客户掏钱购买。看看免费送出去的机票费用怎么赚回来：从托运行李起开始收费，选座位收费，靠窗、过道、中间，实行不同的收费标准。航班上知名人士旁边的座位加钱，比如范冰冰在这个航班上，那她前面的座位加多少钱，她后面的座位加多少钱，她相邻的座位加多少钱，等等；同时，飞机上盒饭收费、矿泉水收费；然后空调加热，机内温度上升，就可以卖哈根达斯；然后卖影视，第一集免费，第二集5美元，第三集6美元，第四集7美元，最后一集30美元……国际航班，时间长，这些消费项目都是必需的。后来，销售额达到机票价格的1.5倍。

悟：
_____
_____

杭州西湖

杭州西湖，门票免费，景区内游玩项目收费，餐饮收费，礼品纪念品、丝绸、茶叶都卖火了。因为门票免费了，来西湖玩的人多了，旅游景区的营业额涨了，旁边的房价也涨了。

主产品免费的三要素

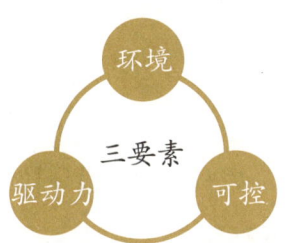

主产品免费就是必须将你带入一个消费的环境，但是，要可控，送的主产品要有驱动力。

主产品免费模式设计的四个核心关键点

a. 主产品一定得有驱动力，把客户迫切需要的免费，才有吸引力；

b. 免费模式设计需要科学的数据模型和精准的概率测算，不是单纯照搬照抄就能做的；

c. 没有全局观根本干不成事，老板的视界有多大，你的世界就有多大，视界决定世界；

d. 模糊自己的目的，清晰对方的需求。

悟：

四、副产品免费模型

> 定义：副产品免费，带动主产品消费。
>
> 好处：加速顾客成交。

副产品免费模型的设计核心

| 将一款产品或边缘化产品对接潜在客户做赠品 | 驱动媒介层层递进（核心中的核心） |

来看一些副产品免费模型的应用举例：

东北某米粉店

东北某米粉店，原来一天只能卖30碗米粉。副产品免费后，一天轻松卖几百碗米粉。看看他们是怎么应用副产品免费模型的：

首先找到附近的高中，里面的学生是米粉店的目标顾客；然后做3000张领取卡送给校长，凭卡到店可以免费领一个茶叶蛋。这一招保守估计引流10%，即可以引流300人到店，引发后续的米粉消费。再做2500张领取卡送给附近的50个商家，每家店老板送50张，凭卡到店可以领取一瓶饮料。店老板可以用来送给员工及客户中午吃饭时使用（吃米粉喝饮料），保守估计引流10%，即引流250人到店。两次副产品免费的行为，共计引流550人到店，一天卖几百碗米粉很轻松。裂变10倍。

第十七章　15个颠覆式营销模式　Part 17

电影院

每张电影票附送一包瓜子,瓜子有点咸,吃了瓜子会口渴,就会买饮料,饮品部的营业额就上来了。

理发店

开理发店科学的配置应该是洗发位比理发位多。增加洗头位,洗头免费,客人在这里洗了头,以后剪发烫发也会选在这里。副产品洗发免费,结果,这家理发店一年时间开了四家分店。

重庆某饭店

重庆某饭店,凡是来店吃饭,餐具免费、主食免费、小菜免费、擦皮鞋免费、水果免费、湿巾免费……共九个项目免费,最大亮点是擦皮鞋,深爱食客好评。这家店虽然只有30道菜,毛利却可以达到67%,生意非常火爆,每餐翻台5次。

宝视达眼镜

宝视达眼镜店,免费给顾客洗镜面、免费换螺丝、免费调镜架,可是眼镜返厂修理或更换需要三天,这三天你能不戴眼镜?怎么办,是不是会再买一副?

火锅店

某火锅店,主营羊肉火锅,可乐免费喝,每人免费送毛巾一条。

老板天天站在门口发可乐和毛巾,生意好得不得了。

某餐馆

某餐馆,客人可以免费喝粥,吃饭和不吃饭的,不管什么人都可以喝,老人、环卫工人,就送过去给他们喝。时间长了,口碑就传出去了。老人生日、家人生日,就都来餐厅用餐了。生意非常火爆!(免费就是要打开胸怀,扩大格局,纯粹的给予,才能创造更多的收获。)

副产品免费模型的三要素

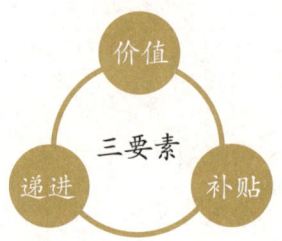

副产品免费的作用是让用户消费形成递进,比如送茶叶蛋,吃完还要吃米粉,吃其他的主食。

副产品免费模式设计的关键点

心动为价值,掌握价值点,才有效果。黄金分割点的价值点为:优惠15%~20%,人就会动心;优惠30%,人就会忘掉风险。

所以,送东西达不到价值点,就没有意义。(所以,一般的优惠价8折、85折。)

悟：

五、赠品模型

关注焦点从产品转向赠品，赠品比产品价值高。

> 定义：通过赠品转移客户焦点。
>
> 好处：因为赠品的吸引力大，所以增加了顾客黏性，转移了顾客焦点。

赠品模型的设计核心

| 将外行的产品或同行的主要产品变成赠品，并且免费 | 必须有系统支撑 | 赠品的吸引力必须大于主产品的吸引力 | 赠品必须超越顾客预期，真正超值、震撼、惊喜（特别适用于新开业的公司） |

再看赠品模型的应用举例：

充话费送手机

充话费送手机，这是很常见的案例，因为赠品是手机，吸引力大，关注点在手机上，我们只会关注充多少才能够送手机，不会关注话费该怎么收。

买鸡精送汽车

买鸡精送汽车。买 5 万元的鸡精送 5 万元的车（融合了第三方付费模型以及延长利润链条），这主要是面对代理商。

（1）先找到北汽预订 2000 台车，因为量大，北汽一定会批大客户特价。

（2）卖出 5 万元的鸡精，鸡精成本 25 000 元；汽车市场价 51 700 元，批量拿货价 37 000 元。每成交一单，收入 5 万元，支出 25 000 元 + 37 000 元 = 62 000 元，再加上给员工的提成 5000 元，总支出 67 000 元，就算保本，也还有 17 000 元的坑没填平。

（3）2000 台车是全款买，分为 100 台一批，51 700 元 / 台 × 100 = 517 万元，一批的价值 517 万元，拿货价 37 000 元 / 台 × 100 = 370 万元，实际操作是：每个代理商先收 2 万元押金，那一批就是 200 万元，将现金存到银行，做成大额存款理财，再找银行开出 370 万元的承兑汇票付给北汽。因为是大额存款理财，有理财收入。

（4）这 2000 辆车，车身做成广告位，比企业自己去发传单效果要好得多，一辆车一天广告费只要 10 元（若是发传单一天就要 100 元以上），一次性签两年即一辆车两年的广告费收 7300 元，10 × 365 × 2=7300 元 / 台，第三年开始涨价。两年广告收益：7300 元 / 台 × 2000 台 =1460 万元。

（5）还有赚钱点：车上的导航定制做开机广告，收广告费。

（6）5 万元的鸡精，代理商分成两年拿，就意味着沉淀了 23 个月的货没有生产，就不用先垫那么多成本。还有，每个月货不够的，则另外拿钱进货。

（7）车保险差额。因为是新能源车，政府补贴2700元/台。

（8）送的车没有备胎，需要客户自己掏钱买备胎，买安装备胎的工具——千斤顶。

（9）七座车，后面两个座位不放，买另外两个座位需要花钱。

买鸡精送汽车做得非常成功，这背后必须有系统做支撑。系统是一种思维，这么一个四两拨千斤的案例，必须有系统思维和资本思维，才可能成功。

莲花山粤海度假村

莲花山粤海度假村，房费很贵，但若入住酒店，在莲花山旅游就可以不用买门票。有些人开一间房，一家人乃至朋友都可以免费游莲花山。生意特别好，通常都要提前预订，特别是春节，更是一房难求，因为很多广州人，习惯在大年初一上莲花山上香。

赠品模型的三要素

赠品的价值高于主产品的价值，转移用户注意力，但必须有系统支撑。

赠品模式设计的关键点

赠品高于主产品的价值,并带出关联收益,最重要的是系统,完成产业链。

悟:
_____
_____

六、时间模型

特定时间内免费。

定义:在特定的时间内对顾客进行免费,让顾客形成条件反射,用免费吸引更多的顾客。

好处:增加顾客的黏性。

时间模型的设计核心

| 必须形成条件反射 | 必须有节奏地持续 |

春节、端午节、中秋节等传统节日,已深入人心,已经形成了条

件反射；并且是有节奏的持续，不能提前开始或推迟结束。

马云双十一赚钱的玄机，就是用的时间模型，自己创造一个"双十一"的节日，2019年"双十一"一天的营业额就是2684亿元。

河南拜祖大典

早些年，河南的经济水平不高，河南就办一个拜祖大典。因为河南是黄帝故里，是华夏炎黄子孙的发源地，拜祖大典就是召集在外的河南人回来认祖归宗的活动，然后，借着这个活动，很多在外的河南籍企业家就在河南落地生根了，带来了很多招商引资项目。短短几年时间，河南的经济就实现了飞跃。

某饭店

某饭店开在写字楼旁边，开始每天营业额是1.5万元，中午只有3000元，晚上1.2万元，那如何提升中午的营业额呢？看看他们是如何活用时间模型的——中午改成自助餐，12:00到13:00五折，仅限一小时，所以，中午这一小时饭店就是爆满。顾客就会想连中午都爆满的餐厅，一定很好，一下子就把生意带旺了，后来就是中午和晚上都爆满，营业额提升了50%。

钱大妈肉菜店

钱大妈肉菜店，就是用活了时间模型。

每天清货时间和折扣如下：

19：00 全场九折。

19∶30 全场八折。

20∶00 全场七折。

20∶30 全场六折。

21∶00 全场五折。

21∶30 全场四折。

22∶00 全场三折。

22∶30 全场两折。

23∶00 全场一折。

23∶30 全场免费。

生意很火，几乎在 20∶30 到 21∶00 就卖完了，因为店里就这么多东西，抢完就没有了。没人跟你商量，咱们等到一折再去买吧。所以钱大妈可以大胆地说："不卖隔夜肉。"因为到 23∶30，卖不完就免费送出去了。

悟：
_____
_____

可口可乐的经销政策

可口可乐的经销政策也是按时间模型制定的：一个月分四个星期，第一个星期进货的优惠力度最大，第二个星期优惠降低，第三个星期平价，第四个星期反而涨价。基本上到第二个星期，货就抢得差不多了。所以，经销商的仓库在第一二周就已经全是可口可乐。

第十七章

某地杨梅节

某地设立了杨梅节,杨梅节当天在现场可以免费吃杨梅,另外,他们还整合了全城商家的礼品做抽奖活动,在节日当天引爆人气,还可以卖冠名权、拉赞助拉广告等。

某鞋店

某鞋店,每月固定一天,只为老客户开放,老客户回馈日,可享受三双旧鞋换一双新鞋的活动,还可以免费做鞋子美容。

素食餐馆

有一个素食餐馆打造了素食节,素食节当日指定菜品免费,同时店内还有丰富多彩的活动。生意火爆,现在已经开始加盟了。

电影院

电影院的时间模型应用:

人们看电影一般会选在晚上,但如果你是选在13:00到14:00来看电影的话,电影票就仅需2元每张;

14:00到15:00,4元一张;

15:00到18:00,6元一张。

看电影是不是还会带来其他消费点,爆米花、鸡腿、饮料等。不要以为下午没人来看电影,其实生意非常火爆。

时间模型的三要素

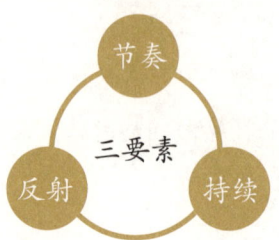

节奏就是把握时间点,在固定的时间说什么就是什么,持续进行,形成条件反射。

时间模型设计的关键点

把握时间点,做到持续,持续到形成条件反射。

悟:

_____

_____

七、空间模型

定义:

第一种方式是在特定的空间内免费,让顾客到其他空间进行消费或从其他方面产生收益。

15个颠覆式营销模式 Part 17　第十七章

> 第二种方式是充分利用现有空间或资源为社会提供免费服务，积累人气，增加流量，从而带动消费。

顾客停留的时间越长，你的机会就越多，所有空间模型都是为了延长顾客停留时间，没有人气就没有财气！

> 好处：提升人气，增加顾客在消费区域内的停留时间。

空间模型的设计核心

| 找到未被解决而你恰好可以解决的刚需 | 找到特定空间 | 对这种空间必须免费、服务必须好 |

来看空间模型的应用举例。

麦当劳

我想问一下大家，我们在外面想找厕所时，是不是第一时间就想到了麦当劳？上厕所是不是免费？上厕所是不是刚需？所以麦当劳恰好解决了人们的刚需。

麦当劳就是充分利用现有空间为社会提供了免费服务，积累了人气，增加了客流量，从而带动了消费。顾客在麦当劳停留的时间越长，在麦当劳消费的机会就越多，是不是？所有空间模型都是为了延长顾

全面布局
抢占新商业红利

客停留的时间,有人气就有财气!但是,很多普通的餐厅,如果人家不消费借厕所的话,店员就会给人家脸色看,不消费坐在座位上休息一会儿也会给脸色看,活生生地把客人赶走。可是麦当劳,不仅谁都可以去上厕所,而且不管是普通老百姓,还是环卫工人,还是捡垃圾的,哪怕不消费你都可以你坐里边休息,也没人赶你走。坐着坐着,你自然就想买东西了,一会儿买杯咖啡,买杯可乐,买包鸡翅,买包薯条⋯⋯这就是空间模型的魔力。星巴克也一样,你不喝咖啡也可以免费坐在那儿休息,这就是世界第一的格局,普通餐厅是小老板思维。

海口某高端服装店

在海口最贵的地段有一个店面,有一个人拿下来了,做了一家高端服装店,并在门口挂了一个大大的牌子:爱心免费公厕。这个免费公厕还是按五星级的标准装修的,很干净很舒服。通常我们在外面所见到的公厕都是脏兮兮的,一般我们女生不到万不得已都不会去的,突然看到一个这么干净的公厕,感觉很好,然后每一个上了厕所的人出来都会为这个老板点赞,又增加了顾客停留的时间,积累了人气,增加了流量,所以带动了消费,服装店的生意火得不得了。

如果在批发市场也这么做呢?因为批发市场都是准客户,批发市场的厕所又是最脏的地方,如果能把你的档口拿出一部分的空间装修一个五星级的厕所,门口挂一个"爱心公厕,欢迎免费使用"的招牌,去上了厕所的人会不会对老板和老板娘产生好感?会不会为你点赞或发个朋友圈?所以你尽管大胆地去奉献,去付出,社会一定会十倍二十倍地还给你。

15个颠覆式营销模式 Part 17　第十七章

河南商丘某酒行

河南商丘某酒行，店就开在马路边，他就在店内开设了爱心公厕，出租车司机可以免费上厕所，到店里喝茶，免费装开水，免费使用Wi-Fi，免费充电，免费吃甜点。后来，时间一长，很多出租车司机都变成了他们的免费业务员。出租车司机每天要接触无数个顾客，司机便带着感恩之心为酒行推销酒，也会带顾客来，所以这家酒行的酒就卖得很火爆。你对社会有爱，社会就一定会对你有爱。

某农家乐餐厅

某农家乐餐厅，老板把五分之四的空间拿出来做了空间模型：建了一个儿童乐园，服务员带着小孩玩打游戏，小孩当解放军，服务员当日本鬼子，让小孩玩得很开心，玩累了，大人带着小孩就到农家乐去吃午饭。

吃完中午饭以后，又有免费抓鱼、免费抓鸡等活动。免费抓鸡很新鲜，让老人小孩都玩得不亦乐乎，抓到了可以拿回家，但很多人不愿意杀鸡杀鱼，就让农家乐的人帮他们杀了，晚饭又留下来继续吃。

餐厅里，还有台球、麻将和牌桌等娱乐设施，吃完晚饭，又放免费电影，看完电影，又有烧烤吃。本来吃一顿饭结果变成了吃三顿饭，一家人可以在那里玩足一整天。

很多人周末就带小孩去那里玩，大人和小孩玩的东西都有，生意非常火爆，开业两个月时间就连续开了两家分店（这个属于第一种方式，在特定的空间内进行免费，儿童乐园属于特定的免费空间，让顾客吃饭来产生收益）。

全面布局
抢占新商业红利

悟：
_____
_____

高端别墅售楼部

某高端别墅售楼部，美女导购非常热情，五星级服务，送免费咖啡、茶水、水果，免费弹钢琴给你听，中午出去吃饭美女还主动作陪，吃完饭美女还抢着买单。不管你买不买别墅，对你的态度都非常好。在这里客户能感受到售楼部五星级的免费服务，精准高端客户成交率很高。有很多感受到了这种五星级免费服务的人，还会帮他们转介绍客户，这种口碑相传比营销人员销售厉害多了。

互联网公司 | 高铁 | 手机

还有另一种空间模型，互联网公司链接的广告、高铁里的广告、手机开屏广告，即是把另一种空间利用起来。其实我们每一个公司都有无数个空间可以利用。

广州某洗碗机公司

广州某洗碗机公司，把自己的办公室变成公众办公室，免费对外开放，外地来广州出差的朋友可以来他们公司免费办公。不会跟你谈产品不会跟你谈生意，甚至还可以提供免费午餐。凭爱心感染你征服你，来他们公司享受免费办公的人，最后很多都变成了他们的客户，或者帮他们转介绍客户。

第十七章

15个颠覆式营销模式 Part 17

空间模型的三要素

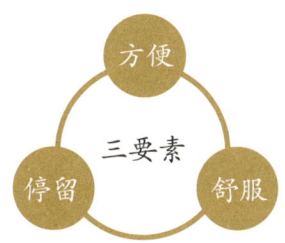

提供空间,给人带来方便,让人舒服,让人停留。

麦当劳的厕所给人带来了方便,海口服装店的厕所给人带来了方便,酒行给出租车司机带来了方便,农家乐给顾客带来了方便,什么都可以玩,怎么玩都没人说你,还有人陪着你的小孩玩……让你很舒服,就能让你留下来。

空间模型设计的关键点

如何让顾客在消费区域内停留。

悟:_____
_____
_____

八、客户模型

> 定义：对特定的客户免费，带来其他客户消费。
>
> 好处：嵌入客户的交际圈，扩大客户来源。

客户模型的设计核心

| 找到特定的顾客 | 给特定的顾客免费，让特定的顾客带动其他顾客消费 | 必须设定一个人群，然后找准客户后送给他一个心动的产品，让客户主动为你传播 |

卖自行车

十几年前，一辆自行车的售价大约为300元，一个卖自行车的公司，设定几个特定的客户人群进行特价及特别销售：凭教师证、下岗工人证，享受198元特价，并且买一送四，买一辆自行车送傻瓜照相机、雨衣、车锁、尾灯等。

这就是客户模型，对特定的客户进行优惠，这里的特定客户是老师和下岗工人，由于店里实行买一送四，于是特定客户广为宣传，又带来了其他客户消费。

卖书《学习的革命》

1998年，某书店卖《学习的革命》这本书。书店先办《学习的革命》的讲座，然后让学校给孩子免费发放讲座门票。教孩子如何学习，学校当然是支持的。

孩子有免费门票，大人则需要掏钱购买门票，票价 20 元一张。一个孩子至少要有一个家长陪同，甚至有的还会有两个家长陪同，所以书店凭门票就赚发了。

家长带着孩子听完讲座，出来再花 22.8 元买一本《学习的革命》。

为什么是免费送给孩子呢？如果是免费送给妈妈就不行了。如果是送给妈妈，妈妈不一定带孩子去。可是免费送给孩子，孩子小，去书店听讲座必须有家长陪同，而家长必须买票才能陪同。这就叫客户模型，对特定的客户免费，这里的特定客户是孩子，带来了家长的消费。

面馆

某面馆，开始只有 4 家分店，现在有 60 家分店了。

因为老板是 1976 年出生的，所以凡是 1976 年出生的顾客凭身份证到店，一律免费。但是 1976 年的人会不会是一个人去吃饭？当然不是啊，有的人带了家人，有的人带了朋友，只有 1976 年出生的人免费，其他人要正常买单。这个店一下子生意很火爆，老板还交了一帮同年的好兄弟。

这就是客户模型，对特定的客户免费，这里的特定客户是 1976 年出生的人，带来了其他人的消费。其实，做餐厅的都可以想一想，儿童节，10 岁以下的孩子免费；三八妇女节，女士免费……

全面布局
抢占新商业红利

某餐厅

某餐厅的老板娘姓赵,她推出的免费模式是:姓赵的人吃饭免费。最后,做出了惊人的效果,她在当地的小城市一下子变得小有名气了,店里的营业额也翻了5倍,她还结识了一帮赵氏宗亲。后来,她又经常给赵氏宗亲送饮料,送有机蔬菜,大家都觉得她很有大爱,最后,她就成了赵氏宗亲的核心人物。她也把赵氏宗亲的人当成她的娘家人,还成立了一个200多人的赵氏宗亲的微信群,这200多人既认了亲,又变成了她的免费业务员。大家想想,姓赵的人免费吃,姓赵的人会不会很感谢她,是不是一有聚餐就会去她家吃。

还有一个餐馆,老板是个大胖子,他的客户模型是:体重180斤以上的人,吃羊排免费。胖子是不是都是吃货?吃货会不会经常给人推荐吃饭的地方?他在这个餐馆又可以免费吃羊排,那他会不会向朋友推荐这个餐馆?最后,店里生意火爆,老板还交了一帮吃货朋友。

这就是客户模型,对特定的客户免费,带来其他客户的消费,嵌入客户的交际圈,扩大客户来源。

悟:

银行 | 中国移动

银行的主卡和副卡,电话卡的主卡和副卡,也是客户模型的另一种应用。

客户模型的三要素

特定客户免费,吸引其他客户,产生关联交易。

客户模型设计的关键点

给特定的顾客免费,送给他一个心动的产品,让客户主动为你传播。

悟:
_____
_____

九、功能模型(横向思维)

定义:把别人产品的收费功能在你的产品上免费。

好处:提高顾客依赖度,方便顾客使用。

全面布局
抢占新商业红利

功能模型的设计核心

| 先列出产品的所有功能 | 顺着产品功能做延伸思考 | 找到可继续开发的功能 |

来看一些功能模型的应用举例：

手机

手机把 BP 机的功能免费了，BP 机就消失了；手机把 MP3 的功能免费了，MP3 就消失了；手机把傻瓜相机的功能免费了，傻瓜相机就消失了；手机把导航的功能免费了，导航仪开始走下坡路了。

汽车导航

河南有一个老板，几年前做汽车导航仪生意，一年能赚一千多万元，手机有了导航功能以后，生意就开始不行了。后来，他使用功能免费模型，现在生意又开始好起来了。手机把导航的功能免费了，他就用导航仪把手机打电话的功能给免费了。他在导航的程序上开发了一个打电话的功能，再找到电信，包下一个机房，一年 300 万元，装上他的导航打电话第一年免费，从第二年开始，一年只收 200 元，Wi-Fi 免费。目前，这款导航仪只在修理厂卖，每个修理厂交 1 万元加盟费，他一共收了 300 万个加盟商，一年赚了一个亿。

防盗门

把防盗门与健身器材结合，在门上可以做引体向上、锻炼胸肌等，而且你没做完指定运动次数,门锁就打不开,强迫用户坚持运动。

摩拜单车

其实,一个产品除了使用功能以外,还有很多功能。摩拜就是将单车的出租功能开发出来了。商品在流通中创造价值,流通得越快,越有价值。比如银行,每天有无数的现金流动,所以银行最有钱。

每个产品都有6种流通功能:出租、转让、抵押、担保、增值、预期(创造预期)。

如房子可以出租、转让、抵押、担保、增值、预期,总之这6种功能都有。

而每种功能又具备6种权益:所有权、使用权、交易权、保管权、处置权、捐益权。

摩拜就是将单车流通了出租功能,开发了出租功能的使用权。

功能模型的三要素

> **功能模型设计的关键点**
>
> 延伸开发的功能能给客户带来附加价值,并可以控制好成本。

悟:_____

_____

_____

十、频率模型

> 定义:高频免费,低频收费。使用消费频率高的产品或服务免费,以此切入用户需求链,吸引顾客,带动低频消费,从而实现赢利。
>
> 好处:提前截流客户。

频率模型的设计核心

| 先列出高频引流产品 | 再思考赢利的低频产品 |

> 超市的猪肉只卖9块,每个人仅限买1斤。

第十七章　15个颠覆式营销模式 Part 17

有一家超市开业时生意不太好,用了频率模型,三个月后生意很火爆。

他们是怎么做的呢?

每个家庭几乎每餐都要吃猪肉,猪肉属于高频产品。像洗发水就属于低频产品,可能每个月才买一瓶。每天都要用的、用得频率高的叫高频产品。如猪肉、米、油、鸡蛋,都属于高频产品。

一般的猪肉市场一斤猪肉卖 18 元,这家超市只卖 9 元一斤,但每个人限购 1 斤,于是很多人就跑过去买,顾客过来买猪肉会不会买其他东西?当然。所以,用低价高频的猪肉带动其他消费品。

字画店

有一个人,库存了 8000 万元的字画,这还只是成本价,这些字画的总价值在 8 个亿左右。变现不了,还要专人保管,还怕老鼠咬坏、怕受潮……所以保存这些字画,每个月要花费不少人力物力。请看他是如何使用频率模型赚大钱的:

请问各位,如果有人想把名人字画挂在你的办公室,你愿不愿意?当然愿意呀!

是的,他就把字画免费挂在企业家的办公室里,因为买一幅名人字画至少需要好几万元,免费挂企业家当然愿意,一免费,一夜之间就挂出去了一万多幅。企业家的办公室挂了这样的名人字画,来了客人,企业家会不会介绍,会不会炫耀?如果这个企业家的客人想买,这个企业家会不会介绍给这个人?也就是说,这些老板,都成了字画店有身份的业务员。

全面布局
抢占新商业红利

如果字画损坏了怎么办,是不是这个企业家要赔?企业家当然不想字画损坏,自然就会好好保管,那他是不是充当了这个人的保管员?

那么,请问谁赚了?

答案是这个卖字画的和企业家都赚了。双赢!但是字画只免费挂一年,一年到期了,卖字画的就要把字画拿走,企业家会不会感觉很失落?如果是挂了10幅,那这个企业家的办公室就空荡荡的了。所以一年到期后企业家还想挂字画,有三种方式:第一种方式是把字画买下来。第二种方式是交1000元的押金,然后每天一幅字画收取1元的租金,一幅字画一年收费365元,这对于企业家来讲能不能付得起?肯定没问题,对吧? 如果是10万幅画,那一天的字画租金就是10万元。第三种方式,不想掏钱又想继续挂,那就介绍两个朋友,一个企业家介绍两个朋友,是不是很简单?这样就可以把字画直接买断。像不像摇钱树,1万幅字画就是1万棵摇钱树,10万幅字画就是10万棵摇钱树。因为看字画是高频率,买字画是低频率。用看字画的高频带动买字画的低频。

悟:
_____
_____
_____

嘟嘟巴士

因为坐车是高频,所以嘟嘟巴士坐车免费,靠低频赚钱——卖广告赚钱,卖早餐赚钱,帮公司招聘、卖就业机会赚钱,卖生活用品赚钱。

第十七章 15个颠覆式营销模式 Part 17

洗车店

有家洗车店原来洗车68元,后来用了频率模型:充卡500元成为会员,会员洗车只收10元一次。这家洗车店共总投资了30万元,实行500元办会员卡低价洗车,一个星期就收回了成本。然后洗车店又拿着这几百个会员再找车险合作,保险公司会不会很高兴,保险公司的业务员排队找他合作。这就是高频免费,低频赚钱。用洗车的高频带动其他低频消费。

频率模型的三要素

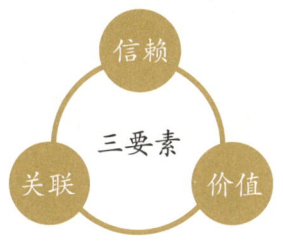

通过高频的免费建立信赖,再通过关联产品赚钱,让高频产品产生价值。

频率模型设计的关键点

高频产品一定能给客户带来价值,并找好关联产品。

悟:_____

_____

_____

十一、增值模型

> 定义：提供增值的免费服务。
> 好处：增加顾客的回头率，让顾客二次回流，提高消费频率，养懒顾客，让顾客对你形成依赖。

增值模型的设计核心

- 提供的增值服务一定能解决顾客亲身经历的问题
- 必须想办法多次给完

来看增值模型的应用举例。

海底捞

海底捞给顾客提供免费美甲、免费擦鞋、免费各种小吃，只要你能想得到的，他们都力所能及地满足你。有些人，为了做个美甲，就特地跑到海底捞，那么美甲服务是不是就带来了客流？

一个卖鸡精的业务员

有一个卖鸡精的业务员，工作了一个月没有业绩，但是他有个目标顾客，就是一家超市。后来，他想了一个办法：买几条白毛巾，那家超市每天 8:00 开门，他 7:50 就到超市门口，给超市搞卫生，帮超市卖东西，晚上帮超市收东西，不吃老板的不喝老板的，自己带水，到吃饭的时候就走。

第一天，老板说，小伙子，你走吧，我们不会卖你的东西。小伙子说，没关系，我就想给你们干活。过了三天，老板受不住了，感动了，说，小伙子，把你的东西拿来给我看看。业务员说，你们不用卖这东西，可能你们卖不出去。第四天，他又来了，又继续干活，老板又说，小伙子，把你的东西拿来给我看看。小伙子还是不给。到了第五天，老板就说，我就卖你们家的鸡精，行不？然后一次性进了 76 000 元的鸡精。服务是高频，他做的是免费服务，卖低频产品鸡精。

有一次，我参观海尔，听他们介绍，海尔 30 年前进驻海外市场时，海尔业务员也是用的这个方法。

增值模型的三要素

提供的服务要专业，你养懒谁，谁就依赖你；你把谁养懒，谁就会回流。

你养懒谁，谁就是你的！你把客户养懒，客户就是你的！你把老板养懒，老板就会器重你（就是老板交代给你的事，让老板百分之百放心）。

一个人靠不靠谱，其实就看这三点：凡事有交代，件件有着落，事事有回音。这也是老板特别喜欢的。

增值模型设计的关键点

先确定你想让谁回流,就要让他对你养成依赖,但必须专业。

悟:
_____
_____

十二、利润模型

定义:产品前期不赚钱,靠后期其他板块的利润来赚钱(花未来的钱,办现在的事)。

好处:因为产品免费,开发客户非常容易。

利润模型的设计核心

此产品后期必须可用于经营,并产生利润	这个模型要求主导方必须拥有构建生态系统的实力,阿里、腾讯都是生态系统,任何一个商业模式停留在一个点上,都长久不了,只有形成生态系统,达到体内自我造血,才能正常循环

第十七章 15个颠覆式营销模式 Part 17

来看一些利润模型的应用举例。

数控机床

某企业生产的数控机床，原价50万元一台，生产成本是25万元，重资产，非常不好卖，企业快要倒闭了。后来，用了利润模型，一年赚了3000多万元。机床免费，收押金30万元，然后收租金。（汽车租赁模型）

因为产品免费了，就好推广了，生意就好起来了。

茶叶

一款茶叶，原价149.9元一斤，很难卖。后来卖家做了调整，只需1.9元/斤，还包邮，最后，月赚9万元。看看他们的做法：

茶叶成本20元一斤，淘宝佣金1元（5%），快递成本6元，那么，1.9元/斤，包邮，一单就要亏25元左右，卖1000单共亏25 100元左右。可是等卖出1000单后，店铺在淘宝的排名上来了，可以靠自然流量销售，再换上成本29元/斤的好一点的茶叶，再卖149.9元/斤，此时卖出1000单的成本是3.6万元，加上前面亏的25 100元，也算成成本，总体成本61 100元，以原价卖出1000单总销售额约15万元，这样可以赢利9万元左右。

CT机 | 碎石机 | 心电图机 | 血糖检测仪

CT机、碎石机、心电图机、血糖检测仪，都免费送给医院，靠后期的检查、拍片、耗材赚钱，一次提成30%。

全面布局
抢占新商业红利

> 星级酒店的 3000 万元装修费如何解决？

有一家星级酒店，装修就需要 3000 万元，看看他们是如何解决这笔昂贵的装修费的？

这个酒店共有 200 间客房，每间客房装修费 15 万元，装修共需 3000 万元。

酒店就利用目标细分法，把房间细分成多个装修小项目，比如卫生间要多少钱？床品、窗帘、电视机、地毯要多少钱？

然后分别找供应商谈，由你来投资，开业后五年内酒店的房费（门市价 680 元每晚），其中除掉酒店运营费用 15%，其他成本 15%，剩余 70% 的利润全部分给供应商。

这个案例与前面几个案例有点反过来了。

所以，每一个模型只要消化了，熟悉了，都是可以灵活运用的。

高速公路

高速公路都是免费帮国家建设，然后收过路费，这些模式其实一直都存在，只是我们没有去运用它。

摩天轮

儿童游乐场的摩天轮，投资要几千万，厂商须先免费给游乐场安装，然后，通过游乐场的门票提成赚回来。

15个颠覆式营销模式 Part 17 | 第十七章

利润模型的三要素

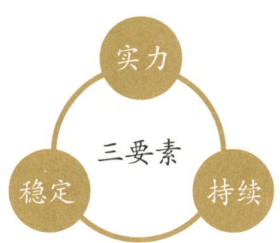

要有实力,收入要稳定,并且可持续。

利润模型设计的关键点

要先确定后期的利润来源。

悟:_____

_____

_____

十三、耗材模型

定义:主产品免费、不赚或少赚,后期靠耗材赢利。

好处:让顾客离不开你。

353

耗材模型的设计核心

> 后期的耗材必须可控且暴利（只有你有或者你有特殊优势）

> 必须变成独一无二的，你能提供独一无二的产品和服务，你就变得有价值了

来看一下耗材模型的应用举例：

瑞典利乐公司

瑞典利乐公司，主要生产和销售包装材料、饮料加工设备和灌装设备。自1985年进入中国以来，已经掌控了中国无菌纸包装市场份额的95%，基本垄断了国内无菌包装材料市场。蒙牛和伊利用的纸盒包装、无菌纸，都是这家企业制造的。

当初，蒙牛公司创业时只有几百万元的资金，它要买一台像瑞典利乐公司所使用的牛奶成套灌装设备是不可能的，因为一台设备就要几百万元，蒙牛根本买不起。利乐公司就将这套设备白送给蒙牛，条件是牛奶包装纸要用利乐公司的。那么蒙牛在创业之初，资金非常紧张的时候，当然非常愿意接受。

利乐公司为什么愿意这样做呢？因为最赚钱的不是那台只能卖一次的机器，而是每天都要使用的包装纸。利乐公司愿意帮助蒙牛和伊利这样的乳业公司，是因为这些公司成长后，会给利乐公司带来更大的利润。随着近年来中国乳业的快速成长，瑞典利乐公司也跟着以44%的增长率而发展。要知道，一年增长44%，根据复利效应，几年十几年下来，会变成几十倍的增长额。这才是最关键的。

15 个颠覆式营销模式　Part 17　第十七章

利乐公司很聪明，这套设备有一个条形码灌装机专利，这是一种技术，它可以让任何其他公司、任何其他品牌的包装纸进不了它的这个机器。也就是说，如果你买了利乐公司的机器，就要买它的纸，否则，用别人的纸，一进去就卡住了，灌不了牛奶。就算是已经发展得非常好的乳业，由于包装机生产线的价格不菲，动辄几百上千万，牛奶厂家也不可能因为想用其他耗材而自己购置其他包装机。因为省下了这笔设备投资，可以用于市场拓展或其他项目，所以即便利乐的包装机有耗材方面的绑定，牛奶企业也还是持欢迎态度的。所以利乐公司就靠这种独特的技术保护住了它的利润流。

利润流保证了，它当然可以对客户提供比较优惠的政策。利乐公司每年在中国的产能是非常惊人的，我们来看一下数据：2014 年伊利和蒙牛就已经达到 400 亿包，这两家牛奶公司每做一包牛奶，需要给利乐 2 角到 3 角，以均价 2 角 5 分来计算，400 亿包的产能，利乐公司一年就有 100 亿元的外包装收益，这是 2014 年的数据，现在就更不用说了。

悟：

飞利浦剃须刀　｜　飞利浦牙刷

飞利浦牙刷和剃须刀也是这样，靠耗材赚钱。世界 500 强基本都属于耗材模型，还有车企，车越高端，耗材越贵，如奔驰、宝马。

连锁土豆粉店

有一家连锁土豆粉店，现在全国有700多家加盟店，加盟、运营指导都免费，核心配料秘方要钱。

美体减肥仪体验店

减肥机器免费用，按摩啫喱收费，机器保养要钱，机器上的螺丝钉都是定制的，坏了就要花大钱购买。

园艺店

园艺店的树和花不要钱，有机肥料要花钱购买。

海底捞

海底捞火锅店，将其获取利润的途径转移至自己控股的火锅底料公司，把火锅底料包装上市，市场反响火爆。

耗材模型的三要素

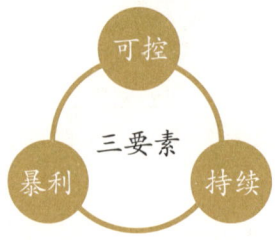

耗材要可控，在外面买不到，产生的收益是暴利，并且可持续。

耗材模型设计的关键点

要先确定可控技术,再确定后期的利润来源。

悟:
_____
_____

十四、跨行业模型

定义:利用现有资源跨界经营其他行业。

好处:增加顾客的满足感,避开竞争对手,改变销售方向。

跨行业模型的设计核心

在前端给予的价值或重要性要和你所跨行业的价值或重要性至少相等。

看一下跨行业模型的应用举例。

(书店)

有一家开在大学城附近的书店,老板变卖书为免费看书,学生只

全面布局
抢占新商业红利

须交一点押金就能免费借书看,然后再顺便给有考研、进修需求的学生介绍考研辅导机构、培训学校等,赚取佣金。这就相当于把书店变成了这些教育培训机构的招生前端和入口。

日本《每日新闻》报

矿泉水瓶子用《每日新闻》报上的新闻做包装,包装上还有二维码,扫码即可阅读当日最新新闻,以此吸引年轻人关注报纸媒体,而消费者以正常价格的一半就能买一瓶水。

米其林轮胎

米其林是制造汽车轮胎的。它的逻辑很简单,为了提高轮胎的需求量,首先就要提高汽车的需求量。为了提高汽车的需求量,当然就要鼓励大家远行,说服大家远处有更吸引人的好吃好玩的地方。

为此,他们编纂了第一本《米其林指南》。第一版在1900年免费发行了35000册,指南的内容包括旅行小秘诀、加油站位置、地图和更换轮胎的说明书等。

米其林轮胎通过在出行领域带给用户良好的体验,不仅积累了大批准客户,也快速扩大了品牌的影响力和美誉度,引发消费者的热议和购买。

悟:

15个颠覆式营销模式 Part 17 第十七章

洗碗机

卖洗碗机不赚钱，靠洗洁精、碗筷、保鲜膜等日用品赚钱。

摩拜单车

摩拜单车租车不赚钱，靠收押金做现金流，像个储蓄所，做金融才赚钱。

中石化

中石化的加油站靠跨行业的小超市赚钱。

跨行业模型的三要素

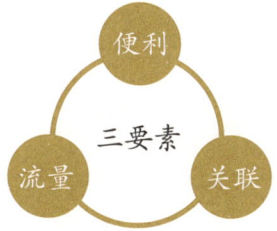

方便，带流量，就能关联其他业务。

跨行业模型设计的关键点

要先确定便利性和关联业务。

全面布局
抢占新商业红利

悟：_____

_____

_____

十五、产品分级模型

> 定义：初级产品免费占领市场，高级产品和个性化产品收费获取利润。
>
> 好处：让顾客在不知不觉中消费你的产品，让更多顾客更容易进入你的产品系统。

产品分级模型的设计核心

- 低级产品必须容易让人进入
- 必须设计出公司的个性化产品
- 高级产品、个性化产品必须与低级产品形成呼应
- 低级产品必须对顾客有吸引力
- 低级产品能够迅速扩大在行业和市场的影响力

来看一些产品分级模型的应用举例。

15 个颠覆式营销模式 Part 17　第十七章

充电宝租赁站

充电宝租赁站，充电前 10 分钟免费，10 分钟后开始收费。

平安保险

平安保险与餐厅合作，客人在餐厅消费后买单扫码即赠送 60 天出行险。

幼教培训机构

产品分级模型在幼教培训机构用得最多，产品分级化、模块化，初级产品免费体验，先让你快速看到效果。

婚纱摄影

很多婚纱摄影，免费给顾客拍照并赠送一张照片。想要更多的照片，收费。

产品分级模型的三要素

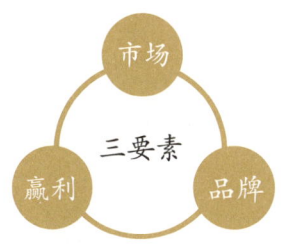

产品分级模型设计的关键点

初级产品占领市场，中级产品追求赢利，高级产品树立品牌形象。

在这一章我们一共学习了15个模型，在简颢集团的资源广交汇有一家公司叫六维生活，他们把这15个模型全部用代码写出来了，在他们平台上就可以实现公司与公司之间相互导流，让你永远不愁客流量，是非常厉害的一个共享平台。未来一定是资源共享的时代，这个六维生活的创始人很有前瞻性，也是在为中小微企业造富。

除此，我们再讲一个重要的思维：充卡思维。

充卡思维

在商品经济中，谁掌握了现金流，谁就容易成功，现在经营企业就要有现金流思维和充卡思维。

其实充卡也是有条件的，请看充卡的三限理论：

限人 | 限量 | 限时

三限理论：限人、限量、限时。制造稀缺，这一点很重要。

第十七章

稀缺理论

> 完美的东西不值钱,做企业最忌讳完美主义。必须制造稀缺,只有稀缺的东西才值钱。

稀缺是指越来越少,越少的东西越值钱。奢侈品都是只做限量,比如爱马仕。

唯一的东西更值钱。比如在一次名画拍卖会上,有一位名画家去世了,只有三幅作品留存于世,其中一幅拍了 500 万元,另一幅拍了 800 万元,最好的一幅拍了 1000 万元。有一个商人全部拍卖下来了,然后当场把 500 万元和 800 万元的那两幅画烧掉,接着拿着 1000 万元的那幅,2000 万元继续起拍,最后拍了 1 个亿。

制造稀缺的法门,总结起来有以下五点:

1. 管理严。

2. 阶梯少,一个方案最好,最多三档。

3. 价格要好,要有公信力。比如为什么很多人选择在中央电视台做广告,因为央视有公信力;商业信用要好,个人信用,企业信用,商业信用。建议大家不要轻易换手机号码,不要轻易换微信;想回报超预期,就要突破顾客的心理防线。

4. 传播渠道要好。圈层传播,可以有效过滤人群;口碑传播,传达我卖完了,我受益了的信息,就能形成口碑传播;耳语营销是营销的极致,耳语营销是,比如我跟你说个事,千万不要告诉别人,其实,没过两天全世界的人都知道了,越神秘越有人想了解。

5. 充卡理由要好。就是告诉大众我为什么要涨价，我为什么要降价，必须有一个非常好的理由。

纵观颠覆式营销的内容，我们说：颠覆式营销是树叶，树叶茂盛树才有无限的生机。

一个公司两个最重要的金三角

市场没有侥幸，必须有绝对的实力。只有把产品做好，把模式设计好，用产品为客户创造核心价值，用模式设计好融资和招商，最后为团队创造价值，为投资人创造价值，才能立于不败之地。

悟：

第十八章 招商

> 什么叫招商？
> 招募商业合作伙伴。

什么叫招商？通常，大家理解的可能是开招商会，事实上招商和招商会是没有关系的，我们讲的招商是招募商业合作伙伴。

先看一下以下饮料品牌：

> 王老吉 ｜ 可口可乐 ｜ 红牛 ｜ 六个核桃 ｜ 雪碧

上面的这些饮料品牌，王老吉、可口可乐、红牛、六个核桃、雪碧，有什么不同？其实，所有饮料里面有 97% 的成分是一样的，这 97% 就是水，最重要的是那 3% 的配方，造成了它们的差异。人也一样，97% 是差不多的，只有 3% 不同，但也正是这 3% 决定了一个人的成就。一个公司也一样，97% 和别的公司相同，余下那最重要的 3%，决定了这个公司的本质以及它能发展到的高度。那么这 3% 到底是什么呢？

> 一个公司最重要的 3%：
> 商业模式设计、融资、招商

一个公司最重要的3%：一是你到底怎么赚钱——商业模式设计，二是到底怎么把社会资源融合进来——融资，三是如何招募更多的商业合作伙伴——招商。

一、招商的四个思维

1. 批量思维

> 量大才是赚钱的关键，不要想着把事做到极致。

招商的四个思维中的第一个思维是批量思维。如果想做成规模化，批量是要考虑的第一个问题，所以最重要的就是要设计一套批量化、规模化的策略和方法。一个公司要开发出一个暴利型项目，开发出暴利型项目不是为了自己卖货，而是设计一套模式如何让更多人来参与，让别人来赚钱。这就是批量思维。

2. 分享思维

> 互为资源，相互合伙。

什么叫分享思维？比如说这个产品的利润是100元，为了赚到这

100 元，你所有的心思都得自己花，所有的事都得自己做。

而分享思维呢？只赚 10 元，其他 90 元拿来分掉，目的是可以再找到更多的人来赚这 90 元。

所以，少赚就是多赚，多赚就是少赚。

很多公司说他们公司利润率很高，其实利润率很高是错的，利润率很低也是错的，为什么错呢？

利润率很低你没钱分给代理商，利润率很高说明你没把钱分出去。

正确的做法应该是，把利润率很高的产品做成利润率不太高，代表着你把高利润率的部分分掉了，赚合理的收益。

分的钱多，就会有很多的人愿意帮你去推销，愿意帮你去推广，所以这个叫分享。

越少的钱越是躺着赚的，越多的钱越要拼命干的，所以我们要学会赚小钱，因为赚小钱可以躺着赚，因为有人帮你赚。

我们来看一个案例：

美国总统特朗普

因为特朗普是个生意人，懂得少赚就是多赚的道理，所以他一上台就开始减税。

短期看对美国经济是有影响，但是一减税，全世界的美国企业就都回到美国了，甚至不是美国的企业也搬到美国去了，那么在美国生根的企业一多，自然就会带动就业，就业就会带动消费，消费就会带动税收，税收上去以后整体经济就都上去了，这是特朗普的逻辑。

> **我们身边的四群人**
> 第一群人是：给你钱的人
> 第二群人是：帮你收钱的人
> 第三群人是：商业合作伙伴
> 第四群人是：资源人

第一群人是：给你钱的人（消费者）。

我们身边的第一群人，就是给你钱的人，就是你可以直接卖货的消费者。这个回报是1∶1，就是你行动一次，就有一次的收益，行动两次就有两次的收益，行动十次就有十次的收益，这个就叫作1∶1。

第二群人是：帮你收钱的人（代理商）。

我们身边的第二群人就是帮你收钱的人，即你的代理商。如果你能找到帮你收钱的人，这时候你的时间投入产出比可能会是1∶10。我们的焦点应该放在这里，但这还不是最厉害的。

第三群人是：商业合作伙伴（合伙人）。

我们身边的第三群人是商业合作伙伴，即你的合伙人。他们就是能够帮你招代理商的人，如果我们能够把焦点放在寻找更多的合伙人上，由合伙人帮你去找代理商，这个投入产出比可能是1∶100。

第四群人是：资源人（有资源的人）。

我们身边的第四群人是资源人，即有资源的人。这是最厉害的一群人。资源人就是大咖，有资源的人就是可以帮你找到很多合伙人的人，这个投入产出比可能是1∶1000。即一个资源人可能会帮你找到

10个合伙人，这10个合伙人平均每一个都帮你找来10个代理商，这样你就有100个代理商了，然后每一个代理都帮你去找10个顾客，你就有1000个顾客了，所以1:1000是这么算出来的。

如果是这样，招商还用开招商会吗？这就是分享的思维，也就是分钱的思维。

我们把这四群人总结一下：

> 消费者 | 投入产出比 1:1；
> 代理商 | 投入产出比 1:10；
> 合伙人 | 投入产出比 1:100；
> 资源人 | 投入产出比 1:1000。
>
> **招商不是一个人的行为，招商是一群人的行为。**

3. 诱惑思维

> 只须诱惑，无须解释。

招商思维的第三个思维是诱惑思维：只须诱惑，无须解释。但这指的只是一种表达方式，在这里，先解析三种表达方法：

三种表达的方法

第一种方法：棉衣表达法
第二种方法：裸体表达法
第三种方法：比基尼型表达法

第一种方式是棉衣表达法：就是习惯站在自己的角度叙事表达，把这件事情的来龙去脉做了一个详细的解释，不断地去说那件事的过程，可是他讲半天，别人听得很累，也听不懂，然后他就不停地解释。这种类型的人，第一，习惯站在自己的角度表达；第二，把事情想得很复杂，说得很复杂；第三，思路不清晰，所以表达不清晰，让人一头雾水，造成理解上的误会和沟通上的困难。

第二种方式是裸体表达法：直接表达，不会拐弯。比如说一个人想让另一个做微商，一上去就跟别人说："我们一起做微商吧！"结果别人可能会说："不能做，那东西都是骗人的。"这叫裸体表达法。棉衣表达法是讲了半天，把别人给绕晕了，都不知道你想干吗。裸体表达法是你一说出来，别人就没兴趣。这两种表达方式：第一是讲得太复杂，讲不清楚；第二是讲得太直接，别人没兴趣。这两种表达方式别人兴趣都不大。

第三种方式是比基尼型表达法：就如同穿比基尼一样，诱惑力很强。人们都喜欢听跟自身有关系的事情，并且这个事情能给他自身带来什么好处。你必须让他非常明确地知道这件事情别人做了，而且做出了结果。

比如说，交谈时你可以说："我本来认为他们那个行业没什么发展的，没想到他们短短四五个月就能赚两三千万呢！"这就是先呈现结果给他。这个结果是讲别人的结果，第三方的结果。

再比如说，当你想要一个人做你的代餐产品代理时，你可以这么说："真是太恐怖了，就这么一包小东西，人家卖了40个亿，才一年时间哦！这也太牛了吧！"

就是先找一个案例，谁谁谁已经做得很好，带着诱惑说出来。所以，当你想感召别人做一件事情的时候，不要想着跟别人解释，说这件事情我要怎么做。因为你是天天在研究这件事的，很短的时间内别人是理解不了的。而且你讲得越多，反对的声音就会越多，因为人们在接收信息时有一个最大的特征，就是喜欢去发现信息中错误的部分。比如我给学员上课，学员最容易记住的是，我讲错了的话，我讲的19999句对的话，他们不一定记得住，就一句错的人家就记住了，这是人们接收信息的主要特征。其实，接收信息的人只对这件事对他自身有什么好处有兴趣，所以就要有诱惑的思维。这个是在招商里面很重要的一点。特别是项目的前期，诱惑思维很重要，到了后期，有了许许多多的案例，相对好一些。

4. 聚焦思维

吸收、思考、传播

什么叫聚焦思维？做老板最重要的三件事：第一是吸收；第二是思考；第三是传播。就是不断地出去学习，通过学习，不断地把别人好的策略、好的文化吸收进来；吸收进来以后再思考，思考如何跟自己的公司有机地结合起来；然后再传播出去。

老板就应该把最重要的时间花在最有价值的这三件事情上面，其他的事情交给团队去做，因为你在有限的时间里没办法完成所有的事情，所以，只做最重要的事情。

总结一下招商的四种思维：

> 第一，批量的思维是关键。
> 第二，想要批量，就要愿意跟别人分享你的未来收益。
> 第三，别人对你的分享有兴趣，就要具备一种诱惑人的能力，一张嘴就要自带招商功能。
> 第四，具备诱惑能力，就要聚焦在学习、吸收、思考与传播上。
>
> **说话的含金量决定着公司的工作效率。**

在当今这个年代，表达能力差，约等于没有能力。表达能力差，第一，办事效率低；第二，机会少。所以，语言就是第一生产力。

二、招商的播传

> 整个商业都是由一堆的故事堆砌出来的。

招商的播传就是，先播种后传播，因为整个商业都是由一堆的故事堆砌出来的。前面讲了招商应该具备的思维，接下来我们就要准备好播传的东西了。

招商的过程就是讲好一个故事,这一阶段属于招商的准备工作。那么我们该如何准备好一个完整的故事呢?

首先要准备好一个故事的原材料。

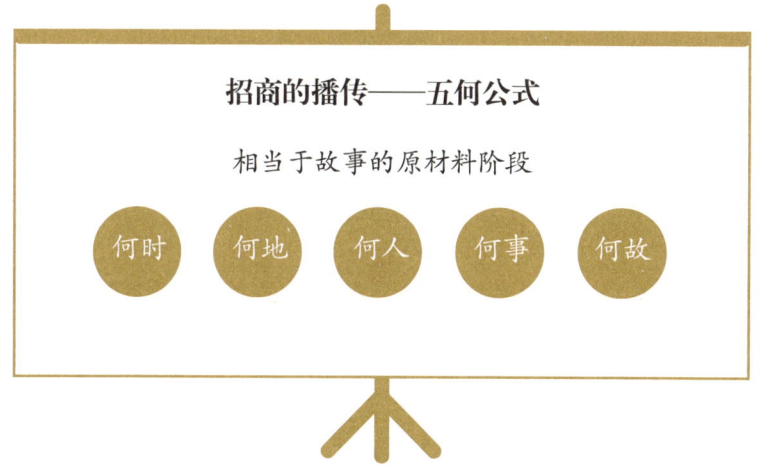

准备一个故事的原材料,这个就跟我们小学时老师讲写作文是一模一样的,这些是故事的基础,是故事需要准备的原材料。

对比公式很重要,很多公司的企划做文案,或者拍广告片,这个对比公式是用得最多的。

比如说一个减肥广告,左边很胖,右边很瘦,这个对比公式,就是原来怎么样，现在怎么样，甚至还可以再描述未来会怎么样。若要讲故事，这是一定少不了的。

我们的广告片、PPT都要自带营销功能，但是，很多公司往往都在介绍产品功能方面下苦功夫，由什么配方组成。其实，在介绍产品的时候，就讲用户原来怎样，现在怎样。在给代理商介绍时，有个代理原来怎样，现在做了我们公司的代理商以后又怎样。招募股东时，就讲这个股东进来时什么价格，现在股权增值了多少。再讲自己的公司，原来怎样，现在怎样。这就是对比公式。

招商的播传——魔术公式

7-2-1 原则

70%的细节描述+20%的结论+10%的指令。

魔术公式即是7-2-1原则，具体是指70%的细节描述，20%的结论和10%的指令。

为什么叫魔术公式？因为在玩魔术的时候，有70%的时间是在描述细节和过程，就像看电影一样，我们70%在看过程，结论很简单。

举个例子：

过马路请走斑马线

我想用过马路要走斑马线这件事给大家做个示范，你直接跟小孩讲他会烦你。如果我们跟孩子这么讲：前天我出门，太阳很大，我一出去那个光照得我眼睛都睁不开，当时我走在马路上，发现马路上围了一群人，我不知道那群人在干什么，走过去一看，原来是死了两个人，是因为他们两个在过马路的时候，没有走斑马线，被一辆时速120迈的车给撞了。听说那两个人在谈恋爱，都准备要结婚了。当时地上全是血，那一刻我有一个深刻的体会，过马路不能这么马虎，一定要走斑马线。而且不光我们自己要走斑马线，还得告诉身边的人，过马路得走斑马线，这不光是对自己的保护，也是对别人的一种保护。场景再现，70%描述了细节，20%的结论是过马路不走斑马线很危险，10%的指令是过马路一定要走斑马线。但有很多人一跟别人讲故事，别人就要打瞌睡，为什么？就是没有画面感，画面感是怎么来的？描绘细节。故事最打动人的是细节，表达细节的能力和场景再现很重要。

招商的播传——行动公式

你跟任何人谈任何一件事情，讲完以后是要让别人采取行动，而且是按照你的指令去采取行动，就叫作行动公式。

引发兴趣 → 产生欲望 → 决策购买 → 深度挖掘

行动公式分为以下四个步骤：

第一，引发兴趣，就是要让别人一听就有兴趣，一定要比他原来做的事情更大更高，要具备兼容性，这个兼容性恰恰又是别人的兴趣点。

第二，产生欲望，调动欲望，就是赚钱。能赚多少钱，你跟他讲他能赚多少钱他不一定信,讲别人已经赚了多少钱,又深度分析别人是怎么做到的,说别人,他就有兴趣了。

第三,如何让人家采取行动,决策购买,就要说他做这件事有什么好处?核心就是算法。

第四,光他行动还不行,还要把他背后的人挖掘出来,这叫深度挖掘。挖掘他背后的资源人脉,就是让他转介绍,就要谈转介绍的好处。

招商的播传总结

向上走拉高度,向外走讲别人的故事,向内走是行动,走到人家心里去,对他有好处,而且很明确,向下走,把他背后的资源再进行深度挖掘。

简颢公司的项目,我用行动公式的四步给大家示范一下面对招创客的过程:

"我的一个朋友,做门店生意,生意不好,都快要关门了,后来他用了一套新零售的模式,三个月的时间扭亏为盈,还赚了20万元。未来不管是服装也好,餐饮也好,单打独斗的话,做死也做不出来了。我觉得接下去是新零售时代,马云也说未来最大的趋势一定是新零售。所以我这段时间都在学习这个新零售模式。"这是引发兴趣。是通过扭亏为盈、赚了20万元、新零售这些关键点引发兴趣。

当他产生兴趣以后,就说:"还有一个朋友,才投资5万元,做一个公司的创客,一年下来就赚了100多万元。"这是让他产生欲望。

当他产生欲望以后,再拉高他的维度。马云说,未来最大的趋势一定是新零售。新零售就是指把电子商务和实体门店做一个线上线下的大融合。今天这个时代真的不能单打独斗了,以后将会是社区所有门店全部融合的大趋势。如士多店、服装、餐饮、理发店等。因为买服装的人也要吃饭,吃饭的人也要去买服装,他们同样也要买日用品、也要理发等。

这家公司就打造了一个社区共享商业圈和新能源共享社区的有机结合,这个模式太厉害了,他们的社区共享商业圈就是马云说的新零售,让社区所有零售门店共享同一平台,做到了会员共享,相互导流,社区消费者只须搜索本社区公众号或小程序,就可以看到本社区所有门店,还连接了未来的大蛋糕——新能源。

产生了欲望,又拉高了维度,就要向内走了,第三就是决策购买,就要跟他算一下他的投资与回报收益了。

你投资5万元,他们先送你10万元的产品,送你9800元×10家加盟店,就98000元了,还送你价值9800元的两天一晚的免费模式课程。然后,你招4个创客马上回本,未来结合新能源,成立合资公司还可以打包一起上市。你这5万元就是个支点,可以撬动一个大项目。

接下来深度挖掘。后面,你还可以招创客和加盟店,招创客有20%的奖金,招加盟店有50%的奖金。

以上是我用简颢的项目给大家做个示范,大家可以尝试一下把这四个步骤用到你们自己公司的项目中去。

三、招商的故事：招商的题材

用户的故事	代理的故事
股东的故事	自己的使命

整个商业都是由一堆的故事堆砌出来的。要讲好一个故事，先要有一个正确的思维，就是前面讲的招商的思维；有了正确的思维，就要准备故事的原材料了，就是招商的播传；第三，就要准备好故事的题材了。

招商故事的题材有以下几种：

1. 用户的故事

以用户的故事取代产品

很多人招商就是在讲产品的功能，其实，用户最关心的是结果，所以，必须把用了你们家产品有效果的用户的各种故事提炼出来，准备好题材，再编成故事。

看一下用户故事的举例：

《白毛女》

在社会主义建设时期产生了一个深入人心的文艺作品，叫《白毛女》。马克思在《资本论》中曾说，资本从它产生起，每个毛孔都滴着血和肮脏的东西。意思就是那些有钱人都是靠压榨剥削你们，你们应该起来反抗，然后把他们推翻掉。当年，李大钊、陈独秀天天喊这句口号，老百姓听不懂，只能小范围在知识分子阶层流传。毛主席就觉得应该站在老百姓的角度，讲老百姓听得懂的话，所以就有了白毛女的故事：解放前的华北农村，贫苦佃农杨白劳有一个女儿叫喜儿。喜儿与邻居王大婶的儿子王大春相处日久，情投意合，两家人决定为他俩完婚。恶霸地主黄世仁看上了年轻貌美的喜儿，设计强迫杨白劳归还欠债。杨白劳因无力偿还，被黄世仁威逼在喜儿的卖身契上画押。回家后杨白劳痛不欲生，饮盐卤自尽。初一早上，喜儿被杨白劳抢入黄宅后，受尽折磨。

大春救喜儿不成，投奔红军。喜儿在黄家女佣张二婶的帮助下逃了出来，独自住在深山的山洞里。由于长期缺少盐分摄入，一头黑发变成白发。

抗日战争爆发后，大春随八路军回到家乡，竟在山洞中与喜儿相逢。在全村公审会上，黄世仁受到严惩。地主被镇压了，喜儿报了仇伸了冤。她又回到自己的村庄，与大春建立了幸福的家庭，头发也渐渐变黑了。

这个故事从头到尾都没有讲什么是共产主义。故事讲的是，原来喜儿、杨白劳这么苦，黄世仁这么坏，是因为红军来了才把喜儿救出来，翻身做主人了，黄世仁被打倒了，很多穷人都去当兵了。这个时候再讲"打土豪，分田地"，广大农民就容易理解了。

如果毛主席天天讲，每一个资本家的毛孔里都流淌着肮脏和罪恶的血液，老百姓能不能听懂，会不会心动？白毛女这个故事的结果多明确呀，如果不打倒资本主义，你的女儿早晚变喜儿，是不是？如果打倒资本主义，既可以保护你的女儿，还可以把资本家的田地分掉，这里只给老百姓讲直观的好处。

> **SKII**

比如化妆品，卖SKII，难道先找一个不怎么好看的人，然后用SKII，用完以后变"范冰冰"了，可能吗？不可能。肯定是找一个本来就挺漂亮的美女，让她用SKII，用完以后更漂亮了。然后美女们也开始做梦了，是不是我用了也会变漂亮呢？原理是一样的。大家可以把你们用户的故事提炼出来编一个故事。

2. 代理的故事

> **代理的故事取代模式**

谁做了我的代理，多长时间就赚多少钱。这个可以学习微商。

3. 股东的故事

> **股东的故事取代公司**

跟准股东讲故事，毫无疑问就是要告诉他，股权升值空间有多大，那就先找一个对标公司，让他直观感觉到未来。比如说，十年前真功夫找的对标公司是麦当劳。十年前，真功夫的老板立志要创办一家中餐连锁，他就跟投资商说，他要打造中餐领域的麦当劳。当时，很多投资者心里就在想，我投不了麦当劳，那我就投你真功夫吧。这就是榜样的力量，有榜样，才会有信心，才会凝成一股力量，才会按照我们的规划往前推进，实际上，有些使命一旦开始就停不下来。

4. 自己的使命

自己的使命取代自己的故事

这里指的是，创始人不要讲自己的故事，而是要讲自己的使命。理想是干出来的，使命是长出来的。每一个阶段的使命都不一样，大公司与小公司的使命也不一样，大公司更多的是社会的使命，小公司是一个阶段一个阶段去上升使命。国家主席、省委书记、市委书记、县委书记，他们的使命自然是不一样的。如简颢集团，很难讲目前有多么伟大的使命，因为初创企业，只能先做好公司三年、五年、十年的规划，简颢的规划是：三年估值300亿元，五年上市，十年千亿市值。规划不是用来空谈的，是要做好计划，如何一步一步达到这个目标，要把达到目标的路径规划出来，还要有两套备用方案。简颢现阶段的使命就是，让创客代理和公司的员工，实实在在赚到钱。

四、招商的战略

1. 定收益

定收益是企业的战略选择。既然是战略，第一，先定好公司所处的位置，就是维度；第二，定好公司到底赚什么钱，这是最重要的两个点。

企业共有六个维度：事业、企业、行业、产业、商业、大业。事业维度就不用谈了，企业维度，这个年代站在产品角度思考问题，又不够高级，对于小微企业来讲，商业、大业都还够不着。所以，我们要把行业与产业维度结合。

行业讲的是前端、中端和后端，就是站在这个行业的角度上，怎样做前端引流，中间留人，后端产生延伸收益。站在行业角度上，最好不要做产业链上游，产业链上游通常是产品生产，有工厂，要进材料、设备，还要养大量的员工，还有库存，全是重资产。下游通常是销售、服务、门店，也不好做了。最好的做法是从中游渠道商或者平台商切入，然后站在行业的角度，怎么样才能够把顾客引进来，以及引进来以后用什么方法把他们留下来，最后能延伸到挣什么钱。

看一些定收益的应用举例：

耐克的鞋子

耐克的鞋子是它自己做的吗？耐克没有工厂，所有的工厂都是别人开的，所有的门店都是别人的。

麦当劳 ｜ 肯德基

麦当劳、肯德基里有各种牛肉、鸡肉、饮料、面包，还有各种配餐，其实都是别人做的。所有门店都是别人加盟的。

其实世界500强的公司也都是这么做的。

第十八章 招商 Part 18

国美 | 苏宁 | 沃尔玛 | 大润发

国美电器和苏宁电器都没有生产过任何电器，门店也是别人加盟的。

国美、苏宁、沃尔玛、大润发，都是渠道商，它们没有自己品牌的产品，但是天下所有的货都可以卖，这叫渠道商。耐克、麦当劳、肯德基属于品牌商。渠道商和品牌商有一个区别，就是渠道商很灵活，谁家的产品好卖，我就卖谁家的。

淘宝 | 京东

高手出来了，直接做平台商，你只要从这个平台上过一过，它就能赚钱。淘宝和京东就是高手，平台上什么都可以卖，几乎变成万能的了。今天的互联网电子商务公司几乎都是平台商。

小米

小米这个平台商未来有无限想象空间。小米的做法是，在小米平台上，它卖的所有东西都有一致性，但事实上小米的这些东西都不是它们自己做的，它们只做了品牌的输出，比如说小米的充电宝跟小米没有关系，小米的插座跟小米没有关系，小米的平衡车跟小米没有关系，但贴的都是小米的品牌，小米平台上各种东西都是用的小米的品牌。小米属于品牌型平台商。

微信

最厉害的就是微信，它把中国 10 亿人都引到了它的平台上，帮其他的平台导流一下就能分钱。微信是平台入口商。

讲了这么多案例，赚什么钱最好？结论很明确了。最重要是产业转移，在下游的往上游，在上面的往下游，最好在中游。

> 当今社会，赚钱最快的方法就是从中间商切入。

定收益有以下几个关键点：

> 打造渠道，建设平台（企业负责人）。

定收益的第一点就是打造渠道，建设平台。这是针对企业负责人来讲的。

中间商就是打造渠道，渠道是小微企业快速崛起的方法。也许我们打造不了淘宝、微信、小米这样的大平台，但我们可以打造我们本行业内的平台。

未来，大公司正在裂变成大平台，小公司正在聚变成大平台。所以，我们可以聚焦打造我们行业内的平台。打造平台要先建设渠道，建设渠道就离不开招商，招商就是招募商业合作伙伴。另外，招商要有批量思维、分享思维、诱惑思维、聚焦思维。最重要的是批量思维。批量思维中，我们身边有四群人：打造平台和渠道，对资源的匹配度要求非常高，要对接上游资源，要链接下游资源，要有资本方的资源，最关键还要有一套复制体系，就是一套培训体系。

第十八章 招商 Part 18

孙正义

大家知道孙正义初期阶段是做什么的吗？就是做代理商，他拿到了美国各种软件的日本代理，也做了微软的代理商，在代理软件的过程中，他非常清楚市场的需求是什么，哪些软件公司未来是有前途的。这个时候他就开始投资，所以叫"软银"，打造软件银行的意思。为什么他的投资速度那么快，那么准，因为他了解市场要什么。他投雅虎，几分钟决定，他投雅虎发了。他投马云也是几分钟决定，也发了。这就是孙正义成功的路径，从中间商切入。从中游切入其实也是今天最大的趋势。但是，传统企业大多数要么在上游，要么在下游。阿里也是从中游切入的，滴滴、美团、饿了么等，都是从中游切入，他们是从平台切入。因为，当今社会，产品已经泛滥成灾了，所以不需要去生产，整合或者是代理就好。

背靠平台，发展渠道
（正在寻找创业机会的人）

定收益的第二点是背靠平台，发展渠道，这是针对正在寻找创业机会的人讲的。

如果大家没有那么好的资源，自己去建设渠道、建设平台，又正在寻找创业机会，我给大家一个最中肯的建议：像孙正义一样，直接做代理。当然，这个产品过剩的年代，千万不能去做单一产品代理，一定是做平台和解决方案的代理，一定要借助别人成熟的商业模式来成就自己。方向上给大家一个建议，最好参考马云说的五新：新零售、新制造、新金融、新技术和新能源。

2. 定培训

现代公司，培训是标配，但是不靠培训赚钱。想建立一个庞大的渠道网络，就要不断地对公司内部培训，对代理商培训，对零售中端培训，在不断的培训过程中，就会持续不断地培养大量的人才出来。只要有人才，公司发展就不是问题了。当你有了人才，有了渠道，就有了无限的想象空间，有了强劲的未来发展动力，投资商自然就出来了。

来看一下定培训的应用举例：

大家有没有发现，今天所有的互联网公司的老板都是随时准备拿麦克风的。

谁来做培训，初创企业最好是老板本人。未来，老板都是要活在舞台上的。未来，演讲是老板标配的能力。

每一个公司的商业模式都是建立在一套商业理论基础之上的，所以公司的培训体系很重要，以后公司的同事不仅仅叫同事，还要叫同学，最好叫同修。像简颢集团不仅仅要学习，还要考试的。

3. 定文化

文化可以给予大家思维上的转变，是企业的灵魂。企业文化可以影响公司的财务报表。

打个比方，企业文化好比是显示器，财务报表实际上是主机处理器，所以财务报表代表着你的钱怎么收怎么分。俗话说"君子爱财取之有道"，什么钱该赚，什么钱不该赚，都要把它分得清清楚楚的。你赚了不该赚的钱，对企业来讲其实是伤害。最后呈现出来的才叫作企业文化，看得见的东西是企业文化，看不见的是财务报表。

来看一下定文化的应用举例：

华为

比如说，华为的企业文化是狼性文化，办事效率非常高。有一次任正非的女儿演讲，她说我们华为就是坚持以奋斗者为本，比如，像2011年日本地震后发生核泄漏，所有的人都往外逃的时候，我们华为在日本的工作人员，却冒着生命的危险帮助日本抢修通信设施。

听完以后觉得他们的文化让人很感动，华为的文化叫三高，刚才讲的狼文化，核心是财务报表里面体现出来的三高：高绩效、高压力、高水平。在高绩效高压力下能够留下来的都是有水平的精英，精英都喜欢和精英在一起，所以自然而然华为也都是高水平的人。所以你看得见的是文化和精神，看不见的是文化和精神背后的利益。

以前传统的公司几乎都是产品文化、营销文化和管理文化，今天我们要把它转化为扶持的文化。过去是站在企业角度的利己文化，今天应该改为利人的文化。人一辈子有两条命：一个叫生命，一个叫使命。什么叫生命？就是我要活下去。什么叫使命？不是追求我要活下去，而是要忘记自己，要想清楚，我要帮助谁，帮助哪一群人让他们可以活得更好。

> 站在成就别人的角度，是企业文化的核心。

4. 定复制

复制，也就是你给代理什么东西？你到底用什么来复制？复制一般有四个方面：第一是复制产品，第二是复制服务，第三是复制技术，第四是复制模式。以前代理复制的是产品与服务，今天，我们应该复制的是一套商业模式解决方案。

商业模式不是为了让自己多赚点钱，商业模式首先要考虑的是如何能成就别人，所以商业模式不是拿来搞定别人的，商业模式是拿来成就别人的。淘宝的商业模式就是能够帮助那些做电子商务的人更好地做生意，最后它也赚到钱了。生命会回流，利他更会回流，当你先想帮到别人的时候，自然有人会与你发生关系并产生黏性，赚钱就是自然而然的事情。

五、招商的推广

招商的推广方式主要有媒体、会销两种方式。

> 媒体 | 会销

先看第一种推广方式：媒体

第十八章 招商 Part 18

> 对接推广资源：
> 1. 大咖　2. 大V　3. 网头　4. 大牛

人海战术是最有效的推广方式。但是不要在沙漠里种树，要抓住有资源的人，通过有资源的人将自己的产品或服务快速传播和销售。我们自己发发朋友圈，效率太低了，要通过大咖、大V、网头和大牛这些有资源的人去进行推广。

> 大咖：手上有渠道资源的人。

最重要的、排在第一位的，就是找大咖去推广。什么叫大咖？手上有渠道资源的人。就如同"以前找市长，今天找市场，得渠道者得天下"，因为所有的用户在哪里？所有的用户都在渠道商那里，所有的渠道商在哪里？都在大咖手上。"得渠道者得天下"，也可以叫"得大咖者得天下"。

> 大V：一是互联网领域：自媒体、直播、网红
> 二是传统领域：批发商

互联网自媒体时代，大V就是那些玩自媒体玩出一定高度和拥有大规模粉丝的人。做直播的、做网红的这一类都属于大V，他们手里已经拥有了大量的粉丝资源，通过他，把他的那群粉丝转换成为你的代理商或者消费者。

第二类是传统领域的批发商,批发商是因为他有大量的门店,或者叫代理商或者叫经销商,也可以叫中间商,也可以叫流通商,总的来说就是,他手里有大量的门店。

比如熊本士找到批发商,才是它快速崛起的主要原因。未来的店都是线上线下结合,一家是看得见的实体店,一家是看不见的网上虚拟店。

"网头"

第三种叫"网头"。

什么叫"网头","网头"是直销里的说法,就是那张网络的头,也就是说他下面比如有10万人,或者下面有1万人,或者有3000人,所以那张网络的头被称为"网头"。

但通常来讲,直销做网头的都比较精明,为什么?

因为找他的人太多了,他对提成不一定感兴趣,要把他们变成利益共同体。

大牛

最后一种叫大牛。

什么叫大牛?可能他自己不是"网头",也没有渠道,也不是大V,但他能够帮你对接"网头"、对接批发商、对接大V,这种人叫大牛。

还有一种方式是会销,传统的方式不再赘述。

六、招商的流程

1. 流程	2. 物料
3. 财务管理	4. 人选

这是招商的最后一个部分，叫招商的流程。

1. 流程

（1）针对每一个用户，售前售中售后；
（2）针对每一个商家，售前售中售后；
（3）针对每一个服务商，售前售中售后。

每一个公司的产品与服务都不一样，因此流程需要针对自己公司的产品与服务去定。

2. 物料

视频、音频、PPT、宣传册、礼品袋

物料当中最重要的就是传播推广的物料。比如视频、音频、PPT、宣传册、礼品袋，这些都是要的。大家去一下别人的招商会，多参加几次，看看别人都是怎么做的。原则就是让别人看起来整体比较协调，有公司文化体系的具体呈现。

3. 财务管理

财务管理有三方面：管理、监督和分配。

（1）管理。即谁管钱，通常大股东管钱，二股东管账。

（2）监督。二股东监督大股东，让其他股东可以放心。我讲的是个人的，如果是公账即按正常的走。

（3）分配。通常指公司的分红。可以按月分，可以按季度分，也可以按年分，还有分红的比例，没有统一标准，这个股东之间自行协商。因为公司要发展，不能把利润全分掉，比如80%用来分红，留下来的20%赢利留在账上以备不时之需。也可以是三七，也可以四六，股东之间去协商。

4. 人选

老板是招商的责任人，但不是做招商这件事情的负责人。老板是不去招商的，但是老板要很懂招商。就像我们伟大的毛主席不会打枪，

但毛主席精通《孙子兵法》。

这个时代已经进入到了帮扶与服务的时代，所以我们还要分前台和后台，就是打江山和守江山的概念，帮扶能力很重要。打仗也一样，看得见的是前方打胜仗，看不见的是后方的服务能力。

今天的商业模式是：三网合一

简颢集团的商业模式就是做到了三网合一。

未来的商业模式都是复合式：

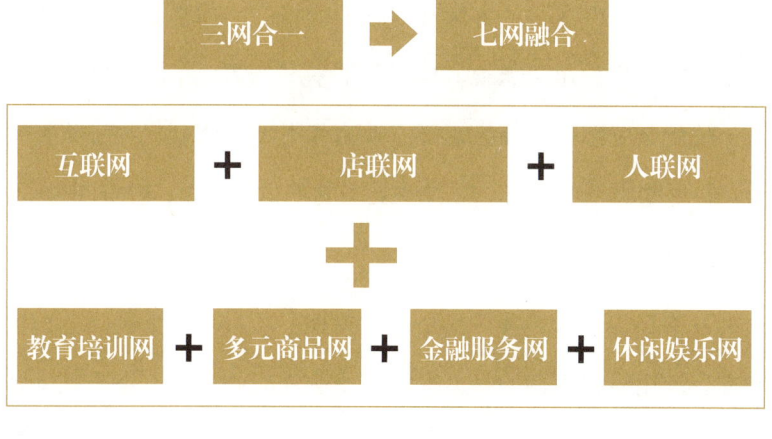

悟：_____

第十九章 融资

> **经营企业的资金，有两种来源：**
> 一种是用自有资金的方式经营，一种是用股权融资的方式经营。

现代社会，用自有资金的方式经营叫个体户，守着自己的一亩三分地，太在意股权，觉得股权是被动的，觉得融资是无能的，是低声下气求人的事，既不想自己的企业融资，也不想投资别人。其实，自有资金经营的方式在资源层面先天性就输了。

用股权融资的方式经营，是在公司成立时就将股权建立起来，并运用好股权来激发沉睡的资源和沉睡的能量。当你具备融资的能力以后，就可以根据公司的需求，根据未来发展的需要，缺什么人，补什么人；缺什么资源，补什么资源；缺哪些类型的资金，补哪些类型的资金；缺哪些类型的项目，补哪些类型的项目。所以，融资叫融资源，钱只是资源的一部分。

融资不是无能的表现，是全能的表现；股权不是被动的，是主动的。充分运用股权融资的魅力来经营企业的叫企资家，企资家 = 企业家 + 资本家。企业家主要的工作是融资，资本家的主要工作是投资。

这个时代做企业必须雌雄同体，一边投，一边融。今天，在中国企业家舞台上最火热的企业家们都是雌雄同体，自己做企业去融资，同时自己又拿钱投资别人，这是一种全面思考问题的方式，让自己的

融资　Part 19　第十九章

公司变成一个资源密集体。

> **股权融资有两个应用功能，是企业发展的战略：**
>
> 1. 对外是对接资源；
> 2. 对内是有效激励。
>
> 所以，赚钱＝资源＋经营。

如伟大领袖邓小平的改革开放，改革是向内求，开放是向外求。

> 　　融资是融合社会资源，是让投资者借助你的努力完成他想完成的理想，融资不是一件事，融资是企业最高的经营战略。
>
> 　　融资的目的不是为了花钱，融资的目的是为了融人，融人背后的资源。

> 　　资本是最好的杠杆，模式是最大的信用。
> 　　能打动投资者的是商业模式，没有打通商业闭环的模式等于闭门造车。

在整个融资过程中，商业模式才是基础，这叫底子。底子好随便

说说就有人投。随便说说就有人投之前的底子是什么呢？是商业模式和融资规划。

比如著名画家达·芬奇就算喝酒之后随便画画都照样很漂亮，因为达·芬奇光画鸡蛋就画了三年，底子好；唐伯虎喝醉酒之后随便一画，也是惊世之作，因为底子好；李白喝了酒之后随便念念的诗歌也成了惊世之作，因为底子好；王羲之喝了酒之后写出的《兰亭序》成为惊世之作，因为底子好。

融资也是一样，先要把底子打牢，所以要先设计好商业模式和做好融资规划。

一、融资的顺序

其实，融资也是有顺序的，顺序如下：

第一步，融人（会跟的人）：对创始人的价值观很认同，对公司商业模式很认可。听你讲他会感动，听你讲完他会兴奋，愿意跟你一起干的人。最重要的是相信你，坚定不移地跟着你干。只有对价值观坚定不移的人才会有底气，才会自信，才能感染别人。

第二步，融资源（慧根的人或资源人）；

第三步，融资金（投资者）；

第四步，融天下（专业人才）。

马云当初创办阿里巴巴的时候，先有"十八罗汉"，再有蔡崇信，蔡崇信是阿里巴巴最大的功臣，13岁赴美读书，毕业于耶鲁大学。原来在华尔街，是瑞典投行负责人，瑞典拍死了马云的项目，蔡崇信很看好马云，就出来了。因为蔡崇信的资源，马云又找到林小姐，林小姐找到高盛融到了资金。还有，蔡崇信还找到曾为小灵通、UT斯达康的创始人吴鹰，把吴鹰变成了他的合伙人之一，吴鹰又找来了孙正义。

关明生

2001年加入阿里巴巴，任总裁兼首席营运官。2011年正式从阿里巴巴离职。

马云说："我的梦想是要跟杰克·韦尔奇平起平坐，如果有一天我见到他，我要感谢他培养了你来帮助阿里巴巴。"

关明生是通用亚太区总裁，正是他打造了阿里的文化体系和绩效管理体系；曾明教授是长江商学院的创始人之一，现在是湖畔大学的教务长；吴炯是马云从雅虎挖过来的一个超级厉害的技术人才，阿里的整个技术都是吴炯规划的……融会跟的人，再融有慧根的人，有慧根的人会给你带来资金与资源，接下来，有了钱，找人才就简单了。

所以，不要在沙漠里种树，事实上，干成任何一件事，你离成功只隔了一个人。在不同的阶段需要不同的人，一件事能成功是人的问题，失败也是人的问题。与其花心思自己去做这件事那件事，不如做好准备，在更美好的、更高的地方去遇见那个对的人。

三国时的刘备,先有关张兄弟,再有赵子龙,然后有徐庶,再有诸葛亮。也是"融资"的应用典范。

融资真正要做的事情就是,所有的修炼只为了在更高的地方遇见他,为明天美好的遇见做好今天的准备,为了这个准备就要多聚人,多打造一些利益共同体,因为每一个人背后还有一群人。

二、融资的四大思维

其实,融资的结果很简单,投资商打款的那一刻,钱到账的那一刻就是结果。核心是在融资之前的各种准备工作。

用结婚这件事打个比方,婚礼现场戴戒指的那一刻是结果,关键是人家愿不愿意嫁给你。可是,很多人天天在研究该怎么求婚、戒指怎么戴、婚礼现场怎么布置。其实,人家愿意嫁给你才是关键。怎么戴戒指、婚礼现场该怎么布置都是很简单的一件事。所以前面的准备工作才是最重要的。

融资也一样,我们不是天天研究如何路演,融资不是结果而是过程。所以,融资的过程延伸至提前的规划和布局,规划和布局做好了,结果是自然而然的事。

融资主要有四大思维:

第十九章 融资 Part 19

1. 风口取势

> 小米雷军说：站在风口上，猪也会飞。

这里风口指的是趋势，符合趋势，才能得到大势。比如现在新能源是全世界的大趋势，能取到国家的大势和大环境的势，那么新能源企业在向别人介绍时，只要一提到新能源，就有了强大的背书。

风口取势，首先你的公司有没有站在风口上，第二就是能不能取到势。否则你一开口就败了，很多公司在融资时只要一开口别人就没兴趣了。假如，今天有人要做一个BB机和小灵通，找投资商去投，还有人会投吗？投资的前提，就是投资商认为这件事情未来有无限想象的空间。还要特别注意的一点是，晴天修房顶，即在不缺钱的时候融资，你只要告诉别人缺钱，你就融不到钱，别人就不敢投。

风口取势有三个方法：

天时　　地利　　人和

（1）天时。

天时的两个标准

a. 目前最火的十大产业
b. 公司维度

风口取势的第一个方法就是天时。天时也有两个标准：第一是你所选择的行业，第二就是公司的维度在哪里。

公司在选择行业时，一定要背靠大行业、大产业。

目前最火的十大产业

大健康	大餐饮
大教育	大金融
大旅游	大农业
大环保	大能源
大制造	大文化

要选择目前最火的这几大领域，这个就叫作天时。

天时还有一个条件就是"升维"，就是提升你这个公司的维度。

公司维度	
大业	天道、地道、人道总结过去、预测商业未来大趋势、布局现在 （站在天地人的角度思考问题，成就利国利民的大商业）
商业	过去商业发展的历程，未来怎么发展，现在怎么定位（站在时间的角度思考问题）
产业	帮助扶持下游、整合上游、并购中游。站在行业的前端、中端、后端思考问题，寻求企业外部突破 （站在产业链的角度思考问题）
行业	前端引流、中端产业黏性、后端新的赢利 （站在公司外部思考问题）
企业	产品、成本、利润 （站在公司内部思考问题）
事业	具体干活 （站在个人角度思考问题）

对于风口取势来讲，天时最重要的是：公司的维度要高，并且要符合未来社会的发展趋势。

（2）地利。

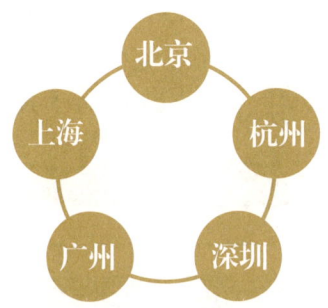

地利就是你公司的属地，就是你的公司注册在哪里，最好是要能辐射全国。如北上广深杭。

（3）人和。

人和是指你的股东团队，要有站台股东，比如说，马云或者是雷军能成为你的股东，那想象空间立马就出来了，想投你的人一定会排成队。

风口取势的思维，在融资思维中排在第一位。风口取势要做到的是，不用跟别人解释我做的这件事未来很有前途，而是这件事已经规划好了，跟别人一说，别人就觉得你这件事是有大前途的。要做到：只须说明，无须说服。

一听就能懂，一想想不到边！

风口取势三大方法总结起来就是：一听就能懂，一想想不到边。

如简颢集团有市场,面对物业,有七个板块的业务分润,物业无法拒绝。另外是轻资产,跑得快。一听就懂,又有无限想象空间。而很多人是相反的,讲了半天别人听不懂,一听懂又让人感觉这事没的做。

2. 超级分拆

超级分拆是融资思维的第二大思维。先来看看普通分拆的框架图:

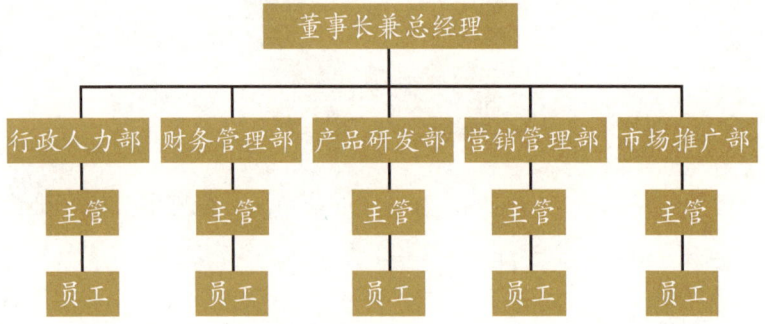

再看看以简云国际为例来做的超级分拆的框架图:

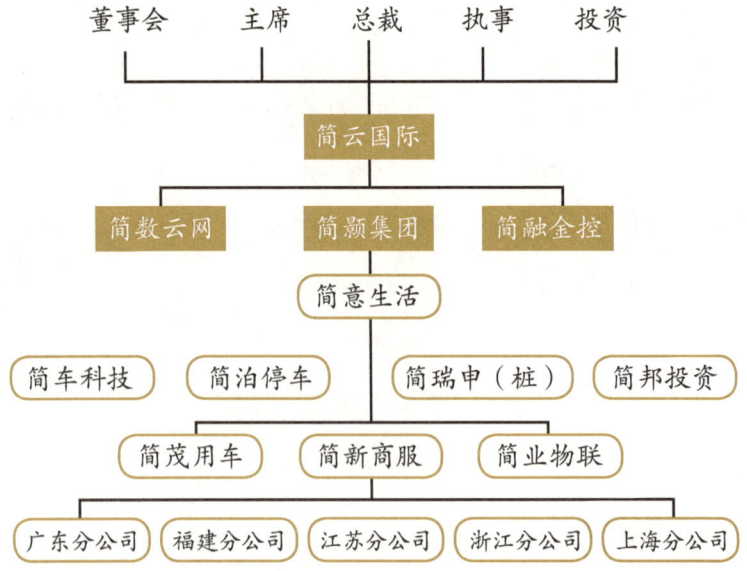

超级分拆的框架是集团＋多个子公司。超级分拆就是将每一个具备独立赢利能力的公司剥离出来。阿里、小米、京东等，每一个集团公司旗下都有几百个子公司。

一家公司，看得见的是钱，钱背后是项目，项目背后是公司，公司背后是模式，模式背后是架构。其实架构比模式还重要，会看的人（高手）不用看你的商业模式，只看你的那些架构图，大致就了解你的商业模式了。架构背后才叫系统，所以叫作系统架构，站在系统的角度来搭的架构，商业模式自然就出现了。

以前的组织架构和今天的系统架构是截然不同的模式。

悟：_____

_____

3. 未来变现

融资思维的第三大思维是未来变现。

传统商业都叫过去变现，今天的融资模式叫作未来变现。融资就是把未来能够产生的收益提前变现。过去变现就是把昨天赚到的现金，今天投到扩大规模上，追求未来的利润。未来变现，就是把未来能产生的利润提前分掉，换取今天的现金去扩大规模，以及放大公司市值。

未来变现有两大好处：

> 帮助你的代理商计算收益。

第一大好处就是帮助你的代理商计算收益。比如简颢集团的创客收益是：短期、中期+被动收益、长期+永久收益。

> **计算你的公司收益**
>
> 入口收益 | 平台收益 | 跨行业收益 | 生态收益

未来变现的第二大好处是计算你的公司收益。一定要给投资商计算出未来能产生多少收益。而收益又分为：入口收益、平台收益、跨行业收益及生态收益。

4. 发布平台

融资的第四大思维是发布平台。

今天这个时代，需要我们不断地去打造自己的发布平台。那么，我们可以通过怎样的方式方法去打造自己的发布平台呢？

> **老板要持续不断地构建自己的发布平台**
>
> 协会 | 学习 | 加大曝光 | 个人微信 | 互联网平台

老板可以通过加入协会、参加各种学习，加大曝光率，还有个人微信和互联网平台，持续不断地构建自己的发布平台。

简颢集团的资源广交汇也是大家的一个发布平台，大家要把它好好地利用起来。

应用举例：

马云　　　　乔布斯

不得不说，阿里巴巴的成功跟马云的演讲能力有一定的关系，苹

融资　Part 19　第十九章

果的乔布斯演讲能力也很强。当今企业家具备一定的演讲能力的确很重要，还是那句话，人生的所有修炼都是为了在更高的地方遇见他。所以，老板要持续不断地去构建自己的发布平台，模式要好，但酒香也怕巷子深哪，有了发布平台，再深的巷子也变浅了！

> 梦想还是要有的，万一实现了呢？
> 梦想还是要说的，万一有人信了呢？

马云说：梦想还是要有的，万一实现了呢！（静态的）

我改了一下：梦想还是要说的，万一有人信了呢！（动态的）

所以，我们要去构建我们的发布平台，说出我们的梦想。

再总结一下融资的四大思维：

融资的四个思维，就是融资的四根柱子

风口取势：拉高维度，必须让项目有无限的想象空间。
超级分拆：要拆出更多的独立的空间。
未来变现：未来能产生多少收益，必须提前计算出来。
发布平台：搭建自己的发布平台，这是最重要的一点。

悟：

三、融资规划

融资规划要做好用户规划、员工规划、老板自己的规划,以及公司规划几个方面。

1. 用户规划

> **用户**
> 消费者—传播用户—经营—投资—创业

每一家公司只有一种资源是取之不尽、用之不竭的,而且是越用越多,这种资源就是消费者。这里要规划的是如何融顾客:把顾客背后的资源开发出来。让顾客不只是一个消费者,消费完了还能让他成为传播者,最后变成经营者与投资者。就是说,一个消费者也能从你们公司获取创业机会,成为你们公司的积极推动者。

例如简意生活的会员,既是消费者,又是传播者,同时又是经营者、投资者和创业者。

2. 规划员工

> **员工**
> 管理者—经营者—投资者—创业者

要规划好如何让普通员工有机会变成管理者,再从管理者有机会变经营者,接着再有机会做投资者,再有机会创业,把员工的潜力充分挖掘出来。阿里就是这样进行员工规划的。但公司给员工设立的投资门槛不能太高。如简颢集团给每个员工都配股,每个人负责一个板块的业务,都是为培养子公司负责人而准备的。

3. 规划老板

> **老板**
> 创业者—企业家—资本家—思想家

初期阶段，老板自己投钱，属于创业者。然后变成企业家，企业家就是以融资为核心的。再上升到资本家，资本家以投资为核心。企业家的最高境界是上升到思想家，企业家整个创业的过程就是完善人生修行的过程。

4. 规划公司

> **公司**
> 专业化—多元化—集团化—资本化

很多公司在创办初期，都是专业化起步，然后再慢慢开始多元化发展的，接着迈向集团化。公司做大后，大部分公司最后的归属就是上市，进行资本化运作。

悟：

四、公司估值

融资时，有很重要的一步，就是公司估值。公司估值要从以下四个方面着手去做：利润（市盈率），现金流（市现率），用户数（市占率），未来（市梦率）。

1. 利润（市盈率）

比如你的公司一年净利润为5000万元，然后乘以10倍，那么你的公司就值5亿元。这称为市盈率。它的计算核心就是利润，今天在收购兼并过程中都是这样计算的。

市盈率的计算跟上市与否也有关系，上市之后，可能会从10倍变成了20倍，没上市就会少一点，可能只有6倍、8倍或者10倍，但都是按利润来计算的。

2. 现金流（市现率）

如果你公司的账上有1个亿的现金流，但没有利润，按照市盈率去计算的话，就不值钱，那就要按市现率去计算：假设1个亿的现金一年下来，能产生20%的投资收益率，就能达到2000万元，2000万元乘以20倍的市盈率，就有4个亿的市值。投资收益率用公式表示为：

投资收益率 = 投资收益 / 平均投资额 × 100%

公式中：平均投资额 =（期初长、短期投资 + 期末长、短期投资）/2

该指标反映公司利用资金进行长、短期投资的获利能力。

3. 用户数（市占率）

如果你的公司没有利润，账上又没有现金，就按市场占有率，用渠道或用户数来估值。

4. 未来（市梦率）

未来（市梦率），即是按照未来想象空间来估值，按照你的公司所选择的行业和商业模式来估值。

五、融资总结

1. 股权策略

> 充分开发股权的能量，对内有效经营公司，对外高效整合资源；绑定利益共同体。

今天赚钱＝资源＋经营，股权就是让你拿来跟社会各种资源发生链接的一种最有效的武器。

2. 预算策略

> 提前计算出每一个独立赢利点有多少收益，再进行明确估值和定价，别人投资多少钱和投资额及利润都没有关系，只跟投资额的回报有关系。

3. 空间策略

> 把实体和虚拟进行盘点，利用分拆和融合，搭建系统性架构，进行融资空间的拓宽。

内部分拆，外部融合，这样才会有协同效应。

4. 回报策略

> 　　股东不在意你的利润，资产、公司、努力、未来，只在意安全稳定可持续的回报，跟未来的增长挂钩，打动人的是回报，真正投钱的是回本的设计。

5. 明确策略

> 　　投资收益的设计，必须满足短期可以回本，中期可以分红，长期可以增值。

6. 利人策略

> 　　股权不是拿来搞定别人的，股权是拿来成就别人的，共同创造价值并分享价值，让投资者觉得投资你有巨大的好处。

7. 变动策略

> 　　股权是持续变动的，股权是在动态变化中调整的，但变动的方式是体外生长，不适合在内部调整。

8. 砍腿策略

> 　　必须建立现金为王的理念，股权融资是牺牲未来的利润，换取当下的现金收益，是砍腿换车之计。

9. 循环策略

> 将分配出去的利润用一个新的赢利增长点重新吸纳回来，如此循环往复，一个赔钱的公司也能分红，而且赔钱也能赚钱。

10. 信用策略

> 个人和公司的品牌是股权融资的支点，老板和公司是撬动一切的支点，可以自己建立品牌，也可以与人合作，个人信用不足以支撑的时候就需要借一个。

11. 杠杆策略

> 用一块钱控制公司的原理，实现四两拨千斤，唯有多公司运作才可以实现杠杆收益最大化。

12. 流动策略

> 成立股务部，在公司内部可以实现自由流动，形成拟上市公司的交易制度，针对内部合伙人的股权转让。

13. 分层策略

> 分配方式中，所有权、经营权、整合权、推广权各种股东层级，股东如同员工一样，股东代表的是一群人，根据不同的人用股份来连接。

14. 全面策略

> 多元化的设计满足消费者、员工、投资者、经营者各种人群的需求,有人负责设计,有人负责操作。

15. 增值策略

> 买涨不买跌是人性,持续不断让公司有更好的想象空间,引进更大更多的投资者,让公司持续性涨价。

16. 定价策略

> 如果拥有核心资源的控制权,就能围绕核心资源开发出更多公司的股权,以及拥有公司的掌控力,核心资源的定价比股权更重要。

17. 代持策略

> 化零为整,因为人数众多,可以由少部分人组建持股公司,再由部分人代持众多股东的股份。

18. 协议策略

> 主体公司预先设定营业分成比例,主体公司与持股公司协定分成比例,再由持股公司进行分成。

19. 分配策略

> 分配原则宜短不宜长，以 1 个月、3 个月、6 个月、1 年为单位，如果是一次性融资，根据赢利状况分配周期，盈短平长。

20. 承销策略

> 股权本身就是企业中最重要的产品，推广股权就代表推广公司的未来，股权融资不是一次性的行为，而是持续性的行为，融资不是个人行为而是团队行为，应该有固定的组织架构图，要有特定的分配体系。

上市前，帮你做第三方融资的叫融资顾问，上市后，叫承销商。融资顾问的费用收取一般是 5% 左右。

如阿里巴巴在美国上市时，市值 250 亿美金，高胜、摩根帮其融资 20 亿美元，占 8%，高胜和摩根就是阿里的承销商。

悟： _____
_____

六、商业计划书

商业计划书共有五个组成部分：

1. 市场机会；
2. 解决方案；
3. 赢利规划；
4. 公司规划；
5. 资本规划（财务规划）。

七、每一个阶段融资情况的介绍

1. 种子阶段融资

投资阶段	企业发展的种子期，主要是技术的酝酿与发明阶段
种子资本	提供给投资者或者企业家相对数目较少的资金，通常用来验证其概念。使用范围可以包括产品开发，但很少用于初期市场运作
资金来源	个人积蓄、家庭财产、朋友借款、政府性质基金、专门的风险投资家和风险投资机构以及众筹
主要投资机构	国外：500Startup、Y Combinator、TMCx Accelerator 国内：天使湾、天使汇、晨兴资本、逐鹿资本、苏河汇
投资人关注重点	市场机遇、创业者的技术和商业想法、MVP（最小可行产品）、受关注程度、投资机构和个人关注点存在一定差异（机构会更严苛）

2. 天使阶段融资

投资阶段	公司发展的种子期和初创期，处于最初发展阶段的创业计划，集中在孵化和初创期的企业，一般需要有一个早期版本的产品和启动团队
种子资本	在初创期一般占公司 5%~25% 所有权，最常见为 10%，过高的所有权比例将阻碍后一阶段投资者的投资
资金来源	天使投资主要来源于天使投资人、天使投资机构及天使基金。按照其来源种类可划分为天使投资人、天使投资团队、天使投资基金、孵化器形式的天使投资、投资平台形式的天使投资五类
主要投资机构	知名天使投资人：徐小平、蔡文胜、朱敏、邓锋、庞小伟、雷军等 知名天使投资机构：如天使湾创投、泰山天使、赛伯乐天使投资等
投资人关注重点	更重视筛选企业家而不是项目

3. Pre-A——启动阶段融资

投资阶段	企业发展的早期，但还没有步入正轨，公司业务有一定发展，但是整体模式还没有完全清晰
种子资本	公司业务有一定发展，但是整套模式还没有完全验证，数据没有达到 A 轮的相应要求时所进行的融资轮次
资金来源	主要是创投或风险机构，少部分为天使投资人或天使投资机构
主要投资机构	知名投资机构：真格基金、梅花天使、险峰华兴、今日投资等 知名投资人：薛蛮子、何伯权等
投资人关注重点	虽然模式尚不清晰，但整体业务方向有较好前景，有望通过进一步引入人才或明确业务发展方向而打开新的局面，在可见的中短期实现初步赢利，进而进入下一步的融资

4. A轮——启动阶段融资

投资阶段	仍处于公司发展的早期阶段,产品相对成熟,需要扩大生产以及改善收入和成本构成,实现赢利模式正常运作
种子资本	业务基本走上正轨,需要资金扩大产品生产和市场推广的初创公司
资金来源	主要是VC、PE等投资机构以及部分的大公司
主要投资机构	达晨创投、深圳创新投、红杉资本、经纬中国、IDG资本、蓝驰创投、君联资本、东方富海、北极光创投、鼎晖投资等
投资人关注重点	主要是产品的市场认可度以及发展前景

5. B轮——发展阶段融资

投资阶段	基于企业发展中期,属于成长期或拓展期,但此时公司对未来的发展已经有了详细的战略规划
种子资本	商业模式基本成型,有较成熟产品的企业,其业务仍处于较快发展阶段,需要进一步拓展市场份额
资金来源	大多数是上一轮的风险投资机构跟投、新的风投机构和私募股权投资机构(PE)加入
主要投资机构	VC、PE机构和大型公司等
投资人关注重点	由于企业产品更加成熟,投资人更关注未来市场发展空间

6. C 轮——扩张阶段融资

投资阶段	企业发展中后期，属于拓展期或成熟期，业务和产品都已成熟，可能需要开发新业务，更多已经具备上市条件
种子资本	商业模式和产品已经成熟，市场业绩明显的中等规模以上公司
资金来源	PE 为主，有些之前的 VC 也会选择跟投
主要投资机构	九鼎投资、中信产业基金、复星资本、鼎晖投资、建银国际、中金佳成、海通开元、弘毅投资、高瓴资本、光大控股、阿里资本等
投资人关注重点	经营业绩的稳定性和未来适度的发展空间，以及新业务的拓展方向

7. D/E/F—Z 轮——战略调整阶段融资

投资阶段	这些需要更多轮融资的公司大部分是其本身的业务所决定的，有的项目需要大量烧钱，过早上市就不符合这类公司的发展趋势
种子资本	大部分公司一般 C 轮后就会上市，但也有公司选择融 D 轮，甚至更多轮的融资
资金来源	PE 为主，有些之前的 VC 也会选择跟投
主要投资机构	九鼎投资、中信产业基金、复星资本、鼎晖投资、建银国际、中金佳成、海通开元、弘毅投资、高瓴资本、光大控股、阿里资本等
投资人关注重点	经营业绩的稳定性和未来适度的发展空间，以及新业务的拓展方向

8. Pre-IPO 投资基金——上市前阶段融资

投资阶段	于企业上市前，或预期企业可近期上市时进行的投资
种子资本	即将上市或已经达到上市条件准备上市的企业，目标企业一般有明确的 1~3 年内上市计划
资金来源	PE、投行、部分 VC 等机构为主
主要投资机构	国际：黑石、凯雷、KKR、高盛、摩根士丹利、美国银行等 PE 或投行 国内：各券商直投业务、PE、部分 VC 等机构
投资人关注重点	企业上市的时间期限、退出的时间和方式

悟：

第二十章　显性成本与隐性成本

一、显性成本

显性成本就是看得见的成本，共分为三种：

投资成本　　收入成本　　成本的成本

1. 投资成本：本来只需要投 100 万元就能做成这件事，结果投了 300 万元才做成，多花了 200 万元，等于赔了 200 万元，这就叫作显性成本中的投资成本。

2. 收入成本：明明这个项目工程做成可以赚到 1000 万元，结果只收到 500 万元，所以赔了 500 万元，这叫显性成本中的收入成本。

3. 成本的成本：明明这件事正常开销只须花 10 万元，结果花掉了 20 万元，多花的这 10 万元就是成本的成本。

我们往往只看到看得见的显性成本，其实还隐藏着很多看不见的隐性成本。

二、隐性成本

隐性成本也分为三种：

| 时间成本 | 机会成本 | 沉没成本 |

1. 时间成本：时间成本是最有价值的成本。请问大家想不想赚一个亿？如果我们用一万年去赚一个亿，谁都可以，只要时间不受局限，每一个人都可以赚到一个亿，一年赚一万，可不可以？赚一万年，是不是就赚到了一个亿？问题是上帝会给我们每个人一万年吗？做成一件事，关键是你准备用多长时间来完成，这是关键。时间是最重要、最有价值的成本。所以，我们要做的事情，就是如何让自己的时间变得更有价值，用有限的时间做最能产生价值的事情。比如摩拜的胡玮炜，从月收入4位数，用了短短三年的时间，直接晋升为身家15亿的财富新贵。如果按以前月收入4位数算，就算是1万元的月薪，一年12万元，要赚到15亿元，需要1250年。这就是时间成本。又比如新能源互联网项目用几年就可以创造传统行业20年甚至30年的财富。

2. 机会成本：是指企业为从事某项经营活动而放弃另一项经营活动的机会，或利用一定资源获得某种收入时所放弃的另一种收入。我们的生活中有很多的商业机会，你不去抓住它，它就溜走了，当别人赚到了钱，你就开始后悔了，这就是机会成本。

3. 沉没成本：是指以往发生的，但与当前决策无关的费用。比如说，你没有去参加某一个有价值的活动，你没有觉得你有什么损失，但当你听了以后,你会发现,你接触到了一个新的领域,接触到了一些新的观念,打开了一些新的思维,最关键的是又赚到了钱。那时候,你就会想,幸好那天参加了那次活动,不然,错过了机会,那就亏大了,这就叫作沉没成本,就是说,你压根都不知道这就是成本,结果却发生了,这就是沉没成本。

过去,我们更多关注的是显性成本,今天最大的成本是隐性成本,就是时间成本、机会成本和沉没成本,这些可能每天都在你身边发生。

再与大家分享新旧两个命运观的PK:

旧的命运观	新的命运观
一命	命由心造,对未来的想象就是最大的财富
二运	与人合作,这个时代是个合作的时代。 会跟就是慧根,跟趋势,跟模式,跟团队
三风水	风水风水,顺风顺水,雷军说:"站在风口上,猪也会飞。"这里的风,就是指的趋势。所以要顺势而为。如BP机、小灵通、诺基亚、柯达胶卷不符合趋势了
四积德	先成人后达己,先成就别人,再成就自己
五读书	读有价值的书,找到适合当今社会环境的新思维,看见别人看不见的东西,站在未来看现在,改变思维模式与角度

我希望大家用一种利他的、双赢的心态去设计自己公司的营销方案。

最后,送大家几句话:

世间技巧无穷,唯有德者可以其力,

世间变幻莫测,唯有人品可立一生!

人生所有的修炼只为在更高的地方遇到他!

后记

放弃陈旧的思维，以空杯的心态接受新的思维。这可能是一本颠覆式的书。

在今天这个产品过剩+信息爆炸的年代，我们就需要给我们的产品、公司、平台、服务等，一个精准的定位。

定位是给出一条清晰的可持续的路，定位是销售的可持续发展，定位是利润的可持续增长，定位是解决竞争的问题。

当下，钱已经不是问题，选择才是问题，因为决策路径发生了变化，所以我们一定要读懂这个时代，要与时俱进，并享受这个时代带来的红利。

新商业战场中，心智才是第一战场，竞争就是洗牌，质量只是基本要求，过剩经济时代要的就是软功夫，今天最重要的资产是软资产（软实力）。

我们必须改变，必须有适合这个年代的思想。我们生在这个年代，我们已别无选择。

以始为终找到差异化，全行业向左，我偏偏向右。

战场是在消费者的大脑里。要么出众，要么出局。经济没有对错，只有输赢。

在爱情的世界里没有对错，只有爱与不爱。

在商业的世界里没有对错，只有输与赢。

人生是一场马拉松，品牌也是一场马拉松，而不是百米冲刺；人的一辈子是单行道，过去的就过去了，是没有回头路的。所以，走对趋势比才华更重要。

定位是一切经营的前提，而且贯穿始终，就像衬衣的第一粒纽扣。

没有一个企业大到不可以攻击，没有一个企业小到不可以成长。

走对了路（方向）、资源、团队，你就是下一个独角兽！

许凤

2019 年于广州

读后感精选

本书得到在各行各业做出卓越贡献的企业家朋友的好评及倾情推荐，精选如下。（排名不分先后）

孙明高　深圳市乐天成控股集团董事局主席
　　　　　中国天成大学校长
　　　　　深圳市齐鲁总商会会长

在本书中，作者许凤女士通过自己丰富的理论知识，结合100+实践案例，揭晓了新生代企业为何能在传统企业苦苦挣扎谋求生存时，轻松创造了上百亿上千亿的市值神话，他们到底做对了什么？本书既有理论分析，又有案例及建议，以创新的理念、严谨的思路、鲜活的事例，给我们解答了疑惑，打开了思路，堪称一套系统完整的企业运营宝典，具有很强的理论指导性和实践操作性，值得推荐。大时代背景下，行业如大浪淘沙，不进则退，勇于出击才是这个时代的选择。大创业难，守业更难，如果你正在寻找企业运营之道，亟需资源支撑，开发新业态，突出新市场，那么，读完这本集100+案例分享，你一定会有新思考和新收获。

杨宏民　龙达恒信工程咨询有限公司董事长

真知灼见，受益终生。

刘　新　北京雷杰展达律师事务所所长

　　本书打通各类相关课程的界限，把不同领域的关键内容串联起来，重新搭建起一套企业经营的系统。并从战略、趋势，到商业模式、产品定位、市场营销、团队管理，再到融资和成本控制，精挑细选了100多个真实案例，以全新的视角审视、总结其中可供借鉴、能被借鉴的普遍原理。有的案例分析得非常详细，有的案例只是简单的一句话，让读者自有感悟，高手过招，点到为止。

李建辉　中国物业管理协会副会长
　　　　　广东省物业管理行业协会执行会长
　　　　　广州粤华物业有限公司董事长

　　此书既是企业发展运营和新时代商业研究的宝贵文献，也是在这个机遇转瞬即逝的飞速变化的经济大环境下，为企业家朋友准备的一本全方位实效应对手册。不仅融合了最前沿的思想体系，还有理论、有方法、有案例地阐述了企业经营的战略战术，确实是一本助力当前企业运营新挑战的企业家宝典！

刘德明　中国物业协会副会长
　　　　　山东明德物业管理集团有限公司董事长

　　用宏观的视野分析商业趋势，用深入浅出的方法把当今企业家在创业、守业过程中，寻求永续发展之道一一列举，精准总结、案例生动、思维先进、轻松易学。一本好书易于传递思想，践行实用。企业的管理者都值得人手一本，共同学习。

郑润祥　中经金创（北京）信息技术研究院院长

　　企业实际经营者的必备宝典，为企业家们点亮了一盏指路明灯。

after reading 读后感精选

易基刚　中关村股权投资协会联席会长
　　　　北京凯博外国语学校董事长

这本书有情怀，有美德，从中国女性企业家经营实践的亲身经历，给众多奋进中的中国企业家以启迪，以慰藉！

刘兵孚　青岛政建投资集团有限公司董事长

本书是当下乃至未来相当长时间内个人、组织、企业的灯塔，是每个努力向上的灵魂的指南针、定心丸。方法、战术、战略等等一应俱全，助力重铸企业品牌新荣耀！

龙其生　广西华业投资集团有限公司董事长

新时代企业家必须具备突破原有价值观的意识，并将新构想融会贯通于新商业的变革中，这就是本书所呈现的"新市场颠覆"理念！

贺文标　深圳市山水视听科技公司董事长

通过大量的实例，深入浅出地传递商业真谛，让企业家对新商业模式的理解更加透彻。

陈钦城　裕邦集团董事长

本书应运而生，接地气，对新生代创业者具有指导性、实操性的重大意义。

郝建雄　红旗渠企业家学院创始人

本书为当代企业家开创新商业红利、博采众长、不断创新、勇于探索，搭建了一条安全有效的高速公路！

李红艳　德斯医美（深圳）有限公司董事长

本书布局全面，实操性极强，案例翔实，简单易懂，对于企业背水一战、抢占新机，具有很强的指导意义！很值得一看！

姬彦锋　通化金马药业集团股份有限公司总裁

　　　　哈尔滨圣泰生物制药有限公司董事长

本书内容丰富，粗略一览已有不忍释卷之感，确实是一部有高度、接地气、有思想、有方法的好书。不仅对企业决策者做好企业战略布局大有裨益，更是新生代企业家把控新时代、新市场、新思维的一本好书！

许小林　华盖资本公司创始合伙人

本书融会百多堂大师课经典智慧，对传统企业在新环境下的转型布局具有很强的指导作用，此时读此宝典，正是好时机！

程　征　中广发资本管理股份有限公司董事长

本书对企业颠覆现有经营模式、打造新时代经营模式具有深刻的指导意义，受益匪浅！

黄基明　深圳西默万网科技技术有限公司董事长

本书助力企业进行全面布局，让企业立于不败之地，走得更长远，打造中国的百年企业！

谢美华　贵州融华集团投资有限公司董事长

本书融合众家之长，提炼独特见解，为新时代企业转型、发展提供了有力武器与精神食粮！

---

after reading 读后感精选

于福洋　深圳无界投资控股集团董事长

本书用真实案例深入浅出地解读时代变革下的全新商业模式，用独特的视角，精准剖析企业痛点，指导传统企业运用全新的商业模式去面对时代变革与企业发展，引人深思，益处多多！

张　琨　云南天景旅游文化产业集团公司董事会主席

广采博用，各得其所；知行合一，各有所取。

邓晓锟　香港泰科源实业有限公司总经理

大众创业、万众创新的时代，每个人都应该对现有的思想、知识进行大扫除！这是一个无传统钱包的时代，无人酒店、无人超市、无服务生餐厅涌现，颠覆传统行业，此时读这本书，正是时候！

田继平　龙头资产董事长

好书！非常前沿的商业理念！倾力推荐！

宋海波　天津裕田投资咨询合伙企业董事长

本书对时代特点、产业演变、商业模式、盈利模式、思考方式、价值定位、招商、营销、投融资等10余个有关企业经营的核心环节都有清晰的阐述与论证，有理论有实证，很值得企业家朋友阅读！

**吕　强　清电（北京）智慧能源研究院院长
　　　　　水木源华电气有限公司总经理**

如果你是创业者，不论你的企业规模大小，不论你是否读过商学院，强烈推荐阅读此书，它思想新，实用性强，一定让你受益良多！

贺　宇　量子高科（中国）生物股份有限公司董事长
　　　　深圳前海问道控股有限公司董事长
　　　　深圳维多利亚科技控股有限公司董事长
　　　　广州益生传奇健康管理有限公司董事长

这是一本创业企业示范教科书、工具书、企业百科全书、新时代企业管理书。说是"创业教科书"，是因为书中有大量案例，今昔对比，有论点，更有论据；说是"企业工具书"，是因为书中对企业发展瓶颈、困惑、风控、改善和创新有具体的方法论；说是"企业百科全书"，是因为书中对做好现代企业的定位、战略、文化、商业模式、生产、品牌、销售、竞争、风控、融资等全流程做了全方位清晰阐述；说是"中国特色新时代"管理书，是因为它搜集整理大量的国际、国内与时俱进的新思路、新模式、新智慧、新方法，给企业家带来全新的视野和启迪，对创业者起到抛砖引玉和借鉴作用，是一本难得的好书！

何文彬　汕头市远图塑胶实业有限公司董事长

本书视野开阔，深具前瞻力，是引导企业家看清未来发展方向和路径的宝贵典籍！

邹亨瑞　亨瑞集团董事长

清晰、丰富、实用、创新！是一本融汇百家之长的智慧结晶、实操手册，值得推荐给每一位企业家列入必读书籍！

于泳波　深圳市宝鹰建设控股集团股份有限公司董事长

这是一本内涵丰富的书，是精彩案例选编，是工具百宝箱，是一份给读者的对照表，是简单的道理陈述，是智慧结晶！

after reading 读后感精选

李赶坡　湖北敬业集团董事长

本书站在时代发展的前沿，站在企业战略高度，从企业动作层面切入，指导性地讲述了新趋势下企业的布局发展方向。站位高、观点新、实用性强，助力企业抢占新时代高地，变传统的积淀为新趋势的动力，造就一番新事业！

王　纯　果盛教育科技有限公司董事长

这是一本堪称史上唯一一部教科书式的从商业模式设计、企业文化、团队打造、企业管理、品牌运营、融资等多方位集成的指导用书！手把手地教老板如何建立与企业匹配的商业平台，如何能持续盈利，最终打造出自己的商业帝国。破解企业困局，携手企业发展，助力企业走向成功！

陈祖汉　广东新彩高分子材料科技有限公司董事长
　　　　　益顺机构管理集团董事长

本书信息量超大，说"全面"两字一点也不为过！对新时代企业的持续发展既有针对性也有指导性，思维超前、系统概括、模式新颖、产品创新、资源有效利用，对各行业在项目计划和实施中具有绝对的指导意义！

陈凤祥　四川领丰实业集团董事长

本书很有高度！它是在新商业发展时代中，新生代企业以创新模式，抢占市场制高点的宝典！作者一气呵成，让我从翻开第一页，就激情澎湃，手不释卷地读了两遍，是一本非常值得珍藏、正能量满满的当代商界文献，更是新生商代发展的一盏导航灯！

王海军　山东岩琦集团总裁

本书是一套系统完整的企业运营精华宝典，它助力提高企业的竞争力和凝聚力，打造一套完整的企业永续经营的新商业模式，破译免费还能赚钱的颠覆式的营销，打造共同价值观的高执行力的团队！

郝桂林　中国铁建国际集团有限公司巡视员

这是一本帮助企业以低成本、高效率实现发展的学习方法指导大全，让团队创意激发，甄选出适合自己企业的产品定位、商业模式和运作机制，抢战新商业红利！强烈推荐将此书作为企业高管和部门经理的必读书目！

吴　渊　浙银汇智资本创始人、董事长

本书之超级价值体现在从一到十以及N，从设计商业模式、构建卓越团队，到产品、品牌、业绩、招商、融资等商业运营的方方面面。书中运用大量的实际案例，深入浅出地解析观点，帮助读者充分理解新商业逻辑，娴熟运用新商业方法，快速拥抱新商业发展的红利！

丁为领　江苏伟建建设工程公司董事长

本书观点精辟，通俗易懂，思路清晰，逻辑性强，紧扣时代脉搏，不失为一本帮助广大企业家和企业管理者拓展视野、把握公司发展方向、全面系统地提升企业管理能力、指导企业发展的难得好书！

何秋安　安阳市岷山有色金属公司董事长

本书内容丰富翔实，令人深思，切合实际，汇总了企业发展的历史经验，把经验变知识，把知识变方法，具有很强的实际操作性，是本必读的好书！

after reading 读后感精选

高旭华　广东中泰投资股份有限公司董事长

本书亮点无数，有三个观点令我领悟深刻：一是世间技巧无穷，唯有德者可以其力，世间变幻莫测，唯有人品可立一生。二是人生所有的修炼，只为在更高的地方遇见你。三是在当今世界，软实力越来越具有重要性！

姜朝霞　郑州仟禧置业有限公司董事长

此书以企业家的视角，以清晰的逻辑与生动的案例结合来阐述，简单明了、分析透彻、重点突出、总结到位！特别是"悟"非常好，可以让读者记录当下的感悟与收获。

徐凯英　集成投资控股集团董事

本书深入浅出，案例新颖，体系完整，实战性强。梳理企业的战略规划，捕捉创新的灵感与商机。是一本非常棒的商业教科书，适合静心研读！

麦少军　湖南天润数字娱乐文化传媒股份有限公司董事长

此书内容实用、全面、系统，对于我这个从事过十年银行行业、十年地产开发行业，至今还在从事教育行业的上市公司的70后高管来说，我认为此书是目前市面上最好的管理和创业的百宝书。

王晓磊　博嘉控股集团董事长

本书好似一本高效落地的现代版"三十六计"商战教材，深入浅出，实战案例，高效推理，结合实际，可行性强！同时又是一本商业励志宝典，想在新能源领域做一番大事的人可以仔细研读，跟随作者的思维导图，全方位领略作者超强的实战经验和商业逻辑新思路。

**王天权　云南滇红集团股份有限公司（世界滇红茶创造企业）
国家级滇红茶制作技艺传承代表、董事长、总裁**

本书在战略和战术上给予了面临转型的中国企业一个新视野！它是新商业时代创业和创新者的"葵花宝典"，作者通过系统性学习上百位培训大师的课程，结合当下新商业社会成功案例，以耕道合修的禅悟方式分享出来，帮助我们打破旧模式，建立新的系统性思维，做新模式的创造者！

毕　溪　中炬国雄智能科技有限公司执行董事

本书具有一种"特殊的魔力"。初看封面，带出思考。进而发现本书的第一种"魔力"，那就是行文语言的通俗流畅，没有高高在上的学术名词，全是口语式表达和生动诙谐的贴切比喻，这样的写作方式已经把我深深地"圈粉"了。本书的另外一种"魔力"，在于对问题本质的追根溯源，是一部沿着创业时间线写成的"创业简史"，以全新的编撰方式和独特的解读视角为读者提供更深度的思考感悟。全书共20章，运用100多个实际案例，便道透了当今时代所有企业的"前世今生"。

刘　勇　抚顺东科精细化工有限公司董事长

遇到一件事，接触一个人，读到一本书，都是一份缘！本书专门针对企业经营管理者，启示我们用未来的眼光看现在，一切皆有可能。既是具有哲理性的励志书，又是一本操作指南，遇到问题随时可以成为小智库！这是一部了不起的作品，对经营企业非常有意义，希望更多的经营者看到！感谢遇见！

宋胜斌　黑龙江龙江福粮油集团公司董事长

全书由浅入深，讲实事，说实理，可谓字字珠玑，受益无穷！

after reading 读后感精选

邱智铭　贝发集团董事长

《全面布局，抢占新商业红利》从上百个通俗易懂的案例中，解密商业运营的逻辑，是一本真正能够让创业者少走弯路，让传统企业业绩倍增的好书！本书亮点在于不局限于单维度，而是从方向—认知—目标—流程—系统—人岗—工具—机制—资源等，全方位突破思维局限，从点性思维转变为万物物联的混沌思维，真正打造企业的内生驱动力，从赋能到使能！商场比战场更残酷，战场可以缴枪不杀，商场缴枪还会被杀，这本书融入了诸多企业几十年商场浮沉的经验教训，阅读它，学习它，会加快你成功的步伐，把握趋势，赢得未来！

许鸿斌　四川君安康医疗投资公司董事长

本书容纳最前沿新商业模式，以如何打造体系完整的企业运营系统为主干，将丰富的案例、分析、总结，经过缜密的整理和提炼，不仅全面解读了企业运营的精华，也勾勒了"先成人后达己"的商业体系线条。对每一位渴望系统而落地解决企业经营实际困惑的企业家来讲非常实用，是一本不可错过的好书！

王远衡　深圳市城建集团总裁

此书是我读过关于商战最接地气的一本书，作者用翔实的案例与解剖诠释了当前经济大潮下的新思维、新形式、新格局。读后令人耳目一新、如沐春风！

王　瑛　豪克集团董事长

读万卷书，行万里路，与万人谈，干一件事。在这个信息化的时代，企业家作为一种职业，命中注定是企业的守望者。这本书给了我们最强大的支持与最完善的解答！

杨　飞　江苏中超投资集团董事长
江苏中超控股股份有限公司创始人

　　本书敏锐捕捉时代需要，归纳整合各种商业运行模块的成功案例与模型，形成了新商业模式下的顶层设计方法，将一套系统完整的企业运营方法以书籍的形式分享给读者，堪称是一盏企业经营的"指路明灯"，用通俗易懂的语言见证着行业的变革与更新，助力企业在瞬息万变的商海中业绩常青！

陈映庭　高新兴科技集团副总裁
高新兴国迈科技董事长

　　该书涉及的信息面非常广，以大量的案例，用简明扼要的方式，从商业模式、定位、竞争优势、营销、资本等等方面，带给企业经营者多维度的视角与启迪，是创业者和管理者都非常受用的系统性书籍！

余长安　深圳鼎力资本有限公司董事长兼总裁
重庆鼎力股权投资基金管理有限公司董事长兼总裁

　　商业社会是个错综复杂的体系，瞬息万变而无一成不变，即便如此它仍然是有迹可寻的。即使看似完全不同的行业、公司，在运营模式、产品定位、品牌策略等方面也会有相通之处。在复杂中发现规律、在混沌中寻找秩序，正是此书的精妙亮点！

李楚冰　广州远河影视文化传媒有限公司总经理

　　在我创业之初，就有幸遇到这本书，感觉一切都是最好的安排。这本书，蕴藏着开启商业战场新思想、新能量的源泉，对我的思想、理念，及未来的经营和发展之路，都产生了非常重要的正面影响。

---

after reading　读后感精选

王　锦　北京时代光影文化传媒股份有限公司董事长

读罢掩卷，有"于无声处听惊雷"之感！纵观当今市面上绝大多数企业经营类书籍，都试图把简单的问题复杂化，故作高深博人眼球。许凤女士反其道而行之，深入浅出，用最易懂的语言道尽了新商业时代下的种种玄机。其中许多观点与我们多年来商海浮沉所习得的经验不谋而合，且更系统、更全面、更有逻辑！她把那些模糊、零散、碎片化的商业知识，有机串联整合起来，让人豁然开朗！无论您是初入商海从零起步，还是期望更上一层楼，本书都将是您读懂新商业、掌握经营核心方法论的一条捷径！

邱朝敏　北京和伙人信息科技有限公司董事长

当下企业从暴利时代到微利时代，到如今的无利时代，营销从传统的电视、报纸、户外媒体，到互联网媒体，再到现在的移动互联网、人人皆媒体时代，变革之快，使得好多企业家措手不及，花点时间读读本书，对企业的经营会有很大帮助！

148位企业家联袂推荐

本书由以下148位在各行各业做出卓越贡献的企业家朋友联袂推荐。（排名不分先后）

方德真　　北京上鼎资产管理有限公司董事长

卢文椿　　上海成信集团董事长

田继平　　龙头资产董事长

萧志龙　　北京硒哥硒生物科技

王才珍　　苏州美林集团有限公司董事长

宋胜斌　　黑龙江龙江福粮油（工业）集团有限公司董事长

谢富山　　长沙创元集团有限公司

钱卫清　　北京大成律师事务所

易基刚　　中关村股权投资协会联席会长
　　　　　北京凯博外国语学校董事长

刘　东　　南京汇嘉通信工程有限公司董事长

闫　伟　　华日建设集团有限公司董事长

刘兵孚　　青岛政建投资集团有限公司董事长

史　信　　宁夏上陵实业（集团）有限公司董事长

陈彬彬　　江苏鸿运集团董事长

recommended by 148 entrepreneurs　　148 位企业家联袂推荐

杨　斌　　第一体育运行（深圳）有限公司董事长

刘家耀　　隆泰茶业有限公司董事长

郭顺元　　保兰德集团董事长

王天权　　云南滇红集团股份有限公司董事长

邱智铭　　贝发集团股份有限公司董事长

郝鸿峰　　酒仙网董事长

孙鸿玉　　珠海睿怡科技有限公司董事长

丁　涛　　山东海诺港务集团董事长

宋海波　　天津裕田投资咨询合伙企业董事长

方云祥　　深圳南方国际集团董事长

邹亨瑞　　亨瑞集团董事长

刘　新　　北京雷杰展达律师事务所所长

王晓磊　　博嘉控股集团董事长

黄基明　　深圳西默万网科技技术有限公司董事长

沈宝土　　杭州中港绿泰房地产开发有限公司董事长

刘江萍　　北京中安幸福酒业有限公司董事长

贺　宇　　量子高科（中国）生物股份有限公司董事长
　　　　　深圳前海问道控股有限公司董事长
　　　　　深圳维多利亚科技控股有限公司董事长
　　　　　广州益生传奇健康管理有限公司董事长

余长安　　深圳鼎力资本有限公司董事长兼总裁
　　　　　重庆鼎力股权投资基金管理有限公司董事长兼总裁

陈映庭　　高新兴科技集团副总裁
　　　　　高新兴国迈科技董事长

陈东平　　广东大翔医药集团有限公司董事长

王　瑛　　豪克集团（中国）有限公司董事长

颜　新	湖北燕兴集团董事长
刘昆湘	湖南申亿机械应用研究院 博士｜董事长
梁健锋	广东超华科技股份有限公司董事长
朱星河	江西恒大集团董事长
邢晓玲	摩根汇通集团总裁
邓晓锟	香港泰科源实业有限公司董事长
王海军	山东岩琦集团总裁
李红艳	德斯医美（深圳）有限公司董事长 香港润物家族财富管理、执行董事
梁晓潞	香港 LBC 美酒海外投资集团董事长
陈　建	泰新时代航空有限公司董事长
陈钦城	裕邦集团董事长
廖建文	东莞市良友五金制品有限公司董事长
李建国	南京宝能科技有限公司董事长
沈丹婷	北京亚信数据有限公司（亚信集团）董事长
吕　强	清电（北京）智慧能源研究院院长 水木源华电气有限公司总经理
于福洋	深圳无界投资控股集团董事长
王　锦	北京时代光影文化传媒股份有限公司董事长
郑金山	哈尔滨田润粮油贸易股份有限公司董事长
毕　溪	河北雄安中炬国雄智能科技有限公司执行董事
侯　雷	铜锣湾置业集团董事长
俞锦方	金洲集团有限公司董事长
陈凤祥	四川领丰实业集团董事长
曾五江	声光智能科技有限公司董事长

recommended by 148 entrepreneurs　　148位企业家联袂推荐

袁圣尧　　健信天然资本董事长

宋宇海　　若水合投投资管理有限公司董事长

游宗杰　　高斯贝尔数码科技股份有限公司董事长

王志强　　山西魔根茶业股份有限公司董事长

陈　晓　　北京金桥纪录时代国际传媒有限公司执行董事、总裁
　　　　　中视金桥国际传媒集团有限公司执行董事、总裁

张利国　　北京欣奕华飞行器技术有限公司董事长

于泳波　　深圳市宝鹰建设控股集团股份有限公司董事长

高旭华　　广东中泰投资股份有限公司董事长

王　纯　　果盛教育科技有限公司董事长

廖恒德　　深圳加乘投资集团有限公司董事长

高　健　　北京城五工程建设有限公司董事长

郝桂林　　中国铁建国际集团有限公司董事长

吴毅霞　　神州高铁技术股份有限公司副总裁
　　　　　神铁租赁（天津）有限公司总裁
　　　　　神铁商业保理（天津）有限公司总裁

麦少军　　湖南天润数字娱乐文化传媒股份有限公司董事长

郑润祥　　中经金创（北京）信息技术研究院院长

龙其生　　广西华业投资集团有限公司董事长

徐凯英　　集成投资控股集团董事长

梅江丽　　重庆市博恩科技（集团）有限公司副总裁

陈祖汉　　深汕特别合作区益顺机构管理集团董事长

郝建雄　　红旗渠企业家学院创始人

许鸿斌　　四川君安康集团董事长

王　涛　　深圳市城建集团总裁

姬彦锋	通化金马药业集团股份有限公司总裁 哈尔滨圣泰生物制药有限公司董事长
徐宏灿	云南南天电子信息产业股份有限公司董事长
李凤岭	中锂集团董事长
游　玥	昊金海建设管理有限公司董事长
胡玲娟	新疆伊莱雅投资有限公司董事长
郑建刚	贵州日海捷森有限公司董事长
王雪竹	福建省幸福生物科技有限公司董事长
姜朝霞	郑州仟禧置业有限公司董事长
张　琨	云南天景旅游文化产业集团有限公司董事长
肖建聪	北京朗玛峰创业投资管理有限公司创始人
张怀彬	河南省华夏弘圣文化产业集团董事长
何　剑	江西宏景矿业有限公司董事长
何秋安	安阳市岷山有色金属有限责任公司董事长
杨　飞	江苏中超投资集团有限公司创始人｜实际控制人 江苏中超控股股份有限公司创始人｜实际控制人
丁同山	武汉华力运通新能源科技有限公司董事长
张立科	中国金融政研会副秘书长
陈思卿	广东锦泰电力集团有限公司董事长
刘茂建	万鼎硅钢集团董事长
郑廷文	唐山三石集团董事长
刘　勇	抚顺东科精细化工有限公司董事长
李赶坡	河北敬业集团董事长
堵召辉	河南东安控股集团有限公司总裁
于波涛	海汇集团董事长

recommended by 148 entrepreneurs　148位企业家联袂推荐

侯　文	辽宁天维投资有限公司董事长
胡海伦	深圳双瞳系统技术有限公司董事长
孙明高	深圳天成集团董事长
龚伟斌	深圳市瑞丰光电子股份有限公司董事长
程　征	中广发资本管理股份有限公司董事长
朱春兰	北京科创世恒有限公司董事长
张海良	辽宁本溪君悦餐饮有限公司董事长
许小林	华盖资本有限责任公司创始合伙人
欧阳少红	湖南建鸿达实业集团执行董事 红宇新材副董事长
曾广英	吉纽思国际教育集团董事长
闫凤英	中资蓝天生态科技集团董事长
王树宝	曲阜市园林古建筑工程有限公司董事长
王敏云	深圳市华海鹏城酒业（集团）有限公司董事长
邱朝敏	北京和伙人信息科技有限公司董事长
陈　伟	广州市京基房地产开发有限公司董事长
何文彬	汕头市远图塑胶实业有限公司董事长
李　岩	成都富晟新材料有限公司董事长
杨　昆	河南融腾实业集团有限公司董事长
姚彩虹	深圳光韵达光电科技股份有限公司执行董事
郑子骞	莫尼塔（上海）信息咨询有限公司合伙人
马春林	北京方舟医院院长
王远衡	深圳市城建集团总裁
李楚冰	广州远河影视文化传媒有限公司总经理

吴　渊	浙银汇智资本创始人
刘利君	德悦财富管理有限公司董事长
丁为领	江苏伟建建设工程有限公司董事长
梅馨月	香港塞班假期文化公司董事长
贺　波	奥士康科技股份有限公司总经理
刘丹宁	深圳一体医疗科技有限公司董事长
陈　捷	深圳宝玉有价公司－密色（注册商标）珠宝
王新明	吉峰农机连锁集团董事长
谭有财	湖南明强投资有限公司董事长
贺文标	深圳市山水视听科技有限公司董事长
周　敬	上海龙的信息系统有限公司董事长
顾进跃	深圳市威勒科技股份有限公司董事长
李建辉	广州粤华物业有限公司董事长
刘德明	山东明德物业管理集团有限公司董事长
杨宏民	龙达恒信工程资询有限公司董事长
朱海进	南通一建集团有限公司董事长
何宗儒	天适集团董事长 广东联结网络技术董事长有限公司
邹颂炫	广东长鹿实业董事长
万玉华	霸王集团创始人 小小世界集团主席
周立功	广州立功科技股份有限公司董事长
成桃珍	东成财智培训学院董事长
段　雲	四川博学晨曦文化传播有限公司董事长

· 联袂推荐 ·